현장체험 중심의

청소년 프로그램 개발과 평가

김창현 이 남 이영희 고경자 공저

JUNGMINSA
정민사

머리말

필자들은 청소년 분야의 다양한 영역에서 다년간 현장 경험과 청소년 프로그램 개발과 평가 관련 오랜 강의를 통해 프로그램의 기획부터 설계, 프로그램 개발, 마케팅과 홍보, 프로그램의 운영 및 평가 관련 전 과정의 운영을 총괄해 오면서 현장의 다양한 체험과 실천적 연구에 몰입해 온 결과를 토대로 이론과 실제를 효과적으로 이해하고 학습할 수 있도록 이 책을 발간하였다.

청소년 프로그램 개발과 평가에 있어서 가장 중요한 기준은 청소년의 특성과 요구분석을 토대로 프로그램을 개발하고 실행을 통하여 평가하여야 한다. 프로그램을 개발하고 운영하기 위해서는 청소년정책, 청소년활동 지원, 청소년지도자와 리더십, 그리고 청소년시설에 대한 기초적인 이해를 바탕으로 프로그램의 기획, 요구분석, 설계, 홍보 및 마케팅, 실행, 평가를 적용할 때 청소년들의 교육적 만족도를 높일 수 있을 것이다. 따라서 이 책은 특별히 예비 청소년지도사인 대학의 학부 및 대학원생들이 미래 청소년지도자로서의 프로그램을 기획하고 운영을 체계적으로 쉽게 학습을 할 수 있도록 하였으며, 실제 현장의 지도자가 프로그램을 기획, 운영 및 평가를 위한 지침서로 활용할 수 있도록 하였다.

특히 청소년 프로그램의 개발과 운영 및 평가의 중요성은 프로그램을 운영하는 지도자의 지도역량에 따라 안전사고 예방과 프로그램의 교육적인 효과에 지대한 영향을 미치기 때문에 청소년들의 요구에 맞는 프로그램을 개발하여 적용하여야 한다. 이에 프로그램 운영의 성공 여부는 프로그램에 참여하는 청소년, 준비된 프로그램, 그리고 청소년지도자와의 올바른 상호작용이 이루어져야 프로그램의 효과도 높게 나타나게 된다.

특히 이 책은 원격평생교육원의 자격증 과정, 대학교 및 대학원의 청소년 관련 학과 및 전공의 교수 · 학습자와 청소년활동 지도현장의 운영 및 지도자, 직무보수교육, 그리고 청소년지도사 자격 취득을 위한 다양한 수요자들의 요구를 고려하여 알기 쉽게 3개 영역으로 구분하여 집필하였다.

제1부에서는 청소년 프로그램 운영을 위한 기초적 이해를 바탕으로 제1장에서는 청소년기의 특성과 인성교육, 제2장은 청소년정책과 청소년활동지원, 청소년시설의 이해, 그리고 제3장에서는 청소년지도자와 리더십에 대한 기본적인 내용을 다루었다. 청소년 기관운영자, 청소년지도자, 그리고 청소년 관련 연구자 등은 반드시 청소년 프로그램을 개발하고 적용하기에 앞서 위에서 제시한 기본적인 내용을 이해하여야 프로그램을 개발하고 적용할 수 있다고 판단하여 청소년 프로그램 운영을 위한 기초적 이해에 대한 배경지식에 초점을 두었다.

제2부에서는 청소년 프로그램의 운영과 실제에서 제4장은 청소년 프로그램의 기초적 이해, 제5장은 청소년 프로그램의 기획, 제6장은 청소년 프로그램의 요구분석, 제7장은 청소년 프로그램의

설계, 제8장은 청소년 프로그램의 마케팅과 홍보전략, 그리고 제9장은 청소년 프로그램 운영의 실제, 제10장은 청소년 프로그램의 평가에 대한 실제 프로그램의 개발 단계를 절차에 따라 이론과 원칙 등 구체적 내용들을 이해할 수 있도록 다루었다.

마지막 제3부에서는 청소년 프로그램의 운영결과 사후관리와 미래지향적 과제에 중점을 두고 제11장에서는 청소년 프로그램의 인증과 효율적 관리 및 운영에 대한 이론적 배경과 실제 그리고 사례에 대한 내용을 다루었으며, 마지막 제12장에서는 4차 산업혁명시대의 청소년 프로그램 운영의 발전전략에 대한 미래지향적 청소년 프로그램의 발전방향 모색과 청소년지도자의 지도역량이 미래사회에 있어서 중요한 부분을 차지하기 때문에 이론적 내용을 다루었다. 특히 필자는 인성교육이 곧 청소년들의 바람직한 가치관이 형성된다는 차원에서 평소 인성교육의 중요성에 대한 교육철학을 바탕으로 인성교육에 대한 내용 언급이 이 책의 중요한 특징이라 할 수 있다.

본서는 이미 여러 선행연구 및 관련 학자들의 결과물과 청소년활동 및 지도현장, 관련 기관 등의 체험적인 결과물도 인용 및 참고하였으며, 그리고 혹 각종 내용 및 자료에 있어서 잘못 인용되었거나 편집한 부분이 발견된다면 오로지 본 저자의 부주의와 잘못으로 인한 것임을 이 글을 대신하여 미리 양해를 구하고자 한다.

이 책을 통해 청소년활동 현장과 학교 · 기관 및 단체 등 다양한 수요자들에게 실무에 적용하는데 조금이나마 길잡이가 되었으면 하는 바람과 부족한 부분은 지속적으로 수정 보완하여 올바른 청소년 프로그램의 개발과 평가의 지침서가 되도록 최선을 다할 것이다. 끝으로 독자 여러분들의 기탄없는 충고와 지도 및 조언을 바라며, 무엇보다 부족하고 미흡한 원고를 위해 여건을 마련해 주시고 출판을 허락해 주신 양서원 출판그룹 박세원 대표님과 정민사의 모든 직원분께 깊은 감사를 드린다.

2024년 1월

중원대학교 연구실에서

공저자 대표 김창현 올림

차 례

Part

01

청소년 프로그램 운영을 위한 기초적 이해

청소년 프로그램 개발과 평가에 있어서 선행과제는 청소년기에 대한 발달 단계와 특성을 이해하여야 한다. 현장에서 프로그램을 개발하고 실행하기 위해서는 반드시 청소년의 다양한 특성을 이해하고 청소년들의 요구에 부응하는 프로그램을 개발하고 운영하여야 한다. 그리고 청소년기에 있어서 매우 중요한 부분은 성장 과정에서 인격이 형성된다는 관점에서 보면 인격형성을 위한 가치관 및 성격과 성품 등에 대하여 교육적 이해가 필요하다. 따라서 지도자는 프로그램을 개발하고 운영하기 위해서는 청소년인성교육의 중요성을 인식하고 교육을 할 수 있어야 한다. 이에 본 장에서는 첫째, 청소년의 개념과 청소년기에 나타나는 특성에 대하여 살펴보고, 둘째, 청소년기의 발달 단계, 마지막으로 청소년 인성교육의 중요성에 대하여 3가지 측면에서 이론적 배경을 살펴보고자 한다.

제 1 장

청소년기의 특성과 인성교육

01

학습목표

1. 청소년의 개념과 특성을 이해하고 설명할 수 있다.
2. 청소년기의 발달 단계의 중요성과 단계를 설명할 수 있다.
3. 청소년 인성교육의 개념과 인성교육이 청소년들에게 왜 필요한지 설명할 수 있다.

학습키워드

청소년, 청소년기, 인성교육, 청소년 프로그램

1 청소년의 개념과 특성

1) 청소년의 개념

청소년(靑少年)이란 인간의 생애주기에 있어 부모에게 의존했던 아동의 시기를 지나 자신의 판단에 의해 독립적으로 생활할 수 있는 성인기 사이의 사람이나 그 집단을 말한다. 청소년기란 아동기와 성인기 사이의 중간 단계이며, 영어의 'Adolescence'는 '성장한다'라는 의미를 내포하고 있다. 청소년기에는 신체적 성장은 물론이고, 지적 · 정서적 · 사회적 측면에서 급격한 성장이 이루어지는 시기이다.

청소년심리학의 아버지로 불리는 스텐리 홀(Stanley Hall)은 청소년의 시기를 "질풍노도의 시기"(a period of storm and stress)로 묘사하였는데, 질풍노도란 용어는 이상주의 · 열정 · 혁명 등에 관한 소설을 쓴 독일 작가 괴테와 쉴러에게서 가져온 표현이다. 청소년은 아동도 아니고 성인도 아닌 모호한 위치에서 자아의식과 현실 사이의 갈등 및 소외 · 외로움 · 혼돈의 감정을 경험하게 되고, 이로 인한 긴장과 혼란이 이 시기를 질풍노도의 시기로 만든다는 것이다. 또한 홀은 청소년 시기를 '새로운 탄생'으로 보았는데, 이는 청소년기에 보다 높은 수준의 그리고 보다 완전한 인간 특성이 새로이 탄생하는 것으로 보았으며, 인간의 발달과정을 끝없이 계속되는 과정으로 보았다.

청소년의 개념은 생리학적 측면과 연령에 의해 구분할 수 있다. 생리학적 측면에서 보면 청소년기는 소녀의 초경과 소년의 사정에서 시작되어 신체적 · 성적 발육이 완성된 시기까지를 말한다. 그러나 개인에게서 나타나는 신체적 징후나 사춘기의 특성이 나타나는 시기가 서로 다르며, 근래에 들어서는 충분한 영양 섭취와 환경으로 인해 사춘기의 시기가 점차 빨라지고 있다. 청소년기가 끝나는 시점은 신체적인 면보다는 부모로부터 독립하거나 그 사회의 역할기대 및 개별국가의 법에 의하는 등 사회적 측면에서 이루어지기 때문에 일괄적으로 규정하기에는 어려움이 따른다.

청소년의 연령에 대한 기준은 법의 목적과 특성에 따라 다르게 나타나고 있다. 「청소년기본법」에서는 청소년의 나이를 9세에서 24세까지로 규정하고 있다. 9세는 초등학교 3학년 정도의 나이로, 이때부터 학교의 대외 수련활동이나 청소년단체의 캠프에 참여할 수 있는 시기로 보며, 24세는 UN의 청소년 기준과 일치된다. 「아동복지법」에서는 아동의 나이를 18세 미만으로 규정하고 있는데, 이는 「아동의 권리협약에 관한 국제협약」의 나이와 같다. 청소년을 유해환경으로부터 보호하고자 하는 「청소년보호법」에서는 보호청소년의 연령을 만 19세 미만으로 규정하고 있다. 「근로기준법」에서는 18세 미만을 근로청소년으로 보호하고 있으며, 비행을 저지른 청소년을 대상으로 하는 「소년법」에서는 20세 미만의 청소년을 촉법소년 · 범죄소년 · 우범소년으로 나누어 규정하고 있다.

일반적으로 초등학생을 어린이 또는 아동으로 지칭하며, 이들은 어린이날 행사에 참여하는 반면, 중 · 고등학생은 청소년으로 호칭되고 있다. 중 · 고등학생의 나이대인 1318은 전화번호부에서 청소년단체들이 선호하는 번호가 되고 있다.

2) 청소년의 특성

청소년기는 아동기와 성인기의 과도기적 시기로, 아동적인 의존 성향과 사회적 독립을 추구하는 성인기의 특징이 동시에 나타난다. 특히 부모로부터 독립하고자 하는 성향은 또래문화를 형성하여 가정이 아닌 주변을 맴돌게 하며, 부모나 교사의 충고를 잔소리로 취급하여 전혀 관심을 갖지 않기도 하고, 아예 가출을 꿈꾸거나 시도하기도 한다. 근래에는 삶의 목적과 활력을 잃고 사회와의 교류를 단절한 채 오직 방 안에서만 거주하는 은둔형 외톨이가 문제되고 있다. 청소년기의 특성을 신체 · 생리적 · 인지적 · 정서적 · 사회적 특성으로 나누어 살펴보면 다음과 같다.

(1) 신체 · 생리적 특성

청소년 시기에 나타나는 신체 · 생리적 변화로서 첫 번째는 호르몬의 변화이다. 남성의 경우 안드로겐, 여성의 경우 에스트로겐의 왕성한 분비로 신체의 성징이 나타나게 된다. 두 번째는 신장과 체중의 증가, 세 번째는 성적 측면에서의 성숙이다.

(2) 인지적 특성

피아제(Piaget)의 이론에 따르면, 청소년기는 형식적 조작기에 해당된다. 이 시기는 눈앞의 현실세계를 뛰어넘어 자신이 경험해 보지 못한 이상이나 가능성의 세계 및 추상적인 것에 대한 사고가 발달하게 되고, 조합적 사고가 발달하여 어떤 문제에 직면하였을 때 여러 가지 요인들을 고려하여 논리적이고 체계적으로 문제해결을 시도한다.

(3) 정서적 특성

청소년기는 급격한 신체발달과 더불어 사회적으로 요구되는 과다한 과업으로 인해 정서적으로 불안정한 상태이다. 청소년기에 보이는 정서적 특성과 이러한 특성이 청소년의 심리와 행동에 미치는 영향들은 다음과 같다.

① 감정 기복이 심하고 예민하다. 사소한 일에 예민하고 쉽게 우울하며 낙담에 빠지기도 한다.

② 수줍음이 많고, 지나치게 남을 의식하기 때문에 마음과 행동이 자유롭지

못하며, 특히 이성 앞에서 부끄러움을 많이 느낀다. 종종 수줍음을 감추기 위해 겉으로는 과장된 행동을 보이기도 한다.

③ 열성적이고 호기심과 모방성이 강하다. 쉽게 흥분하며, 현실감을 잃고 곧장 열중해서 그 일에 빠진다. 또한 자신의 관심사를 가정에서 지역사회로 확대시키기 시작함으로써 귀가 시간이 늦고, 외출이 잦으며, 특히 우상을 만들어 맹목적으로 추종하는 경향도 있다.

(4) 사회적 특성

청소년기는 부모로부터 분리되고자 하는 시기로서 부모와의 잦은 갈등을 일으키고, 동성친구나 이성친구 또는 또래집단에 몰두한다. 구체적으로 살펴보면 다음과 같다.

① 부모로부터 개별화되고자 한다. 만약 부모들이 이러한 과정을 자연스러운 성장과정으로 인정하지 않고 부모에 대한 도전이나 반항으로 인식할 때, 부모와 자녀 간의 갈등이 증폭될 수 있다.

② 동성이나 이성친구 등 또래집단에 몰두한다.

이상에서 청소년기의 일반적인 발달특성을 살펴보았다. 그러나 이러한 발달은 개인차가 클 뿐만 아니라 또한 개개인에 있어서도 여러 측면에서의 발달이 동시에 그리고 동일한 속도로 일어나지 않는다는 점을 유의해야 한다. 이러한 보편적인 특성을 토대로 하면서도 청소년 개개인의 독특한 경험과 개별성을 고려하는 것이 무엇보다도 중요하다.

청소년기의 시기는 인생에 있어서 대단히 중요한 시기로, 미래를 대비하고 준비해 나가야 하는 시기이다. 무엇보다 주체적 인간으로 성장하고, 의존성을 벗어나 자립하여야 하며, 우리 사회의 건강한 시민으로 성장하여야 한다.

그러나 오늘의 우리나라 현실을 보면 청소년들에게 이러한 발달과업을 기대하기에는 무리가 따른다고 할 수 있다. 다양한 정서적·사회적 경험과 직업에 대한 탐색의 시기에 대학입시라는 굴레에서 벗어나지 못하며, 부모로부터 독립하여 일거리를 찾고자 하는 학교 밖 청소년들을 부정적인 인식으로 바라보기 때문이다.

해비거스트(Havighurst)는 발달과업을 개인의 생애 중 어떤 일정한 시기나 그 가까이에서 나타나는 과업으로 보며, 그 과업을 훌륭히 성취하면 행복을 누릴 수 있고, 또 다른 과업을 잘 달성할 수 있지만, 실패하면 후일에 다른 과업도 곤란을 받을 수 있음을 지적하면서 청소년기의 발달과업을 다음과 같이 제시하고 있다.

① 자기의 체격을 인정하고 자신의 신체를 효과적으로 구사하는 것을 인식한다.
② 남녀 간의 새롭고 보다 성숙한 관계를 이루는 것을 배운다.
③ 남성으로서의 역할과 여성으로서의 역할이 무엇인가를 학습한다.
④ 부모나 다른 성인과의 정서적 독립을 이룩한다.
⑤ 경제적 독립의 필요성을 절실히 느낀다.
⑥ 직업의 선택과 준비에 몰두한다.
⑦ 시민적 자질로서 필요한 지적 기능과 개념이 발달한다.
⑧ 결혼과 가정생활을 준비한다.
⑨ 적절한 과학적 지식에 맞춰 가치관과 윤리체계를 습득한다.

2 청소년기의 발달 단계

청소년기는 아동기에서 성인기로 옮겨가는 과도기로서 신체적, 심리적, 사회적 발달을 급격하게 경험하게 되는 시기이다. 이러한 급격한 변화는 대다수의 청소년에게서 나타나는 공통적인 특성이며, 동시에 각 개인의 특성과 상황에 따라 독특한 발달 특성을 보이는 경우도 있다. 많은 문제와 혼란의 시기로 인식되는 청소년기는 흔히 사춘기와 함께 시작되는데, 이 시기를 특징짓는 기본적인 발달적 변화로는 사춘기의 시작을 의미하는 생리적 변화, 이전의 시기에 비해 더욱 발달된 인지적 능력의 변화, 사회관계 속에서 새롭게 획득하는 개인의 역할 변화 등 세 가지를 들 수 있다. 한편 청소년기의 주요 발달은 크게 신체적 발달 단계, 인지적 발달 단계, 사회적 발달 단계, 정서적 발달 단계로 다음과 같이 정리할 수 있다.

1) 청소년기의 신체적 발달 단계

이 시기에 나타나는 가장 핵심적인 신체적 발달은 성적으로 성숙하는 사춘기(puberty)라는 현상으로 급속한 신체의 외형적 성장과 호르몬의 변화에 의한 생식 능력의 획득이다. 사람의 발달주기에서 가장 빠른 신체적 성장 시기는 출생 후 1~2년이지만, 청소년기에 일어나는 신체적 성장 또한 다른 단계들에 비해서 매우 빠르다. 청소년기에 접어들면 소년들은 신장이 확대되고 근육이 발달함으로써 어른의 신체적 형태로 이행된다. 남자의 경우 신장 증가는 20세까지 지속되는 경우가 있으며, 14세 정도에서 가장 급속한 성장이 일어나는 것으로 나타났다(Tanner, 1971). 이러한 키의 급속한 성장은 근육발달과 시간적 격차를 나타나게 하므로 소년들은 자기 자신의 모습에 대한 긍정적 반응과 부정적 반응의 양면적 반응을 보인다(Newman & Newman, 1987: 322).

첫째, 어른에 가까운 신장의 확대는 긍정적인 반응을, 둘째, 신장의 확대와 근육발달 간의 시간적 격차로 인한 불균형적 어색한 모습은 부정적인 반응을 나타내게 된다. 한편 이 시기에 소녀들의 신체적 성숙은 11세 전후에 급속한 성장이 시작되는 것으로 남자보다 대략 두 살 정도 빠르게 온다. 이와 같이 신장의 성장이 남자보다 먼저 오기 때문에 같은 연령의 소년들보다 키가 큰 경우가 많다. 이 시기의 소녀들이 외모의 변화에서 가장 신경을 쓰게 되는 것은 성장 급등에 따라 일어나는 체중의 증가이다. 아동의 신체적 형태에서 어른의 풍부한 형태로 신체가 변화하며 전체적으로 외모가 부드럽고 완만한 형태로 이행된다.

청소년기를 대표하는 사춘기는 아동기의 5세와 9세 사이에 시작되었던 성호르몬의 변화가 이 시기에 급속하게 증가하여 체형이 변화하기 시작하므로 자신을 바라보는 시각이 변화하기 시작한다. 이와 함께 청소년기 동안에 개개인이 보이는 성숙의 차이는 이 시기의 부적응 문제와 관계가 많은 것으로 알려지고 있다(Davis & Palladino, 1997). 일반적으로 성숙을 일찍 경험하는 소녀들이나 늦게 경험하는 소년들은 어려운 부적응 문제를 겪게 될 가능성이 많은 것으로 나타나고 있다. 일반적으로 청소년들은 친구나 선생님 등을 통해 성에 대한 정보와 지식을 획득하게 되며, 대부분 이 시기를 거치면서 불안감과 성적 쾌감을 동시에 경험하게 된다.

이와 같이 청소년기의 신체적 발달 단계를 간략하게 정리하면 다음 〈표 1-1〉과 같다.

〈표 1-1〉 **청소년기의 신체적 발달 단계**

구분	주요 특징과 변화 내용
신장과 체중	• 급속 성장기는 2~3년 동안 지속되며, 여성이 남성보다 2년 정도 먼저 사춘기를 시작하고, 키와 체중은 여성들이 남성보다 덜 증가하며 성장은 더 빨리 멈춘다. • 사춘기 동안 키와 체중이 50%가 자라며, 이런 변화는 성숙, 비만 정도, 근육의 정도에 따라 다르게 나타난다.
외모와 골격계 성장	몸의 여러 부분이 고르게 성장하지 않아서 행동이 세련되어 보이지 않으며, 남성의 경우 근육세포의 수와 크기가 증가하나, 여성의 경우 근육의 크기만 변한다. 신체 성숙에 있어서는 여성들의 신체 지방이 남성에 비해 평균 2배로 증가한다.
기관 성숙	심장, 폐, 간, 비장, 신장, 췌장 등 각종 기관들의 크기가 두 배로 성장하며, 또한 소화기관도 커지지만 반대로 림프계는 축소된다.
성적 성숙	1차, 2차 성징의 발달과 관계가 있다. 난소와 고환의 세포에서 각각 남성과 여성의 성호르몬을 생산한다. • 에스트로겐 - 난소 • 테스토스테론 - 고환 • 여성의 2차 성징 - 난소, 자궁, 질, 음순, 가슴의 크기 증대 및 체모, 초경 • 남성의 2차 성징 - 생식기 발달, 치모 및 체모의 출현, 고환의 크기 증가 및 얼굴에 털이 나고 변성기가 시작된다.

2) 청소년기의 인지적 발달 단계

청소년 전기에는 육체적 변화가 일어남과 동시에 새로운 사고방식과 인지적 능력이 확대된다. 따라서 이 시기의 청소년들은 아동기의 경험에만 의존하는 즉흥적인 사고 체계에 더 이상 머물러 있지 않고 보다 수준 높게 사고하는 기술을 발달시키기 시작한다. 즉, 이상에 대해 생각하고 자신의 미래에 대해 생각하기 시작하고 예측해보며, 과거에 자신들이 믿고 있었던 사실에 대해 의문을 제기하고 새로운 신념을 탐색하기도 하며, 성인들에 대한 비판을 시도하기도 한다. 피아제(Piaget, 1977)는 이와 같은 청소년기의 사고 수준을 형식적 조작사고라고 불렀다. 이는 피아제가 제시한 인지 발달 이론의 최종 네 번째 단계로 이 시기의 대표적인 특징으로는 전 단계인 구체적 조작기에서는 어려웠던 추상적인 관념이나 개념에 관해 논리적으로 사고할 수 있다는 점을 들 수 있다. 이와 같이 형식적 조작기에 이른 청소년들의 사고는 보다 더 유연하고 상대적인 관점에서 세상을 이해할 수 있게 된다. 예를 들면, 어떤 면에서 괜찮게 생각되는 사람에게도 단점이 있을 수 있다고 생각할 수 있게 된다.

또한 이 시기의 청소년들은 자신의 생각이 옳은지 아니면 그른지, 나아가 일관성이 있는지를 판단할 수 있다. 이처럼 형식적 조작기에서 볼 수 있는 높은 수준의 사고 능력은 현재 직접 처해 있는 구체적인 상황과 경험을 넘어서 죽음, 자유, 종교, 민주주의와 사회주의, 미래 사회의 전망 등과 같은 추상적인 문제들에 대해 논리적으로 사고하는 것을 가능하게 한다. 미래를 꿈꾸고 계획하는 젊은이들의 모습은 바로 이 청소년 시기에 와서 최고 수준에 도달하게 되는 인지 능력에서 출발하는 것임을 알 수 있다. 일반적으로 아동기를 지나 청소년기에 이르게 되면 인지 발달 수준이 형식적 조작기에 이르게 되지만, 모든 사람들이 이 수준의 지적 발달을 이루게 되는 것은 아니다. 적절한 교육이나 자극을 받지 못한 성인들 가운데는 형식적 조작기까지 이르지 못하고 이전 단계인 구체적 조작기의 발달에 머무는 경우도 많다(오세진 외, 1999).

아울러 청소년 후기에 오면 전기의 청소년들보다 또 다른 차원으로 세상에 대해 생각하게 된다. 비록 모든 십대의 청소년들마다 서로 다르기는 하지만 이 시기의 청소년들은 일반적으로 자신이 독특한 존재로 인식되어지길 원하고 있을 뿐만 아니라 자신의 개인적인 발달, 친구들과의 우정, 다른 사람의 관계 등을 탐색하는 데 도움이 되는 활동과 행사에 참여하기를 원하고 있다. 또한 이 시기의 청소년들은 자신의 독립성을 외부로 드러내기 위한 방법들에 집착하기도 한다. 이렇게 외부로 드러내려는 독립성은 운전면허증을 획득하거나 자신

스스로 의사결정을 내리는 행동 등으로 나타난다. 독립성을 추구하는 것 이외에도 이 시기의 청소년들은 자신의 미래에 대해 스스로 의사결정을 내리려 한다. 즉, 미래의 직업을 탐색하고 준비하는 시기라 할 수 있다. 직업의 세계에서 성공할 수 있는 자신의 능력에 대해 관심을 보이고 직업의 유형에 따라 요구되는 자격이나 능력 요건에 대해 관심을 가지게 된다. 상급학교에 진학하되 인문계 학교에 진학하든지, 아니면 실업계 학교에 진학을 결심하기도 하며, 때로는 졸업 후에 곧바로 직장생활을 결심하는 경우도 있다.

청소년들은 자신의 사고에 대하여 생각하고 성찰한다. 또한 그들은 다른 사람들의 사고에 대하여 생각할 수도 있다. 형식적 조작기에 들어가면서 자신들의 가치와 추론 과제에 대해 생각한다. 청소년기에는 추상적인 것을 이해할 수 있다. 객관성과 상대성도 청소년이 가질 수 있는 능력이며 이 능력을 통해 여러 상황 중에서 유사성과 차이점을 식별할 수 있다. 청소년들은 자기들이 경험하는 사랑과 고통의 보편성을 이해하지 못하며, 그들은 그들 자신의 생활이 중요하고 누구도 그들의 복잡한 생각을 결코 이해하지 못할 거라고 생각한다. 청소년기 후반에 이르러서야 이러한 자기중심주의는 줄어든다.

3) 청소년기의 사회적 발달 단계

청소년 전기에 발생하는 사회적 변화는 많은 이유에서 비롯된다(신은숙, 1999). 첫째, 청소년으로서 경험하게 되는 신체적 변화와 청소년기에 발달되기 시작하는 새로운 사고 체계의 변화 때문에 일어난다. 둘째, 부모와 사회로부터 청소년들에게 인정되는 어느 정도의 자유와 책임감이 사회적 변화를 유발시키는 데 기여한다. 그 이유는 청소년 전기에는 아동기 시절에 비해 상대적으로 보다 많은 것을 할 수 있도록 허용되고 더 많은 장소에 갈 수도 있기 때문이다. 셋째,

이 시기에는 또래집단이 급속히 중요하게 되는데, 이러한 과정을 통해 청소년은 부모로부터 점차 떨어지는 것을 경험하면서 독립성을 가지게 된다. 넷째, 청소년 전기에는 같은 성(性)을 우선적으로 친구로 삼는 것에서 다른 성과 친밀해지는 현상이 뚜렷하게 나타난다. 이 시기에는 남성과 여성의 관계에 대해 탐색하게 되고 학습하기를 시작한다.

한편 청소년 후기의 청소년들은 감독하는 사람이 아예 없는 상태에서 과업을 수행하는 것을 선호하는 경향이 있다. 또한 이들은 자신의 독자적인 노력만으로도 많은 일을 수행할 수 있는 능력을 가지고 있다. 다른 사람과 관계를 형성하는 기술(relationship skills)이 비교적 잘 발달되고 친구와의 우정이 비교적 오랫동안 지속되기도 한다. 이 시기에 청소년들은 자신들이 결혼을 계획하는 사람을 만날 수도 있고, 어떤 경우에는 결혼을 하거나 심지어는 아이를 가질 수도 있다. 그러므로 이 시기의 청소년들과 함께 하는 성인들은 이러한 청소년 집단을 지도하는 데 효과적인 방법에 대해 잘 알고 있다. 그들은 십대 초반의 청소년들을 대상으로 하던 것과는 다른 역할을 취하게 된다. 그들은 촉진자(facilitators)가 되며 청소년들이 리더십 역할을 충분히 발휘할 수 있도록 분위기를 조성하게 된다. 또한 성인들은 조정자요 조언자가 되며, 청소년들을 위해 새로운 경험을 준비하는 데 조력한다. 또한 청소년들이 더 많은 책임의식을 갖고 행동하도록 장려할 뿐만 아니라 보다 독립적으로 행동할 수 있도록 조언한다. 청소년들은 성인들이 자신들이 필요로 할 때 적극적으로 도움을 줄 수 있는 친구이자 자원이 되어 주기를 원한다.

이와 같이 청소년기의 사회적 발달 단계를 여러 측면에서 다음 〈표 1-2〉와 같이 정리하고자 한다.

〈표 1-2〉 **청소년기의 사회심리적 발달 단계의 주요 특징과 변화 양상**

구분	주요 특징과 변화 양상
사회심리적 발달: 자아정체감	청소년기의 주된 과업은 자기 스스로의 내면을 나타내는 주체성을 확립하는 것이다. ① 신체상: 자기 자신의 신체와 다른 사람을 비교하고 면밀히 살펴본다. 신체에 대한 교육은 자기 자신의 신체에 대하여 잘 이해하고 친숙하며 깨끗한 이미지에 도움을 준다. ② 역할실험: 청소년기의 역할선택은 가족의 기대 사회의 규범 그리고 효과적이라고 입증된 과거의 규범들과 같은 많은 요소에 의해 영향을 받는다. 이는 청소년기의 옷차림 변화, 학문의 성취, 의사소통방법, 친구, 집단 등의 변화에서 보인다. ③ 독립심 - 초기 청소년: 부모를 역할 모델로 활용, 부모의 권위를 수용 - 중기 청소년: 전형적 불만은 부모들의 자유제한과 청소년에 대한 부모의 불신 - 후기 청소년: 부모를 시험하고 부모로부터 자유를 요구 ④ 동료집단과 동일시: 집단 그룹은 “작은 세계”가 된다. 청소년들은 가치나 행동 이상의 원천을 부모보다는 동료에 의존하여 찾으려고 한다. ⑤ 반항: 자아정체감을 형성하는 과정에서 반항적 행동을 수반한다. 부모의 권위 반항은 청소년의 인지성숙을 의미한다. ⑥ 이상주의: 청소년들은 위선을 볼 때 견딜 수 없어 하고 모금활동, 생태학이나 반핵운동에 전념하는 것은 청소년기의 특성이다. 이상주의는 청소년들이 세계에서 무엇인가를 인내해야 할 것이 있다는 것을 느끼도록 도와줄 뿐만 아니라 성인의 가치와 신념의 개발을 용이하게 한다.
성 발달	① 심리성적 발달: 몸의 특성과 기능의 변화는 기분전환과 성숙 및 불안정 간의 갈등행동을 동반한다. ② 성에 대한 태도의 발달: 청소년에게 신체적 변화가 일어나기 전에 호르몬의 변화가 먼저 일어나므로 태도나 기분이 자주 변하게 된다. ③ 성적 행동: 청소년기는 상상 속에서 동료들이 지켜보는 것처럼 자기 삶을 살아간다. 청소년기 초기의 관계는 동성 간의 우정을 기본으로 한다. 청소년 중반에서 직접적인 접촉대상으로 이성을 찾게 된다.
공포	청소년기의 공포는 학령기보다 추상적이고 구체적이다. 청소년기에 나타나는 두려움은 경제적 · 정치적 사건, 사회적 관계 및 개인적인 행동에 관한 것이다. 공포는 특별한 상황, 생활 사건에 의해 나타나게 된다. 예) 특정 지역에서의 충돌이 전쟁으로 확대될 수 있다고 걱정할 수 있다.

구분	주요 특징과 변화 양상
대응기전	청소년은 어떤 문제에 직면했을 때 추상적으로 사고하고 문제를 풀 수 있는 능력이나 활용 가능한 인간 상호 간의 자원이 훨씬 많다. 청소년은 개발된 인지능력과 사회적 기술을 이용한 새로운 대응방법을 사용하거나 자신의 사고과정과 수행을 조절하는 기술이나 문제해결 전략 등을 이용하기도 한다.
도덕과 신앙발달	청소년기에는 신앙에 관한한 내성적이고 자기 성찰적이다.
동료관계	동료관계를 통해 자신과 다른 사람에 대해 배우면서 특수한 목적이나 서로의 관심을 확립해 나가는 시기이다.

4) 청소년기의 정서적 발달 단계

청소년기에는 정서가 매우 강하고 변화가 심하며, 극단적인 정서경험을 한다. 이러한 정서적 특성 때문에 청소년기를 질풍노도의 시기라고 부른다. 이러한 청소년기의 극단적 정서변화는 성적 성숙과 많은 관련성을 지니고 있다. 청소년은 2차적 성적 특징의 발달과 그로 인한 성적 충동으로 인하여 성적 색채가 강한 정서를 경험하게 되며, 성의식이 높아짐에 따라 성적 수치심이 강해지고 이성에 대한 호기심이 있으면서도 이를 거부하거나 반대로 허세적인 반항적 행동을 하게 되는 경우가 많다(김동배, 권중돈, 1999). 청소년기 전기는 감정이 격하고 기복이 심한 시기이다. 그러므로 낙관적, 비관적 감정이 교차하기도 하고 자부심과 수치심을 강하게 경험하기도 한다. 또한 부모나 형제, 그리고 친구들과 공유할 수 없는 감정의 경험을 통해서 고립감을 느끼기도 한다. 다양한 감정 중에서 강한 수치심, 죄의식, 우울, 분노, 수줍음 등은 문제행동이 될 수 있다. 이렇게 강하고 변화가 심한 감정상태가 청소년기 전기의 특징이기 때문에, 이 시기의 주요한 과제는 자신의 감정에 보다 관대해지는 것이다(Newman & Newman, 1991). 이것은 자신의 격한 감정을 받아들이고 이러한 감정 상태에 대해 과민하게 반응하지 않는 것을 말한다.

청소년들은 이러한 급격한 정서변화에 반응하는 양상이 서로 다르다. 어떤 청소년은 부정적 정서경험을 지나치게 억압하여 우울증이나 신경성 식욕부진에 걸리기도 하는 반면, 정서에 대한 통제가 이루어지지 않고 지나치게 충동적으로 반응함으로써 비행행동을 보이기도 한다. 따라서 청소년기에는 자신의 정서변화에 대한 인내심을 길러야 하며, 타인의 반응에 지나치게 민감한 반응을 보이지 않도록 노력하여야 한다. 청소년기 후기에는 자신의 본질적인 인격에 대한 의문에 사로잡히게 된다. 에릭슨(Erikson, 1968)은 청소년기의 주요 발달과업이 자아정체감 형성이라고 지적하였다. 자아정체감(ego identity)은 자신의 독특성에 대한 비교적 안정된 느낌을 갖는 것으로, 행동이나 사고 혹은 정서의 변화에도 불구하고 변화하지 않는 부분이 무엇이며 자신이 누구인가를 아는 것이다. 이러한 개인의 자아정체감은 각 개인이 인간이라고 느끼는 인간성 차원, 남성 혹은 여성이라고 느끼는 성별 차원, 각 개인이 독특하고 특별하다고 느끼는 개별성 차원, 그리고 시간 경과에도 불구하고 동일한 사람이라고 느끼는 계속성 차원의 4가지 차원으로 구성되어 있다.

이러한 자아정체감의 형성은 아동기의 동일시 경험에서부터 시작된다고 볼 수 있다. 즉, 부모나 선생님, 친구들의 감정, 태도, 가치관, 행동을 자신의 것으로 받아들여 그것을 자기만의 독특한 총체로 통합함에 따라 정체감이 형성되어 간다. 그러므로 정체감 형성은 부분적으로 어린 시절의 부모에 대한 의존으로부터의 정서적인 분리를 포함한다. 청소년들은 자기의 행동에 대해 자주적인 선택을 하기 위하여 부모의 가치와 규범을 점점 더 나름대로 재평가하게 된다. 따라서 정체감 형성의 과정은 아동기에 그 뿌리를 두고 청소년기를 거쳐 성인기까지 지속되지만 특히 청소년기 후기에 가장 중요한 이슈로 등장하게 된다. 자아정체감을 형성한 사람은 신념, 가치관, 정치적 견해, 직업 등에서 스스로 의사결정을 할 수 있다. 청소년들이 안정된 자아정체감을 형성하기 위해서는 신체적 성숙과 성적 성숙, 추상적 사고능력의 발달, 정서적 안정성의 확보 그리고 부모나 또래집단으로부터의 자율성을 확보할 수 있어야 한다. 그리고 다양한 역할실험을 통하여 자신의 특성을 인정하고, 타인의 견해를 이해하며, 세계에 대한 지식을 습득하는 과정이 필요하다(김창현, 2016 재인용).

3 청소년 인성교육의 이해

1) 인성과 인성교육의 개념과 정의

인성이란 우리 인간이 태어나면서부터 기본적으로 형성되는 그 사람의 가치관이라고 생각한다. 즉 가치관이란 인간에게 주어지는 환경 속에서 옳고 그름을 판단하고 인간으로서 해야 하고, 하지 말아야 된다는 것을 생각과 판단을 통해 행동으로 옮기는 과정이 인성이다. 다시 말하면 바르게 알고, 바르게 느끼고, 바르게 행동하는 것이 인성이라고 생각한다. 또한 인성은 여러 가지 의미로 인격, 인품, 성격, 기질, 사람됨 등 여러 가지로 학자마다 달리 정의를 내리고 있다. 하지만 결국 인성은 옳고 그름을 판단하여 바르게 행동하는 것이 인성이다(김창현, 2018).

인성교육이라 함은 인격을 깨우쳐 주는 교육 또는 현대 사회의 비인기화 현상을 극복하고자 하는 교육이 목표, 내용방법을 모두 포함하는 것이다. 즉 인성교육의 방향은 인간 중시와 개성 존중, 적극성 함양, 긍정적 사고방식의 고취, 미래지향적 등이 될 것이며, 학생 개개인이 주체성을 갖게 해주는 교육으로 이해될 수 있다. 주체성이란 개개인이 자기다움을 확인하는 것이고 주체성 교육은 이를 도와주는 교육이다.

이를 위하여 교육적으로 의미가 있다고 받아들여지는 영역부터 결정하여야 한다. 현재의 학교 현장에서 이루어지고 있는 대부분의 인성교육은 사실상 구호에 그치고 있거나 실효성이 의문시되고 있다. 인성교육은 학생들이 스스로 깨달아 자신이 마음속에서 우러나와 행하고자 할 때 이루어지는 것이다. 그러므로 일러주기식 또는 훈화적 인성교육은 학생들의 체험에서 나온 것이 아니기 때문에 내면화되지 못하는 경향이 심했다. 그래서 앞으로의 인성교육은 학생들이 체험을 통해 스스로 깨달을 수 있는 방향으로 가야 한다.

그러므로 인성교육이란 마음의 바탕인 지, 정, 의를 조화롭게 발달시키는 마음의 교육과 개인적인 자아실현을 위한 가치교육, 그리고 사회적인 도덕적 삶을 추구하기 위한 도덕교육 등 세 가지로 구성되어 있다. 지, 정, 의를 조화롭게 발달시키기 위한 마음의 교육, 즉 심성교육은 사람의 마음을 다스리는 교육을 하는 것으로서 지, 정, 의가 조화를 이룰 수 있도록 가정과 학교, 사회 그리고 군을 포함한 모든 사회조직에서 지식교육과 정서교육, 행동교육이 균형을 이룰 수 있도록 실시되는 것을 말한다. 한편 「인성교육진흥법」상 인성교육의 정의를 보면 "인성교육"이란 자신의 내면을 바르고 건전하게 가꾸고 타인·공동체·자연과 더불어 살아가는 데 필요한 인간다운 성품과 역량을 기르는 것을 목적으로 하는 교육을 말한다.

바람직한 인성교육이란 개개인의 자아 발견, 우주와 사회에서 자신의 위치 인식, 심미적 소양, 긍정적인 생활태도, 선악의 분명한 구별, 도덕적 책임의식, 도덕적으로 일관성 있게 행동할 수 있는 판단과 용기, 다른 사람에 대한 이해와 동정, 사회의식과 희생정신, 인권과 정의의 존중 등의 소양들을 함양하는 교육인 것이다. 결론적으로 인성의 개념에서 언급하였듯이 인성교육이란 바르게 알도록 하고, 바르게 느끼도록 하며, 바르게 행동하도록 하는 인간의 내외적인 총체적인 교육이 바로 인성교육이다(김창훈, 2018).

2) 인성교육의 필요성과 인성발달의 기본원리

오늘날 우리 사회는 급속한 경제성장과 산업화를 추진하면서, 물질적인 풍요와 번영은 이룩하였으나 경박한 외래문물의 무분별한 수용으로 공동체 의식이 약해지고 무엇보다 인간성 상실이라는 부작용을 낳았다. 즉 도덕이나 윤리, 더불어 사는 이웃으로서의 따뜻한 가슴을 지닌 인간미 넘치는 민주시민의 자질을 함양하는 데 소홀히 하여, 사회 곳곳에서 각종 비윤리적 행위와 무질서, 폭력, 남비현상 등 여러 가지 병리 현상이 나타나고 있다. 그 결과 국가, 사회적으로 도덕성을 회복하고 공동체 의식을 제고해야 한다는 목소리가 높아지고 있으며, 지식 위주의 학교 교육에서 사람다운 사람, 도덕적인 사람, 더불어 사는 사람, 바람직한 인성을 갖춘 사람을 길러낼 것을 요구하고 있다.

학생들의 전인 교육이나 인간 교육을 위해서는 학생들이 처해 있는 환경을 고려하여야 한다. 그중에서 학교 환경, 즉 교사, 동료 등은 학생의 행동과 성격에 영향을 미치게 된다. 학교에서는 이러한 요소를 파악하여 의도적인 인간 교육에 힘써야 한다.

흔히 가정, 학교, 사회가 삼위일체가 되어야 바람직한 교육이 이루어진다고 한다. 그러나 우리의 현실은, 사회의 인간 교육 기능을 기대하기가 어렵다. 따라서 인간교육에 대한 학교와 가정의 역할이 증대되고 있다. 특히 학교는 가정교육 기능이 더욱 강화될 수 있는 방안을 모색하는 중추적 역할을 해야 한다.

인성발달의 기본 원리는 다음과 같다. 첫째, 인성의 발달은 유전과 환경의 상호작용 결과로 이루어지는 것이다. 둘째, 인성의 발달은 분화의 과정과 통합의 과정을 거치는 가운데 이루어지는 것이다. 셋째, 인성의 발달은 연속적으로 이루어지는 것이므로 이미 이전에 발달된 것을 바탕으로 하여 새로운 것이 형성되는 것이다. 넷째, 인성의 발달은 초기의 발달일수록 그 폭이 빠르며 그것이 그 개인의 장래 인성에 큰 영향을 미치는 것이다. 다섯째, 인성의 발달은 각 개인에 따라 발달의 속도나 정도가 다르게 나타난다.

3) 인성교육 방법과 프로그램 운영지원

(1) 인성교육 방법

학교현장에서는 인성의 가장 핵심적인 특성인 도덕성을 다루는 도덕과를 중심으로 국어과, 사회과, 예체능 교과 등과 협력적 관계를 통하여 각 교과의 특성과 목표에 부합하는 방식으로 인성교육을 추진하고 있다. 또한 협동학습, 토의·토론, 문제해결학습, 스토리텔링, 역할학습 등 교수·학습 방법을 통하여 인성 함양이 이루어지도록 하여야 한다.

그리고 창의적 체험활동, 학교 행사, 방과 후 활동 등으로 체험이나 활동, 실천 위주의 인성교육을 수행하며 기존의 특별활동과 재량활동을 통합한 것으로 자율활동, 동아리활동, 봉사활동, 진로활동 등으로 구성되어 있다. 또한 환경교육, 예절교육, 독서토론, 공동체교육 등이 있는데 이를 통해 체험과 실천 속에서 인성교육이 이루어질 수 있도록 하여야 한다.

학생의 경우에 교사가 역할모델로 작용하는 경우가 많기 때문에 인격 형성에 매우 큰 영향을 미친다. 선생님과 동료들에 의해 사랑과 존중을 받고 있다고 느끼는 따뜻한 배려로 가득한 교실, 자율적인 규율에 의하여 민주적으로 운영되는 학교, 더 나아가 원칙이 존중되는 공정한 사회의 모습은 학생의 인성교육에 가장 큰 밑바탕으로 작용한다.

결론적으로 인성교육의 방법은 청소년들의 내면의 심리를 조정하고 통제하는 방법 등을 배울 수 있는 여건 조성과 실제 주어지는 각 상황마다 대처방법 등 올바른 행동을 할 수 있도록 지도 및 교육하는 것이다. 즉 자신의 감정을 표현하면서도 타인의 감정도 중요하다는 것을 이해시키는 교육적 활동이 중요하다. 그리고 다양한 상황에 처했을 때 어떤 행동을 해야 하는지에 대한 방법 교육과 사회적 관계와 사회성을 기를 수 있는 교수·학습지도가 필요할 것이다.

(2) 프로그램 운영지원

「인성교육진흥법」 제11조에서는 인성교육 프로그램을 운영하기 위한 "인성교육 지원"을 다음과 같이 규정하고 있다. ① 국가 및 지방자치단체는 가정, 학교 및 지역사회에서의 인성교육을 지원하기 위한 교육 프로그램(이하 "인성교육 프로그램")을 개발·보급하여야 한다. ② 국가와 지방자치단체는 인성교육 프로그램의 구성 및 운용 등을 전문단체 또는 전문가에게 위탁할 수 있다. ③ 교육감은 인성교육 프로그램의 구성 및 운용 계획을 해당 학교 인터넷 홈페이지에 게시하는 등의 방법으로 학부모에게 알릴 수 있도록 하여야 한다. ④ 학부모는 국가, 지방자치단체 및 학교의 인성교육 진흥 시책에 협조하여야 하고, 인성교육을 위하여 필요한 사항을 해당 기관의 장에게 건의할 수 있다. ⑤ 그 밖에 가정, 학교 및 지역사회에서의 인성교육 진흥 등에 필요한 사항은 대통령령으로 정한다.

이와 같이 국가 및 지방자치단체에서는 인성교육을 지원하기 위하여 프로그램을 개발하고 보급하여야 한다고 규정하고 있다. 특히 청소년활동시설에서의 기본적으로 운영하고 있는 심성수련 프로그램 등 여러 가지 프로그램들은 인성교육과 같은 맥락에서 운영되고 있는 만큼 프로그램을 보완하고 새로운 「인성교육진흥법」상 8대 덕목에 명시되어 있는 내용을 중심으로 발전시켜야 할 것이다.

다음 〈표 1-3〉은 인성교육진흥법과 관련하여 학교급별 프로그램을 예시 표로 나타낸 것이다.

〈표 1-3〉 **인성교육 프로그램의 종류와 내용**

구분	프로그램 종류	내용
대학생	집단활동 프로그램	미술심리치료 프로그램과 치유 및 명상을 통해 자기성장, 자기표현, 자기개발 등의 동기유발과 감수성을 배양
	특별강연	폭넓은 교양과 지식 함양, 사회적 경험의 노하우 전수
	동아리 및 체험활동	학생들의 교류와 소통, 모험심과 협동심 배양, 자기교육관 발표하기
초, 중, 고	창의인성뇌교육	뇌 감각 깨우기, 자기 돌아보기, 활공(스킨십), 경청의 장, 신뢰의 장, 의지의 장, 합심의 장, 나눔의 장, 감사의 장, 힐링 난타
	자연친화체험활동	도전(모험)활동, 체력단련, 산행을 통한 도전정신과 모험심, 협동심을 배양
	봉사활동 및 통일교육	중증장애인시설 봉사활동, 역사 탐방 및 북한 바로 알기 견학
	예절교육	우리나라 전통예절 익히기, 예절교육을 통해 상대방을 존중하고 배려하는 방법 익히기

출처: 김창현(2016).

따라서 청소년활동시설에서 바람직한 인성교육을 통해 나타날 수 있는 효과는 첫째, 청소년들이 인성교육 프로그램을 통하여 서로 이해와 존중과 남을 배려하는 바람직한 인간관계가 조성되어야 하며, 둘째, 스스로 자존감을 회복하여 삶의 가치를 알고 더불어 살아가는 기쁨을 느끼게 되도록 자신감을 심어주는 교육이 필요하다. 셋째, 청소년들의 손상된 자아 회복과 가족 및 부모님과의 관계를 회복하게 될 수 있는 교육이 되어야 한다. 넷째, 예절 바르고, 양심이 밝고, 정직, 성실, 책임감 있는 삶의 태도를 길러주는 교육이 되어야 한다. 마지막으로 다양한 청소년들의 특성을 통한 분노 조절, 감정정화, 자기 극복의 체험을 통해 긍정적인 자기 정체성 회복에 기여하는 진정한 인성교육의 장이 청소년활동시설에서의 성과가 나타날 수 있도록 제도적인 뒷받침도 필요하다 (김창현, 2018).

▶▶▶ 토의 및 연구 문제

1. 청소년의 개념과 특성에서 가장 중요한 요인은 무엇인지 설명하시오.
2. 청소년의 발달 단계에서 가장 중요한 영역은 어느 영역이라고 생각하는지 설명하시오.
3. 청소년의 인성교육이 왜 중요한지와 인성교육 시 중점을 두어야 할 내용은 무엇인지 설명하시오.

일반적으로 넓은 의미에서 정책의 개념을 살펴보면 공공문제를 해결하고자 정부에 의해 결정된 행동 방침을 말한다. 여기서 청소년정책은 청소년을 대상으로 하는 모든 국가정책으로서 청소년정책 주무부처인 여성가족부와 함께 청소년과 관계된 중앙정부 각 부처의 청소년 관련 정책 및 사업을 모두 포괄하는 개념이다. 따라서 청소년을 육성하고 보호하는 데 있어서 청소년 기관의 운영자와 실제 프로그램을 적용하고 지도하는 청소년지도사는 청소년정책과 활동지원 그리고 청소년활동시설에 대한 이해가 전제되어야 청소년들로 하여금 프로그램의 효과와 성과를 달성할 수 있다고 본다. 이러한 측면에서 본 장에서는 먼저 청소년정책의 기본적 이해를 살펴보고, 그리고 청소년활동지원은 청소년 프로그램 공모사업(활동분야), 문화활동과 동아리활동에 대하여 알아보고, 마지막으로 프로그램을 운영하는 청소년활동시설에 대하여 살펴보고자 한다.

제 2 장

청소년정책과 청소년활동지원, 청소년활동시설의 이해

02

학습목표

1. 청소년의 기본정책을 이해하고 설명할 수 있다.
2. 청소년활동지원의 영역별 내용을 이해하고 설명할 수 있다.
3. 청소년활동시설의 유형과 종류를 이해하고 설명할 수 있다.

학습키워드

청소년정책, 청소년활동지원, 청소년활동시설

1 청소년정책의 이해

1) 정책의 개념

정책(policy)이란 공공문제를 해결하고자 정부에 의해 결정된 행동방침을 말한다. 정책은 법률 · 정책 · 사업 · 사업계획 · 정부방침 · 정책지침 · 결의 사항과 같이 여러 형태로 표현된다. 정책에는 합법적 강제력을 수반하는 권위가 부여되며, 따라서 이러한 정부의 결정이나 방침에 따르지 않을 때는 벌금 · 제재 · 감금 · 규제 · 제한 등의 조치를 받게 된다. 즉 정부 또는 정치단체가 그들의 정치적 · 행정적 목적을 앞으로 실현하기 위해 마련한 방책이나 방침을 말한다.

그러나 일반적으로는 정부 또는 정치단체가 취하는 방향을 가리킨다. 국가의 정책을 국책(國策)이라고도 부르는데, 오늘날에는 정당을 비롯하여 노동조합이나 경영자단체 및 개인의 정책이라도 그 내용과 성질이 공공적인 것이라면 정책이라고 하며, 미국에서는 이것을 공공정책(public policy)이라 부르고 있다. 정책은 일정한 목표를 합리적으로 추구 · 실현하기 위하여 불가결한 것으로서 최근에는 컴퓨터의 도입으로 합리적인 장기정책의 수립이 가능하게 되었다. 외교정책 · 농업정책 · 사회정책 · 노동정책 · 교육정책이라고 할 경우 국가가 추진하는 것으로 이해되기 쉽지만, 이 경우도 국가의 권력을 현실적으로 담당하는 정부의 정책인 것이며, 의회정치하에서는 정권을 담당하고 있는 정당의 정책인 것이다. 그렇다고 해서 정책이 국가나 정부 등과 같이 권력을 장악하고 있는 경우에만 운위(云謂)되는 것은 아니며, 정권을 담당하고 있지 않은 정당이나 협력단체 또는 개인도 정책을 가질 수 있다(네이버 지식백과, 2021).

2) 청소년정책의 범주

청소년정책은 그 개념 및 정의에 따라 크게 광의적 범주와 협의적 범주로 구분할 수 있다. 먼저 넓은 의미의 청소년정책은 청소년을 대상으로 하는 모든 국가정책으로서 청소년정책 주무부처인 여성가족부와 함께 청소년과 관계된 중앙정부 각 부처의 청소년 관련 정책 및 사업을 모두 포괄하는 개념이다. 실제로 1965년 '중앙청소년보호대책위원회'가 펴낸 청소년백서는 당시 청소년을 대상으로 하는 학교·사회교육 정책을 포함해 복지, 노동, 비행 및 농어촌 청소년지도 등 청소년과 관계된 범정부 차원의 정책 모두를 청소년정책의 범주로 포함하였다. 이러한 맥락에서 2019년까지 발간된 청소년백서도 청소년 관련 업무를 여성가족부 및 중앙정부 각 부처의 고유 기능과 연계한 정책영역별로 분류해 제시하고 있다. 이렇게 다양한 기관에 산재되어 있는 청소년정책을 적절히 수행하기 위해서는 국가 청소년정책의 총괄 조정이 중요한데, 현재 우리나라 청소년정책의 총괄 조정은 「청소년기본법」(제9조 청소년정책의 총괄 · 조정)에 따라 여성가족부장관의 권한으로 부여되어 있다.

청소년정책을 좁은 의미에서 살펴보면, 청소년의 권리와 참여, 청소년활동, 청소년복지, 청소년 안전과 보호, 청소년의 교육, 청소년과 노동, 청소년의 비행 및 범죄, 청소년정책 추진체제 등 대체로 여성가족부가 주도하는 청소년정책들을 말한다. 물론 청소년 유관부처인 '보건복지부(청소년복지의 일부 업무)', '교육부(청소년의 안전과 보호, 청소년의 교육 중 일부 업무)', '고용노동부(청소년과 노동의 일부 업무)' 등이 청소년 관련 정책 및 업무 중 일부에 대해 여성가족부와 정책적 협력관계를 유지하면서 추진하고 있다. 이러한 협의적 범주의 청소년정책은 대체로 「청소년기본법」을 근간으로 하여 「청소년활동 진흥법」, 「청소년복지 지원법」, 「청소년보호법」, 「아동·청소년의 성보호에 관한 법률」, 「학교 밖 청소년지원에 관한 법률」

등 관계 법령이나 중장기 청소년정책 기본계획에 근거하여 추진된다.

한편, 정책대상을 아동과 청소년으로 구분하지 않고 아동정책과 청소년정책을 통합하여 접근하는 광의의 시각이 있는 반면, 아동과 청소년에 관한 근거 법률, 즉 「아동복지법」 및 「UN아동권리협약」에 따라 아동(0~18세 미만)과 「청소년기본법」 등에 따른 청소년(9~24세)의 연령을 나누어 아동정책과 청소년정책을 구분하기도 한다. 이 가운데 정책대상으로 중복되는 만 9~17세 청소년이 포함되는 경우 각기 정책의 수립과 추진부처에 따라 아동정책 혹은 청소년정책으로 구분하기도 한다(청소년백서, 2021).

3) 청소년정책의 기본 방향

우리나라는 「청소년기본법」에 근거해 1993년부터 5년마다 범정부적 차원의 중장기 청소년정책 기본계획을 수립·추진해 왔다. 2017년까지 추진된 「제5차 청소년정책 기본계획」은 '청소년이 행복한 세상, 청소년이 꿈꾸는 밝은 미래'를 비전으로 '청소년의 역량 함양 및 미래핵심인재 양성', '청소년의 자기 주도적 참여와 권리증진', '청소년의 균형 있고 조화로운 성장', '청소년의 안전하고 건강한 생활환경'을 목표로 설정하였으며, 이를 위해 5대 영역 2)의 15대 중점과제와 75개 세부 과제를 추진하였다. 이를 기반으로 정부는 그동안 안전한 청소년활동 환경 구축을 통한 청소년활동 기반 강화, 청소년 체험활동의 다양화로 건강한 성장지원, 청소년정책참여의 기회 확대, 보호 사각지대에 있던 학교 밖 청소년 지원 강화, 청소년 대상별 맞춤형 보호·치료지원 강화, 청소년정책 총괄·조정 기능 강화를 위한 제도적 기반 마련 등의 뚜렷한 성과를 거두어 왔다.

이러한 성과에도 불구하고 청소년 인구의 지속적인 감소, 가족구조의 다양화와 가족 기능의 위축, 뉴미디어와 통신기술의 급격한 발달에 따른 매체환경의 급변과 이로 인한 청소년의 유해환경 노출 위험 증가, 4차 산업혁명 시대의 도래, 청년 노동시장의 위축 및 고용 불안 등 청소년을 둘러싼 사회·경제적 환경이 변함에 따라 청소년정책이 새롭게 전환되어야 할 필요성이 대두되었다.

이와 더불어 청소년의 참여 및 권리의 중요성에 대한 우리 사회의 이해와 관심의 부족, 공급자 중심의 수요 예측과 계획에 의한 청소년 프로그램의 전개, 위기 청소년의 예방·보호·자립을 위한 종합적이고 충분한 지원의 부족, 지역 중심의 성과 지향적 청소년정책 추진 체계 미흡 등 「제5차 청소년정책 기본계획」의 추진과정에서 나타난 한계를 극복하기 위한 범정부 차원의 포괄적이고 종합적인 청소년정책의 필요성이 꾸준히 제기되었다.

이에 정부는 보다 미래 지향적이고 실효성을 갖춘 정책을 마련하기 위하여 청소년 관련 학계, 시설, 단체, 청소년, 학부모 등 각계각층의 의견을 광범위하게 수렴하여 「제6차 청소년정책 기본계획(2018~2022년)」을 수립하였다. 「제6차 청소년정책 기본계획」에서는 '현재를 즐기는 청소년, 미래를 여는 청소년, 청소년을 존중하는 사회'를 비전으로 '청소년 참여 및 권리증진', '청소년 주도의 활동 활성화', '청소년 자립 및 보호지원 강화', '청소년정책 추진체계 혁신'의 4대 정책목표를 설정하였으며, 이를 달성하기 위해 12대 중점과제와 144개 세부과제를 수립하여 2022년까지 추진할 예정이며, 2018년부터 2022년까지 우리나라 청소년정책의 근간이 되는 「제6차 청소년정책 기본계획」의 주요 내용은 다음 〈표 2-1〉과 같다(청소년백서, 2020).

〈표 2-1〉 「제6차 청소년정책 기본계획(2018~2022)」 비전, 목표 및 중점과제

비전	현재를 즐기는 청소년, 미래를 여는 청소년, 청소년을 존중하는 사회			
정책 목표	청소년참여 및 권리증진	청소년 주도의 활동 활성화	청소년 자립 및 보호지원 강화	청소년정책 추진체계 혁신
	청소년 주도의 지원적 · 협업적 청소년정책으로의 전환			
중점 과제 (12)	청소년 참여 확대	청소년활동 및 성장지원체계 혁신	청소년 사회안전망 확충	청소년정책 총괄 · 조정 강화
	청소년 권리증진 기반조성	청소년 체험활동 활성화	대상별 맞춤형 지원	지역중심의 청소년정책 추진체계 강화
	청소년 민주시민 성장 지원	청소년 진로교육 지원체제 강화	청소년 유해환경 개선 및 보호지원 강화	청소년지원자 역량 제고

출처: 여성가족부(2018).

2 청소년활동지원

1) 청소년 프로그램 공모사업(활동분야)

'청소년 프로그램 공모사업(활동분야)'은 청소년활동 활성화를 위해 다양한 청소년 활동 프로그램의 개발을 유도하고, 우수 청소년활동 프로그램 발굴 · 확산을 통하여 청소년의 균형적인 성장을 지원하는 사업이다. 청소년의 잠재역량을 개발할 수 있도록 진로역량 개발, 민주시민의식 제고, 문화 · 예술체험활동 활

성화 프로그램 등 다양한 분야의 청소년 활동 프로그램을 선정 · 지원한다.

2012년부터 활동 · 참여 · 보호 분야별로 운영되던 청소년 프로그램 공모사업을 통합함에 따라 '청소년 프로그램 공모사업' 내 '활동분야'로 운영해 오고 있으며, 2022년에는 학교연계 청소년활동, 사회정서 역량 개발 등 44개 활동 프로그램을 선정하여 지원하고 있다.

〈표 2-2〉 **2020년 청소년활동 프로그램 공모지원 현황** (단위: 개, 백만원)

분야	소주제	선정 프로그램 수	지원금액
활동	교육과정연계 청소년 활동	15	18.7
	디지털리터러시 활동	13	9.2
	성평등의식 제고 활동	3	2.8

출처: 여성가족부(2022).

2) 청소년문화활동

「청소년활동 진흥법」 제2조(정의)에 따르면, 청소년문화활동은 청소년이 예술 · 스포츠 · 동아리 · 봉사활동 등을 통하여 문화적 감성과 더불어 살아가는 능력을 함양하는 체험활동을 의미한다. 청소년문화활동은 청소년들의 문화적 감수성 증진을 통하여 입시 위주의 환경 속에서 청소년의 삶의 질을 향상하고자 추진되고 있다.

청소년문화활동은 청소년들의 상시적이고 자율적인 참여를 통해 지역사회 중심으로 건전한 청소년 문화를 형성하는 데 목적을 둔다. 청소년문화활동은 지방자치단체와 연계하여 운영되고 있으며, 대표적인 사업으로는 '청소년동아리활동'과 '청소년어울림마당' 지원사업이 있다.

3) 청소년동아리활동

청소년동아리활동은 청소년들이 문화·예술·스포츠·과학 등 다양한 취미활동을 통해 건강한 또래관계를 형성하고 자신의 특기·소질을 개발할 수 있는 자율적 활동이다. 여성가족부는 전국 시·도별 청소년시설 및 각급 학교(초·중·고 등)의 동아리활동 활성화를 위하여 인근 청소년 수련시설과 연계해 우수 청소년동아리를 선정하여 지원하고 있으며, 2017년부터는 2,500개의 청소년동아리를 선정·지원하고 있다.

〈표 2-3〉 **전국 청소년동아리 지원 현황** (단위: 개)

구분	동아리 지원 수	구분	동아리 지원 수
서울	440	강원	158
부산	139	충북	76
대구	122	충남	97
인천	93	전북	114
광주	69	전남	74
대전	115	경북	160
울산	49	경남	145
세종	14	제주	101
경기	534	합계	2,500

출처: 여성가족부(2022).

4) 청소년어울림마당

청소년어울림마당은 청소년이 생활권 주변에서 문화적 감수성을 높일 수 있는 다양한 문화·예술·놀이 체험의 장으로 운영되고 있다. 청소년어울림마당은 청소년들이 주체가 되어 기획 · 진행하여 청소년의 다양한 문화표현의 장으로 운영될 수 있도록 하고 있으며, 모니터링을 통해 청소년 눈높이에서 청소년들의 욕구가 적극 반영될 수 있도록 유도하고 있다.

청소년어울림마당은 2004년과 2005년에 8개 광역시 · 도에서 운영되었으나, 2006년부터 11개 시 · 도로 확대되었고 5개 시 · 도가 시범사업 대상으로 지정되었다. 2008년도에는 16개 시 · 도, 90개 시 · 군 · 구로 청소년어울림마당이 확대 · 실시되었으며, 2011년부터는 16개 시 · 도 대표 어울림마당과 110개 시 · 군 · 구 어울림마당이 지원 · 운영되고 있다.

〈표 2-4〉 **전국 시 · 도별 청소년어울림마당 지원 현황(2011~2020)** (단위: 개)

구분	어울림마당 지원 수		구분	어울림마당 지원 수	
	대표어울림마당	시 · 군 · 구 어울림마당		대표어울림마당	시 · 군 · 구 어울림마당
서울	1	11	강원	1	6
부산	1	6	충북	1	6
대구	1	7	충남	1	6
인천	1	4	전북	1	7
광주	1	4	전남	1	6
대전	1	4	경북	1	8
울산	1	2	경남	1	11
세종	-	1	제주	1	1
경기	1	20	합계	16	110

출처: 여성가족부(2022).

3 청소년활동시설

1) 청소년활동시설

「청소년활동 진흥법」 제10조에서는 청소년활동시설의 종류를 청소년수련시설과 청소년이용시설로 구분하고 있다. 국가와 지방자치단체는 물론 법인, 단체 또는 개인 등의 민간분야도 활동시설의 설치와 운영이 가능하지만, 민간의 경우에는 시·군·구청장의 허가를 받아야 한다.

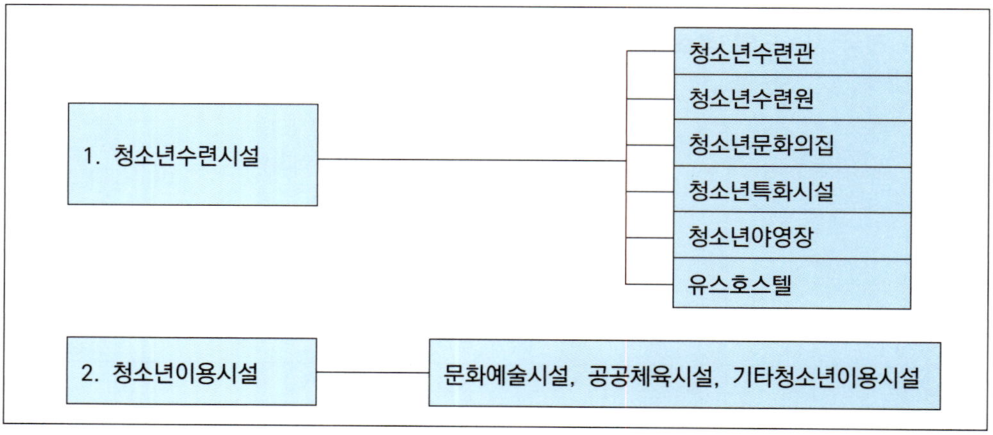

출처: 여성가족부(2022).

[그림 2-1] **청소년활동시설의 종류**

2) 청소년수련시설

청소년수련시설은 수련활동에 필요한 여러 시설, 설비, 프로그램 등을 갖추고 청소년지도자의 지도하에 체계적이고 조직적인 수련활동을 실시하는 시설을 말한다. 청소년수련시설은 기능이나 수련활동 및 입지적 여건 등에 따라 다양한 유형으로 구분된다.

이전에는 생활권 수련시설(청소년수련관, 청소년문화의집), 자연권 수련시설(청소년수련원, 청소년야영장), 그리고 유스호스텔로 구분되어 왔으나, 2005년부터는 청소년수련관, 청소년수련원, 청소년문화의집, 청소년특화시설, 청소년야영장, 유스호스텔로 구분한다.

청소년수련시설을 시설과 역할에 따라 구분하면, '청소년수련관'은 다양한 수련활동을 실시할 수 있는 각종 시설 및 설비를 갖춘 종합수련시설을 의미한다. '청소년수련원'은 숙박 기능을 갖춘 생활관과 다양한 수련활동을 실시할 수 있는 각종 시설과 설비를 갖춘 종합수련시설을 말한다.

'청소년문화의집'은 간단한 수련활동을 실시할 수 있는 시설 및 설비를 갖춘 정보 · 문화 · 예술 중심의 수련시설을, '청소년특화시설'은 청소년의 직업체험 · 문화예술 · 과학정보 · 환경 등 특정 목적의 청소년활동을 전문적으로 실시할 수 있는 시설과 설비를 갖춘 수련시설을 의미한다.

'청소년야영장'은 야영에 적합한 시설 및 설비를 갖추고 수련활동 또는 야영 편의를 제공하는 수련시설을, '유스호스텔'은 청소년의 숙박체제에 적합한 시설 · 설비와 부대 · 편의시설을 갖추고 숙식 편의 제공, 여행 청소년의 활동지원 등을 주된 기능으로 하는 시설을 말한다. 1992년 이전에는 수련시설이 150여 개에 불과하였지만 매년 지속적으로 증가하여 2022년 기준 837개의 시설이 설치 · 운영되고 있다(청소년백서, 2020).

〈표 2-5〉 **청소년수련시설 현황** (단위: 개소)

구분	총계	수련관	문화의 집	수련원	야영장	유스호스텔	특화시설
계	837	198	333	154	32	106	14
공공	647	196	329	64	19	26	13
민간	190	2	4	90	13	80	1

출처: 여성가족부(2022).

(1) 중앙정부의 수련시설 설치

「청소년활동 진흥법」에서는 국가 및 지방자치단체가 전국의 청소년이 이용할 수 있는 국립 청소년수련시설을 설치·운영하도록 명시하고 있다. 이러한 역할을 담당할 시설로 '국립중앙청소년 수련원', '국립평창청소년수련원' 및 '국립청소년우주센터', '국립청소년 농생명센터', '국립청소년해양센터'를 건립·운영 중이다.

국립중앙청소년수련원은 청소년수련 프로그램의 개발·보급 및 시범운영, 청소년지도자의 양성 및 연수, 국내·외 청소년교류 및 수련시설 간의 네트워크 정보 제공 등의 기능을 수행하기 위하여 설립된 국립수련시설이다. 충청남도 천안시 목천면 독립기념관 내(동곡)에 부지 540,641㎡, 연면적 35,401㎡ 내외 규모로 약 640억 원의 예산을 투입하여 2001년 6월에 준공되었다.

국립평창청소년수련원은 자연권 청소년수련활동의 시범적 운영 및 총괄·지원을 위한 자연권 수련시설로서, 수련시설에 대한 지원과 청소년수련활동 운영의 새로운 방향을 제시하는 기능을 수행하고 있다. 강원도 평창군 용평면 백옥포리에 부지 483,818㎡, 연면적 22,348㎡ 규모에 약 240억 원의 예산을 투입하여 1998년 10월에 준공되었다.

국립청소년우주센터는 우주 분야에 대해 전문화·특성화된 수련시설로서 청소년 우주체험 활동의 장을 해외에서 국내로 전환하여 우리나라 청소년들에게 우주체험 활동의 기회를 제공하려는 목적으로 건립된 국립수련시설이다. 전라남도 고흥군 동일면 덕흥리에 부지 320,757㎡, 연면적 13,711㎡ 규모의 우주체험관, 우주생활관 등을 약 495억 원의 예산을 투입하여 2010년 7월에 준공하였다.

국립청소년농생명센터는 농업생명체험에 대해 전문화·특성화된 수련시설로서 생명과학·농업 기술·생태환경의 특화된 체험을 제공하려는 목적으로 건립된 국립수련시설이다. 전라북도 김제시 부량면 용성리에 부지 38,806㎡, 연면적

11,893㎡ 규모의 농·생명 실험시설 등을 약 220억의 예산을 투입하여 2013년 7월에 준공하였다.

국립청소년해양센터는 해양환경체험에 대해 전문화·특성화된 수련시설로서 해양자원 개발 및 기술발전에 대한 비전을 제시하려는 목적으로 건립된 국립수련시설이다. 경상북도 영덕군 영덕읍 창포리에 부지 50,169㎡, 연면적 13,664㎡ 규모의 해양환경체험시설 등을 약 372억 원의 민간 자본을 투입하여 2013년 7월에 준공하였다.

(2) 지방자치단체의 수련시설 설치

수련시설의 설치·운영사업에 대한 중앙정부의 재정지원이 확대된 이후 각 지방자치단체에 의해 많은 생활권 시설들이 설치·운영되고 있다. 1990년부터 지방양여금이 청소년시설 건립에 사용되면서 지방자치단체의 청소년수련시설 설치사업에 중요한 재원으로 활용되었으며, 2005년부터 2019년까지 국가균형발전특별회계에 의한 지원으로 건립되었다.

지방자치단체가 건립하는 청소년수련시설은 주로 생활권수련시설로 행정구역별로 1개소씩 건립하는 것을 목표로 하고 있다. 「청소년활동 진흥법」에 따르면 지방자치단체는 시·군·구에 청소년 수련관을 1개소 이상 설치·운영해야 하며, 읍·면·동에는 청소년문화의집을 1개소씩 설치하여야 할 의무를 지닌다.

2019년까지 여성가족부에서는 지방자치단체의 수련시설 신규 건립과 더불어 기존 시설의 기능보강을 지원하여, 2017년도에는 51개소 신규 건립, 79개소 기능보강, 2018년도에는 49개소 신규 건립, 74개소 기능 보강, 2019년에는 42개소 신규 건립, 70개소 기능 보강을 지원하였다.

2020년부터는 지방재정분권 실현을 목적으로 수련시설 건립 및 기능보강 사업 예산은 지자체로 이양되어 지자체의 실정에 맞게 추진해 나가고 있다.

(3) 수련시설 운영지원

정부에서는 2006년도부터 정책적으로 수련시설의 안전관리 강화를 위해 주요 구조부의 균열, 내구성 저하 등의 위험 사항, 석축, 옹벽, 담장 및 부대시설의 안전성, 전기, 기계, 소방 및 냉·난방시설의 유지관리 상태, 기타 관리 주체의 안전의식 및 재난 관리 체계 구축 여부 등의 안전관리 실태를 점검함으로써 안전사고를 미연에 방지토록 하였으며, 시설 운영 전반에 대한 평가를 통해 시설운영의 질적 수준 향상을 제고하였다.

특히, 2014년 7월부터는 개정된 「청소년활동 진흥법」 시행에 따라 수련시설에 대한 감독 기관의 종합 안전점검 및 종합평가 실시가 의무화(「청소년활동 진흥법」 제18조의3, 제19조의2)되었다.

그리고 한국시설안전공단, 한국소방안전원, 한국전기안전공사, 한국가스안전공사 등 안전 관련 전문기관과 연계한 분야별 종합 안전점검과 한국청소년정책연구원을 통하여 시설운영 전반사항에 대하여 시설 종류별 2년 주기로 종합평가를 실시하고 있다.

2020년에는 자연권 청소년수련시설(청소년수련원, 유스호스텔, 청소년야영장)을 대상으로 종합 안전·위생점검 및 종합평가를 실시하였고, 2019년에는 생활권 청소년수련시설(청소년수련관, 청소년문화의집, 청소년특화시설)을 대상으로 종합 안전·위생점검 및 종합평가를 실시하였다.

또한, 청소년수련시설에 대한 안전관리 규정이 강화되어 시설 붕괴 우려 등 안전 확보가 현저히 미흡한 경우 특별자치도지사·시장·군수·구청장이 시설의 운영중지를 명령할 수 있으며, 2년 주기로 실시되는 청소년수련시설 종합평가에서 가장 낮은 등급을 연속하여 3회 이상 받은 경우 허가 또는 등록을 취소할 수 있도록 함에 따라 관리·감독 주체의 안전관리와 수련시설 운영주체의 안전관리 의무가 강화·유지되고 있다.

3) 청소년이용시설

(1) 청소년이용시설의 개념과 유형

청소년이용시설은 청소년수련시설이 아닌 시설이지만, 설치목적의 범위 내에서 청소년활동 실시와 청소년의 건전한 이용 등을 위하여 제공할 수 있는 시설을 의미한다.

청소년이용시설로는 ①「문화예술진흥법」 제2조 제1항 제3호의 규정에 의한 문화시설, ②「과학관육성법」 제2조 제1호의 규정에 의한 과학관, ③「체육시설의 설치 · 이용에 관한 법률」 제2조 제1호의 규정에 의한 체육시설, ④「평생교육법」 제2조 제3호의 규정에 의한 평생교육시설, ⑤「산림 문화 · 휴양에 관한 법률」 제13조, 제14조 및 제19조의 규정에 의한 자연휴양림, ⑥「수목원조성 및 진흥에 관한 법률」 제2조 제1호의 규정에 의한 수목원, ⑦「사회복지사업법」 제34조 제4항의 규정에 의한 사회복지관, ⑧ 시민회관 · 어린이회관 · 공원 · 광장 · 고수부지와 그밖에 이와 유사한 공공시설로서 수련활동 또는 청소년 여가선용을 위한 이용에 적합한 시설 등이 해당된다. 시장 · 군수 · 구청장은 청소년이용시설 중 청소년지도사를 배치한 시설에 대해서는 청소년이용 권장시설로 지정하여 다른 청소년이용시설에 우선하여 지원할 수 있다.

(2) 청소년이용시설의 현황

① 문화예술시설

문화예술시설로는 청소년들의 정서함양을 위해 국가가 건립한 국립중앙극장, 국립중앙박물관, 국립현대미술관, 국립국악원, 국립민속박물관, 국립중앙도서관 등이 있으며, 각 지역별로 박물관, 미술관, 도서관, 문예회관, 지방문화원 등의 시설이 있다. 문화공간은 공연시설(공연장, 영화상영관, 야외음악당 등), 전시시설(박물관,

미술관, 화랑, 조각공원), 도서시설(도서관, 문고), 지역문화 복지시설(복지회관, 문화체육센터), 문화보급전수시설(지방문화원, 국악원, 전수회관) 등으로 분류된다.

② 과학관

과학관 중 대표적인 이용시설로는 국립중앙과학관과 국립서울과학관이 있다. 국립중앙과학관의 상설전시관에는 4개 분야 약 4,100여 점의 전시품이 전시되고 있다. 이 밖에 탐구관, 천체관, 영화관, 특별전시관, 야외전시장 등을 갖추고 있다. 국립서울과학관은 상설전시관, 특별전시관, 영화관, 과학교실, 세미나실, 놀이 및 휴식 공간 등을 갖추고 있다.

③ 체육시설

우리나라의 체육시설은 정부의 지속적인 투자로 양과 질적인 측면에서 괄목할 만한 성장을 이루어 왔다. 정부는 국민의 건전한 여가선용과 생활체육활동을 증진하기 위하여 국민이 집 주변에서 쉽게 접근할 수 있는 생활체육시설과 전문선수의 육성을 위한 전문체육시설의 건설을 지원해 왔으며, 각종 국제경기대회 등의 개최를 계기로 국제 수준의 체육시설을 확충하고 있다.

현재 정부가 지원하고 있는 공공체육시설의 종류로는 생활체육공원, 국민체육센터, 마을단위 생활체육시설, 동네운동장, 길거리농구대, 시·군 기본체육시설 등이 있다(청소년백서, 2022).

▶▶▶ 토의 및 연구 문제

1. 정책의 개념과 청소년정책의 기본개념 및 기본계획을 설명하시오.
2. 청소년활동지원에서 공모사업의 종류와 청소년 시설유형에 대하여 설명하시오.
3. 청소년시설 설치 기준 및 중앙정부의 청소년수련시설 기관의 위치와 명칭에 대하여 설명하시오.

청소년 프로그램 개발과 평가를 위해서는 무엇보다 중요한 것은 청소년지도자의 지도능력과 역량 발휘가 중요하다고 본다. 여기서 '청소년지도자'라 함은 「청소년기본법」에 의한 청소년지도사 및 청소년상담사와 청소년시설·청소년단체·청소년 관련 기관 등에서 청소년육성 및 지도업무에 종사하는 자를 총칭한다. 청소년지도자의 유형별 분류는 일반적으로 지도성격별로 청소년 전문지도자, 청소년일반지도자, 청소년자원지도자, 청소년상담지도자로 분류할 수 있다. 한편, 일반적으로 리더십이란 지도력, 영향력, 이끄는 힘 등 다양하게 사용된다. 따라서 청소년지도자의 역동적인 리더십이 프로그램 실행 간 안전사고 예방과 수련활동의 교육적인 효과에 미치는 영향이 매우 크다는 것이다. 이에 본 장에서는 청소년지도자의 전반적 내용을 이해하고, 둘째, 청소년지도자의 역할과 사명, 마지막으로 청소년지도자와 리더십의 중요성에 대해서 살펴보고자 한다.

제 3 장

청소년지도자와 리더십

03

학습목표

1. 청소년지도자의 개념과 지도자의 유형에 대하여 설명할 수 있다.
2. 청소년지도자의 역할과 사명의 중요성을 설명할 수 있다.
3. 청소년지도자와 리더십의 관계와 중요성을 설명할 수 있다.

학습키워드

청소년지도자, 리더십, 역량

1 청소년지도자의 이해

1) 청소년지도자

'청소년지도자'라 함은 「청소년기본법」에 의한 청소년지도사 및 청소년상담사와 청소년시설 · 청소년단체 · 청소년 관련 기관 등에서 청소년육성 및 지도 업무에 종사하는 자를 총칭한다. 국가 전문자격인 청소년지도사 자격증 소지자는 2020년까지 총 58,019명이 배출되었고, 청소년상담사 자격증 소지자도 26,364명을 넘어서고 있다.

청소년지도자의 유형별 분류는 일반적으로 지도성격별로 청소년전문지도자, 청소년일반지도자, 청소년자원지도자, 청소년상담지도자로 분류할 수 있다.

최윤진(1993)은 청소년지도자를 지도 대상, 담당업무, 수준과 기능, 참여 정도의 4가지 영역에 따라 〈표 3-1〉과 같이 분류하였다.

〈표 3-1〉 **시설유형에 따른 청소년지도자 유형**

유형	내용	
대상에 따른 분류	• 학생청소년지도자 • 농어촌청소년지도자 • 비행청소년지도자 • 무직 · 미진학 청소년지도자	• 근로청소년지도자 • 장애인청소년지도자 • 복무청소년지도자
담당업무에 따른 분류	• 수련활동지도자 • 상담지도자 • 교정담당지도자	• 각 고유 영역별 고유 업무담당지도자 • 청소년행정 담당공무원
수준과 기능에 따른 분류	• 관리조정자 • 보조지도자	• 활동지도자
참여 정도에 따른 분류	• 상근지도자	• 비상근지도자

출처: 문화관광부(2003); 김창현(2018).

이를 다시 대학의 청소년관련 학과를 졸업한 후 지도사의 자격을 취득한 유자격자로서의 청소년전문지도자와 청소년에 관심을 가지고 있는 모든 사람을 뜻하는 청소년 일반지도자로 구분하고 있으며, 시설유형과 지도 성격 유형에 따른 청소년지도자 현황은 다음 [그림 3-1]과 같다.

청소년지도사 …………	[1급 지도사] [2급 지도사] [3급 지도사]
청소년상담지도사 …………	[1급 상담사] [2급 상담사] [3급 상담사]
청소년 일반지도사 …………	청소년시설, 단체 관련기관 종사자
청소년 자원지도사	

출처: 김창현(2018).

[그림 3-1] **지도 성격별에 따른 청소년지도자 유형**

한편, 청소년지도사 응시자격은 급격한 사회 변화에 따라 심화되고 있는 청소년문제를 적극적으로 해결하고 체계적인 청소년활동을 제공하기 위해서는 청소년수련활동에 대한 전문지식과 지도기법 및 자질을 갖춘 청소년지도자의 양성이 필요하다. 청소년지도자의 체계적이고 전문적인 양성을 위해 「청소년기본법」에서는 청소년지도사 양성 및 배치에 관한 내용을 규정하여 1993년부터 국가공인 청소년지도사를 양성해 오고 있다.

청소년지도사는 1, 2, 3급으로 구분되며, 청소년 관련 분야의 경력 · 기타 자격을 갖춘 자로서 자격 검정에 합격하고 소정의 연수를 마친 자에게 국가자격을 부여한다. 청소년지도사는 청소년활동(프로그램, 사업)을 전담하여 청소년의 수련활동, 지역 · 국가 간 교류활동, 동아리활동, 봉사활동, 예술활동 등을 지도한다. 청소년지도사의 등급별 자격검정에 응시할 수 있는 자격기준과 자격검정의 과목 및 방법은 다음과 같다.

2) 청소년지도사의 응시자격

청소년지도사는 1, 2, 3급으로 구분되며, 「청소년기본법」 제21조의 규정에 의하여 청소년 관련 분야의 경력 · 기타 자격을 갖춘 자로서 자격 검정에 합격하고 소정의 연수를 마친 자에게 국가자격을 부여한다. 청소년지도사는 청소년 활동(프로그램, 사업)을 전담하여 청소년의 수련 활동, 지역 · 국가 간 교류 활동, 동아리 활동, 봉사 활동, 예술 활동 등을 지도한다. 청소년지도사의 등급별 자격검정에 응시할 수 있는 자격기준은 〈표 3-2〉와 같다.

〈표 3-2〉 청소년지도사 등급별 자격검정 응시자격의 기준

등급	응시자격의 기준
1급 청소년지도사	2급 청소년지도사 자격 취득 후 청소년활동 등 청소년 육성업무 종사경력이 3년 이상인 자
2급 청소년지도사	① 대학 졸업(예정)자 또는 이와 같은 수준 이상의 학력이 있는 사람으로서 2급 청소년지도사 자격검정에 필요한 과목 모두를 전공과목으로 이수한 사람 ② 2006년 12월 31일 이전에 대학을 졸업하였거나 이와 같은 수준 이상의 학력을 취득한 사람으로서 별표 1의 2에 따른 과목을 이수한 사람 ③ 대학원의 학위과정 수료(예정)자로서 2급 청소년지도사 자격검정에 필요한 과목 모두를 전공과목으로 이수한 사람 ④ 2006년 12월 31일 이전에 대학원의 학위과정을 수료한 사람으로서 별표 1의 2의 규정에 따른 과목 중 필수영역 과목을 이수한 사람 ⑤ 대학 졸업 또는 이와 같은 수준 이상의 학력이 있다고 다른 법령에서 인정받은 후 청소년활동 등 청소년육성업무에 종사한 경력이 2년 이상인 사람 ⑥ 전문대학 졸업 또는 이와 같은 수준 이상의 학력이 있다고 다른 법령에서 인정

등급	응시자격의 기준
	받은 후 청소년활동 등 청소년육성업무에 종사한 경력이 3년 이상인 사람 ⑦ 3급 청소년지도사 자격 취득 후 청소년활동 등 청소년육성업무에 종사한 경력이 2년 이상인 사람 ⑧ 고등학교 졸업 또는 이와 같은 수준 이상의 학력을 인정받은 후 청소년활동 등 청소년육성업무에 종사한 경력이 8년 이상인 사람
3급 청소년지도사	① 전문대학 졸업(예정)자 또는 이와 같은 수준 이상의 학력이 있는 자로서 3급 청소년지도사 자격검정에 필요한 과목 모두를 전공과목으로 이수한 사람 ② 2006년 12월 31일 이전에 전문대학을 졸업하였거나 이와 같은 수준 이상의 학력을 취득한 사람으로서 별표 1의 2에 따른 과목을 이수한 사람 ③ 전문대학 졸업 또는 이와 같은 수준 이상의 학력이 있다고 다른 법령에서 인정받은 후 청소년활동 등 청소년육성업무에 종사한 경력이 2년 이상인 사람 ④ 고등학교 졸업 또는 이와 같은 수준 이상의 학력이 있다고 다른 법령에서 인정받은 후 청소년활동 등 청소년육성업무에 종사한 경력이 3년 이상인 사람

출처: 청소년백서(2020).

청소년지도사 자격검정 과목은 다음의 〈표 3-3〉과 같으며, 자격검정의 합격 기준은 필기시험 매 과목 40점 이상, 전과목 평균 60점 이상의 점수를 얻어야 한다. 2008년 1월부터 시행되는 제도에 따르면, 2급 자격기준 중 대학 졸업(예정)자 또는 이와 동등 이상의 학력이 있는 자로서 2급 청소년지도사 자격검정에 필요한 과목 모두를 전공과목으로 이수한 자와 3급 지도사의 경우 전문대학 졸업(예정)자 또는 이와 동등 이상의 학력이 있는 자로서 3급 청소년지도사 자격검정에 필요한 과목 모두를 전공과목으로 이수한 자는 해당 급수의 청소년지도사 자격검정 필기시험을 2008년 1월부터 면제한다(청소년백서, 2015). 자격검정에 합격한 자를 대상으로 실시하는 연수는 30시간 이상으로 하며, 자질과 전문성을 함양할 수 있는 내용으로 구성된다.

다음 〈표 3-3〉은 청소년지도사 자격검정 과목을 정리한 것이다.

〈표 3-3〉 **청소년지도사 자격검정 과목**

구분	검정 과목	검정 방법	
1급	청소년연구방법론, 청소년 인권과 참여, 청소년정책론, 청소년기관운영, 청소년지도자론	주 · 객관식 필기시험	
2급	청소년육성제도론, 청소년지도방법론, 청소년심리 및 상담, 청소년문화, 청소년활동, 청소년복지, 청소년 프로그램 개발과 평가, 청소년문제와 보호	객관식 필기시험	면접 (3급 청소년지도사 자격증 소지자는 면접시험 면제)
3급	청소년육성제도론, 청소년활동, 청소년심리 및 상담, 청소년문화, 청소년지도방법론, 청소년문제와 보호, 청소년 프로그램 개발과 평가	객관식 필기시험	면접

주: 청소년지도사 자격검정의 과목과 관련된 전공과목의 인정 범위는 여성가족부장관이 별도로 정하여 고시함.
출처: 청소년백서(2020).

2 청소년지도자의 역할 및 자질과 지도능력

1) 역할의 개념적 이해

주어진 사회적 지위나 위치에 따라서 개인에게 기대되는 행동을 뜻하는 사회학 용어로서 역할이라는 용어는 본래 연극에서 비롯된 것으로, 배우와 그 배역 간의 구분을 강조한다. 역할은 개인이 사회에서 차지하는 특정한 위치를 결정하는 수단으로서 사회에서 인정되는 포괄적인 행동 유형이다. 사회적 인간인 개인은 사회생활을 하는 동안 일정한 사회집단에 속하게 되며 그 속에는 일정한 규제가 따르게 된다. 이러한 일정한 구속에 따라 개인에게 기대되는 역할이 부여된다. 예를 들면 교사와 학생의 경우 교사는 교사로서 기대되는 역할이 있고 학생은 학생으로서 기대되는 역할이 있다.

역할은 개인에게 분여(分與)되는 기능적 상태이고, 지위는 그 역할이 배열되어 있는 구조적 상태로서 지위는 역할 · 역할기대(役割期待)와 표리(表裏)를 이룬다. 역할에는 개인의 선택과 무관하게 선천적으로 부여되는 역할(생득적 역할: 자식 · 동생 등)과 개인의 능력이나 노력에 따라 얻어지는 역할(획득적 역할: 교사 · 대통령 · 군인 등)이 있다. 개인은 현재의 역할을 수행하면서 동시에 장래에 갖게 될 역할을 취득하기 위해서 노력하여 점차적으로 역할전환을 이루기도 한다.

사회 성원으로서의 개인에게는 여러 가지 역할이 주어지며 각 성원들은 자신의 역할을 수행함으로써 사회과정을 원활하게 진행시키고 질서를 유지 · 존속시킨다. 때로 역할 기대의 이탈은 사회과정을 문란하게 하고 질서를 동요시키므로 많든 적든 이에 따르는 사회적 제재가 가해진다. 그러나 때로 자신이 가진 두 가지 이상의 역할이 서로 상반되는 경우도 발생한다. 때문에 자신의 욕구 · 이념에 맞추어 주체적으로 역할을 수행해야 한다(네이버 지식백과, 2021).

따라서 청소년활동시설을 하나의 사회체계로 볼 때 개인과 집단 간의 관계, 집단행동, 집단구성원들 간의 상호작용 관계 등을 가장 종합적으로 설명할 수 있는 개념은 역할(Role)이다. 학자들 간에도 역할이라는 개념에 대해 일치된 정의를 내리지 못하고 있는데 인류학자들은 각 성원이 차지하는 지위에 부여되는 문화적 의의, 즉 규범성을 갖는 문화기대를 중심으로 사회학자들을 사회체제에서 개인이 차지하는 지위를 중심으로 심리학자들은 자아개념의 형성발달을 중심으로 제각기 다르게 역할을 논의하고 있다.

뉴컴(Newcomb, 1950)은 지위를 수행함에 요구되는 규범적 기대를 역할이라 정의하였고, 립햄(Lipham, 1974), 권일남(2003)은 제도 내의 어떤 특정한 역할을 수행하는 동안 그 역할 담당자가 다양한 상황에서 해야 할 일과 해서는 안 되는 일을 규정하는 권리와 의무인 역할기대의 견지에서 역할이 정의되어야 한다면서 역할의 특성을 다음과 같이 정의하고 있다.

첫째, 역할은 상호보완적이며 연쇄적이다. 둘째, 역할은 제도상으로 주어진 것이지 명령하기 위한 것이 아니다. 셋째, 역할은 해서는 안 되는 행동에서부터 필수적으로 해야 할 행동으로까지의 범위로 된 연속체로 이루어져 있어서 다소 유동적이다. 넷째, 역할의 범위는 특정한 것에서 산만한 것까지 다양하다. 다섯째, 역할 수행자의 효과성은 그의 역할에 대한 다른 사람들의 그의 실제 행동이 만족시켜주는 정도에 의해 측정될 수 있다(김창현, 2018).

2) 청소년을 위한 지도자의 역할

과거의 농경사회나 1960년대까지의 전 근대 시대에는 청소년기에 많은 시간을 자연과 접하면서 사회적 관용과 자연스럽고 여유 있는 사회화과정을 통해서 성장해 왔다.

분명하고 단순한 단일 윤리규범을 사회통제 속에 가정과 지역사회에서 익혀왔으며 자치 기준도 부담 없이 습득하면서 청소년기를 보냈다. 사회변동이 매우 완만하였으므로 청소년기에 자연스럽게 사회적응력을 키울 수가 있었다. 그러나 오늘날 사회는 모든 면에서 폭증되는 대량화와 다양화, 경쟁과 능력을 요구하는 국제화와 정보화 시대에 적응하려는 어려움과 피나는 노력이 수반된다.

결과적으로 청소년기에 이루어지는 정체성과 주체성 그리고 자아 형성에 커다란 어려움을 겪게 하고 있다. 가치의 혼란과 정보와 이론의 대량화와 주관화는 객관적 가치기준 형성을 흔들어 놓고 있다. 또한, 개인 이기주의, 물질 지향적인 가치, 사회정의와 규범의 약화, 관료제사회의 발달은 청소년의 자아형성을 더욱 어렵게 해주고 있다. 청소년지도자는 투철한 사명감을 갖고 우선적으로 이러한 문제를 해결하는 데 충실하여야 한다.

청소년 지도는 청소년의 개인차와 특성을 존중하면서 지도하여야 한다. 청소년지도자의 역할은 청소년 지도의 원리를 먼저 습득한 후 그 원리에 근거해서 역할을 수행하는 것이 좋다. 지도원리를 원만히 수행할 수 있도록 충실한 역할을 다해야 할 것이다. 여기에서 청소년 지도에 일반적으로 적용할 수 있는 지도자의 역할을 다음과 같이 제시할 수 있다.

첫째, 다양한 방법으로 융통성과 탄력성 있는 조화가 이루어지도록 지도한다.

둘째, 청소년과 지도자는 함께 지도 목표와 공통된 가치관을 만드는 역할을 한다.

셋째, 청소년들의 생활을 도와주는 협력자로서, 활력을 주고 자신감과 희망을 주는 촉진자로서 역할을 다하여야 한다.

넷째, 격려자와 전문가로서 지도자 역할을 제시할 수 있다.

다섯째, 비판적 분석가와 교육가로서 역할이다.

여섯째, 예술가와 같은 창조적 능력을 갖고 지도하여야 한다.

일곱째, 효율적인 청소년지도자로서 역할을 수행해야 한다.

여덟째, 매개자로서 역할을 수행해야 한다.

3) 청소년지도사의 자질과 지도능력

청소년지도사가 그 역할을 보다 전문적으로 수행하기 위해서는 그들의 개인적 성장을 기초로 한 전문능력을 발전시켜 나가야 한다. 여기서 청소년지도사의 개인적 성장은 청소년지도사로서의 자기성장(self-growth)을 의미하며, 전문능력이란 청소년지도에 대한 전문적 지식(knowledge)과 기술(skill)을 말한다. 다시 말해 청소년지도사의 자질은 개인적 성장과 전문능력·전문지식과 전문기술로 대별되는데 그를 발전시키려는 노력이 지도사의 최대 과제라 할 수 있다. 그것은 첫째, 청소년지도사의 역할 수행은 청소년지도사로서 개인적 성장을 전제로 하지 않는 한 불가능하다. 둘째, 청소년지도사는 대상의 특성과 지도내용 및 방법의 특수한 성질로 인하여 그 인격적 성숙이 무엇보다 중요시된다. 셋째, 자기성장이란 자기 자신의 신체적인 면과 정서적인 면 내지 사회적인 면을 정확하고 객관적으로 이해하는 것과 있는 그대로의 자신을 수용하는 것 그리고 자신의 모든 것을 진실되게 개방하고 그를 보완, 향상하려는 모든 것을 포함한다. 넷째, 청소년의 심리적 특성과 발달, 요구, 환경, 사회적 요구 등을 분석하고 이해하기 위해 필요한 교과 및 이론은 청소년 심리, 문화, 문제, 환경, 복지 그리고 청소년육성 법규와 행정 등이며 청소년지도를 설계하고 시행하는 데 필요한 교과 및 이론은 청소년지도자(사)론, 청소년지도방법론, 프로그램 개발 평가 및 활동지도 사례 등인데 이들 교과 및 이론을 바탕으로 한 전문지식을 보유하고 있는 4차 산업혁명시대에 부응하는 청소년지도사의 역량이 그 어느 때보다 절실한 시기이다.

아울러 청소년지도자는 인간중심적인 자질과 불타는 사명감을 가져야 한다. 청소년지도자는 품성의 바탕이 순수하고 넉넉하여야 한다. 개인적으로 열정과 자신감 및 긍정적인 사고를 갖고 건강한 신체를 가져야 한다. 청소년지도자는 청소년의 특성을 이해하며 미래적 차원에서 지도하는 사람으로 다음과 같이 특별한 자질을 지녀야 할 것이다.

첫째, 청소년을 사랑할 수 있는 인성을 지녀야 한다.

둘째, 민주적인 생활양식을 영위해 갈 수 있는 자세를 갖추어야 한다.

셋째, 성실성과 책임의식을 가져야 한다.

넷째, 신중성과 올바른 판단력을 지녀야 한다.

다섯째, 봉사성이 있고 추진력이 강한 자질을 지녀야 한다.

여섯째, 재치 있는 철학적 자질을 지녀야 한다.

일곱째, 청소년지도자는 순수성을 가져야 한다.

이상과 같은 자질을 갖춘 청소년지도자는 그 자질을 발휘할 수 있는 열정적인 사명감을 가져야 하며, 청소년지도자가 가져야 될 구체적인 사명감을 다음과 같이 제시할 수 있다.

첫째, 청소년에게 문화를 전승하며 발전시킨다는 선도자적 사명감을 가져야 한다.

둘째, 미래의 주역이 될 인간을 육성한다는 사명감에 불타야 한다.

셋째, 나보다 나은 후계 사회인을 양성한다는 사명의식을 가져야 한다.

넷째, 청소년 지도는 나의 삶의 전체라는 신념을 가져야 한다.

다섯째, 인간미 넘치는 우리 공동체의 일원을 육성한다는 사명감을 가져야 한다.

청소년지도자의 사명과 역할은 어느 때보다도 중요한 것이다. 기성세대가 만들어 놓은 규범과 제도를 비롯한 문화는 청소년의 욕구를 수행하여 청소년과 협의와 이해를 바탕으로 운용하고 변화시켜가는 노력이 절실하다. 기성세대의 일방적인 지도목표와 가치관과 기준에 의해서 청소년을 지도하므로 반발과 역효과를 낳을 수밖에 없다.

청소년지도자는 무조건 청소년 입장에서 감싸고 이해하려는 과잉보호나 지도자 입장에서 꾸중하고 비판하는 과잉통제를 벗어나야 한다. 청소년과 진솔한 대화를 통하여 합의와 공통의 기준 아래 적절히 보호하고 통제하여 올바르게 육성시켜 가는 자세가 필요하다.

청소년 지도는 역사를 창조해 가듯이 한 인간을 정성과 사랑으로 키워서 가장 아름다운 완성체로 창조하여 가는 과정임을 같이 인식하여야 한다.

3 청소년지도자의 역량과 리더십 이해

1) 청소년지도자의 지도역량

역량(capability)의 의미는 다양하게 해석될 수 있으나, 기업이나 경영에서 조직 환경 속에서 탁월하고 효과적으로 업무를 수행해 낼 수 있는 조직원의 행동 특성이나 효과적 수행자와 비효과적인 수행자를 분별하는 일관된 행동 동기, 특질, 기능 등을 의미한다. 또한 역량이란 개인의 능력뿐만 아니라 기업의 능력을 포함한다.

일반적으로 직원의 역량이란 직무 수행에 필요한 지식, 전문성, 특정한 스킬을 포함하는 말이며, 기업에서는 기업 내 직업훈련 및 교육훈련을 통해 바람직한 수준까지 발전시키고자 한다. 기업의 역량은 고유하고 독자적이며 궁극적인 능력을 말하며, 기업 경쟁력의 원천이라 할 수 있다. 역량과 관련한 양식으로는 직원이 자신의 역량을 표현할 수 있는 경험을 구체적으로 기술한 문서인 역량 기술서, 직원의 역량을 평가하기 위해 작성하는 역량 평가표 등이 있다(네이버 지식백과, 2021).

청소년지도를 올바로 하기 위해서는 그들의 특성을 이해하고 어떻게 지도할까 하는 목표를 세워야 한다. 청소년의 특성을 알아보기 전에 존재인식을 분명히 하여야 할 것이다. 청소년은 인간사적 측면에서 볼 때 가장 아름다운 성숙과정에 있는 존귀한 인격의 실체이다. 사회, 문화적 측면에서 볼 때 사회를 유지 계승시켜가면서 활력을 불어넣고 문화를 창조시키는 발전체이다. 미래적 측면에서 볼 때 미래사회의 주역으로 무한한 가능성을 지니고 있다. 현실적 측면에서 볼 때 사회구성원의 30%를 차지하는 중요한 구성 실체이다.

청소년 시기의 특성으로는 신체적으로는 급성장이 이루어지고, 정신적으로는 사고 변형과 조절 능력이 생겨서 논리적 융통성을 실험하면서 사물을 이해하려 하며, 현실적으로 변화하여 객관적 사고와 현실 지향적인 개념을 갖는다. 심리적으로는 내향적이고 관념적인 특징이 있다. 사회적으로는 자신의 역할을 인지하여 책임감을 느끼며 사회적 존재의식과 사명감을 갖게 된다. 행동성향은 창조성과 근검성, 건전성과 변화성을 나타나고 있으며 준법성은 강하나 예의 의식은 희박한 것으로 나타나고 있다.

이러한 청소년의 특성을 이해하고 지도목표를 세워서 지도하는 것이 바람직하다. 여기에서 청소년 지도목표를 일곱 가지로 제시한다.

첫째, 미래사회의 충실한 창조자로 지도해야 한다. 미래사회는 오는 것이 아니라 만들어 가는 것이다. 21세기를 주도할 힘차고 유능한 청소년으로 미래사회를 창조할 수 있도록 지도하여야 한다.

둘째, 인간적인 가치와 자연적인 가치가 중심되는 인생관을 정립시킨다. 미래사회는 인간을 중시하고 자연환경을 사랑하는 가치가 삶의 기준이 될 것이다. 청소년들의 인격형성 과정에서 인간의 존엄성을 인식시키고 자연을 보호하며 감사하는 마음을 갖도록 지도하자.

셋째, 보람있는 직업을 준비하고 결정할 수 있는 능력을 길러준다. 개성과 적성 및 취미에 맞는 직업을 선택하여 보람과 가치를 창조하는 직장생활이 이루어질 수 있도록 직업관과 능력을 길러준다.

넷째, 적응할 수 있는 훈련과 노력이 생활 속에 정착되도록 지도한다. 국제화 시대에 능동적으로 대처하고 민주적인 생활 속에 협조하고 창조하며 합리적인 일상생활을 영위해 가도록 지도하여야 할 것이다.

다섯째, 육체적으로 건강하고 정신적으로 건전한 청소년을 키운다. 더욱 건강하게 지도하고 창의성과 진취적인 기상을 갖고 진정으로 타인을 사랑할 줄 아는 건전한 정신 자세를 확립시켜 나가야 할 것이다.

여섯째, 도덕적이고 윤리지수가 높은 청소년으로 육성한다. 도덕심이 강하고 자율적이며 능동적으로 협동하여 생활해 가도록 한다. 조그만 일에 감사할 줄 알고 보답하는 청소년으로 육성한다.

일곱째, 아름다운 문화 창조자로 키운다. 전통문화를 계승하고 과학기술문화를 발전시켜서 민족문화를 번창시킬 수 있는 창조자로 키워야 할 것이다.

2) 청소년 리더십의 기본적 이해

조직의 목표달성을 위해서는 구성원들의 협동심을 최대한으로 발휘할 수 있게 하는 효과적인 리더십의 발휘가 필요하다. 특히 청소년활동 현장에서 청소년들에게 공동의 목표를 향하여 잠재적인 능력을 발휘할 수 있게 하는 분위기 조성과 조직구성원들의 도전정신과 협동심에 관심을 가져야 한다. 따라서 우리가 깊이 인식해야 할 것은 청소년 수련 활동의 교육적인 성과를 극대화하기 위해서는 청소년지도자의 보편적인 리더십만이 아니라 통합적인 리더십 측면에서 수련 활동의 효과를 뒷받침하는 청소년지도자 지도역량이 선행되어야 수련 활동의 목표를 달성할 수 있다.

이러한 맥락에서 청소년지도자의 리더십의 중요성은 아무리 강조해도 지나침이 없을 것이다. 청소년지도자의 역동적인 리더십이 안전사고 예방과 수련 활동의 교육적인 효과에 미치는 영향이 무엇보다 중요하다는 것을 인식하여야 한다(김창현, 2018).

3) 리더십의 핵심 유형

청소년지도자의 리더십 유형을 배스(Bass, 1995)가 정의한 거래적 리더십(transactional leadership), 즉 상황적 보상, 예외적 관리 특성과 변혁적 리더십(transformational leadership)의 하위요인, 즉 카리스마, 지적 지극, 개별적 고려의 특성, 그리고 최근 조직 내 신뢰와 봉사, 사랑, 섬김과 관련하여 관심이 증대되고 있는 스피어(Spears, 1995)가 제시한 서번트 리더십(servant leadership)의 경청, 비전의 제시, 구성원의 성장, 설득, 공동체 형성 등을 특성으로 하는 리더십의 3대 이론이라고 설정하고 세 가지 차원의 리더십의 이론적인 배경에 대하여 소개하고자 한다(김창현, 2018).

(1) 거래적 리더십 이론

거래적 리더십 이론(transactional leadership theory)은 리더십에 관한 초기의 특성이론에서부터 상황적응 이론에 이르는 연구가 교육체제 외부에서 오는 영향에 대처하기에는 부적절한 것으로 비판하는 것에서 시작한다. 왜냐하면 지도자가 폐쇄 체제적 관점에서 기존의 조직구조 안에서 일상적인 문제에 관심을 두고 기능하는 것으로 보기 때문이다. 그리고 대부분 리더십을 지도자와 부하 간의 타협이나 거래적인 활동으로 본다. 일을 잘하면 긍정적 강화나 승진 또는 금전적 보상을 더해주고 부하는 그것을 대가로 일을 하고 양자 간의 협의나 타협 과정을 통해 이를 조정하는 관계에 있다고 본다. 이처럼 거래적 리더십 이론은 대체로 지도자와 부하 간에 비용-효과의 거래 관계로 수행된다.

(2) 변혁적 리더십 이론

변혁적 리더십 이론(transformational & leadership theory)은 1980년대 후기부터 이념, 정치, 경제, 사회, 인구, 문화, 기술 등 외적 변화에 종래의 리더십 이론으로 대처하기에는 부적절하다고 하여 리더십에 대한 개방체제 이론으로서 번스(Burns)가 정치지도자들에 대한 연구를 발표하면서 실질적으로 연구되기 시작하여, 배스와 번스(Bass & Burns) 이론에 기초하여 변혁적 리더십 이론이 본격적으로 개발된 것이다. 이와 같은 변혁적 리더십을 구체적으로 정의하여 보면 다음과 같다.

변화를 중심으로 하는 리더십 개념을 처음으로 도입한 사람은 '리더십'이란 저서로 유명한 미국의 경영학자 번스(Burns, 1978)였으며, 그는 변화형(transforming) 리더를 "부하들과 단순히 성과를 담보로 한 거래적 관계에 있지 않고 달성하기 어려운 목표라 하더라도 이들의 자기실현 욕구를 충족시켜 사기를 진작시키고, 이를 통하여 달성 불가능한 목표라도 성취할 수 있게끔 하는 리더"라고 정의했다. 즉, 그는 리더십을 과거 결정론적 특성으로써 어떤 행위의 집합으로 보지 않고 부하들을 동기 부여시키면서 일어나는 반응과 저항을 통해 이들이 행위를 수정시키려는 리더와 부하의 지속적인 상호관계 과정(process)으로 봤다.

(3) 서번트 리더십 이론

서번트 리더십(servant leadership theory)은 다른 구성원들이 공동의 목표를 이루어 나가는 데 있어 정신적·육체적으로 지치지 않도록 환경을 조성해 주고 도와주는 리더십이다. 결국 인간 존중을 바탕으로 다른 구성원들이 잠재력을 발휘할 수 있도록 도와주고 이끌어 주는 것이 서번트 리더십의 요체다. 진정한 리더는 다른 사람을 변화시키는 것이 아니라 그 변화를 돕는 것이 바로 서번트 리더십이라 할 수 있다. 21세기 기업들과 청소년활동시설은 위의 말처럼 서번트 리더십을 발휘할 수 있는 사람을 원하고 있다. 그리고 사회도 이런 리더십을 가진 자를 원하고 있고, 이들은 사회, 기업을 변화시키는 잠재력을 가지고 있기에 이런 리더십을 필요로 하는 것이다.

그린리프(Greenleaf)는 1970년도에 『리더로서의 서번트(Servant Leadership)』 리더십 제목의 에세이집을 출판하였다. 이 소책자에서 그린리프는 처음으로 서번트 리더십의 개념을 소개하였다. 그린리프가 서번트 리더십을 주창한 지 30여 년의 세월이 흐르면서 서번트 리더십의 철학을 기업의 경영 현장과 리더십 구루(guru)들에게 큰 영향을 미쳐왔다. 「일하기에 가장 훌륭한 포천 100대 기업」의 3분의 1 이상이 서번트 리더십에 기초하여 조직의 리더십을 정립하고 있는데 적용 기업의 수는 놀라울 정도로 확산되고 있다(이관응, 2001).

결론적으로 서번트 리더십은 직역하면 "하인의 리더십"이지만 국내에서는 "섬기는 리더십"으로 알려져 있다. 미국학자 로버트 그린리프가 앞서 언급한 바와 같이 1970년대 처음 주창한 이론으로 다튼 사람의 요구에 귀를 기울이는 하인이 결국은 모두를 이끄는 리더가 된다는 것이 핵심이다. 즉 서번트리더십은 인간 존중을 바탕으로, 구성원들이 잠재력을 발휘할 수 있도록 앞에서 이끌어주는 리더십이라 할 수 있다. 한편, 서번트리더십은 리더의 역할을 크게 방향제시자, 의견조율자, 일·삶을 지원해주는 조력자 등 세 가지로 제시하고 있다(네이버 지식백과, 2023).

▶▶▶ 토의 및 연구 문제

1. 청소년지도사(자)의 유형과 지도사의 급별 응시자격과 시험과목에 대하여 설명하시오.
2. 청소년지도자의 역할과 사명에서 본인이 가장 중요하게 생각하는 역할과 사명은 무엇인지 설명하시오.
3. 청소년지도자의 리더십 유형에서 4차 산업혁명시대에 가장 바람직한 리더십 유형에 대하여 설명하시오.

Part

02

청소년 프로그램의 운영과 실제

프로그램이란 일상생활에서 많이 사용되지만, 그 정의가 명확하지 않다고 할 수 있다. 하지만 프로그램이라고 하면 흔히 어떤 행사 시 앞으로 진행될 내용을 순서대로 나열한 일정계획표나 컴퓨터를 작동시키는 데 필요한 소프트웨어를 연상하는 경우가 많다. 특히 연극이나 영화, 음악회 등 각종 공연장에서 공연내용을 소개하거나 설명하기 위해 배포되는 작은 책자를 떠올리기도 하며, 이러한 의미로 볼 때, 프로그램이란 어떤 활동의 진행과정을 시간적 순서에 따라 구체적으로 나열한 진행 순서표 혹은 사전 계획표라고 할 수 있을 것이다. 교육적 의미에서는 하나의 교육과정으로도 표현할 수가 있다고 본다. 이에 본 장에서는 첫째, 청소년 프로그램의 개념과 특성의 이해, 그리고 청소년 프로그램 개발의 인식적 기초, 마지막으로 청소년 프로그램 개발 이론과 기초에 대하여 살펴보고자 한다.

제 4 장

청소년 프로그램의 기초적 이해

04

학습목표

1. 청소년 프로그램의 개념과 특성을 이해하고 설명할 수 있다.
2. 청소년 프로그램 개발이론의 유형과 특성을 이해하고 설명할 수 있다.
3. 청소년 프로그램의 유형별 내용을 이해하고 설명할 수 있다.

학습키워드

청소년 프로그램, 청소년 프로그램의 유형, 청소년 프로그램의 특성

1 청소년 프로그램의 개념적 이해

청소년 프로그램은 청소년의 선택과 필요에 의해 수행되는 사적(私的)인 활동이다. 그렇지만 청소년 프로그램은 결코 고립적으로 이루어지는 단독행위는 아니다. 왜냐하면 청소년활동이 청소년의 경험성장을 증대시키는 방향으로 진행되기 위해서는 청소년 프로그램을 체계적으로 지원하고 관리하는 역할이 필요하기 때문이다.

따라서 청소년 프로그램은 청소년들의 경험성장에 양분을 공급하는 경험적 활동들을 교육적 관점에서 체계적이고 단계적으로 조직화한 것이다. 그리고 청소년 프로그램은 청소년들이 활동과정을 통해 경험하게 될 내용과 경험하는 방식을 결정한다는 점에서, 청소년활동의 성패를 가름하는 핵심적인 요인이라고 할 수 있다. 본 절에서는 청소년 프로그램의 개념과 특성에 대해 살펴보고자 한다.

1) 청소년 프로그램의 개념

프로그램이란 일상생활에서 많이 사용되지만, 그 정의가 명확하지 않다고 할 수 있다. 하지만 프로그램이라고 하면 흔히 어떤 행사 시 앞으로 진행될 내용을 순서대로 나열한 일정 계획표나 컴퓨터를 작동시키는 데 필요한 소프트웨어를 연상하는 경우가 많다. 특히 연극이나 영화, 음악회 등 각종 공연장에서 공연내용을 소개하거나 설명하기 위해 배포되는 작은 책자를 떠올리기도 하며, 이러한 의미로 볼 때, 프로그램이란 어떤 활동의 진행과정을 시간적 순서에 따라 구체적으로 나열한 진행 순서표 혹은 사전 계획표라고 할 수 있을 것이다.

그러나 프로그램의 개념에는 그 이상의 포괄적 의미가 내포되어 있음을 알 수 있으며, 프로그램은 활동내용이나 순서만을 의미하는 것이 아니라, 일정한 활동들을 구체적으로 실행하기 위해 필요한 경험의 총체를 뜻한다. 그리고 특정의 활동이 이루어지는 총체적인 환경으로서, 활동내용 그 자체와 함께 활동 목적과 목표, 활동 대상, 과정, 방법, 장소, 시기, 조직, 매체 등의 모든 요소들을 포함하는 것이다. 여기서 청소년 프로그램이란 일상적 차원, 교육적 차원, 통합적 차원으로 구분하여 이해할 수 있다.

(1) 일상적 의미(팸플릿)

일상적 의미의 프로그램은 인간의 실존을 무시한 채, 단순히 시간에 따라 순서적으로 진행될 내용, 사건, 활동만을 강조할 수 있다.

따라서 프로그램에 직·간접적으로 참여하게 될 인간의 실존적 가치를 고려하지 않으며, 단순히 어떤 활동이나 행사의 진행과정을 시간 순서에 따라 구체적으로 나열한 진행표나 사전계획서를 지칭함을 말한다. 아울러 일상적 의미에서의 프로그램은 그 내용과 형식에 있어서 매우 다양하다. 첫째, 앞으로 행할 활동을 순서대로 나열해 놓은 계획서이며, 둘째, 어떤 활동을 시간과 장소에 따라 한눈에 볼 수 있도록 체계화시켜 놓은 것이며, 마지막으로 일정한 목적을 가진 비정규적인 활동이나 행사의 프로그램으로 구분할 수 있다. 예를 들면 행사 프로그램, 방송 프로그램, 컴퓨터 프로그램 등을 예로 설명할 수 있다.

(2) 교육적 의미(커리큘럼)

교육적 의미에서 프로그램은 학습자의 참여와 실존적 가치를 인정함으로써, 일상적 의미에서의 프로그램 이상의 의미를 함축하고 있다고 볼 수 있다. 즉, 학습자가 배우고 습득해야 할 것을 외부에서 전문가가 사전에 계획하여 마련한 체계화된 교육내용을 강조하는 경향이 지배적이다. 교육적 의미에서 프로그램은 커리큘럼(curriculum) 혹은 교육과정으로 불리며, 일반적으로 "일정한 목표를 향해 학습자의 행동이 변화하도록 교수자와 전문가가 사전에 체계화시켜 놓은 교육내용(지식, 정보, 기술, 교과 등)"을 의미한다.

그리고 전통적인 의미에서 교육과정의 한계점을 보면 첫째, 학습자가 반드시 익혀야 할 교육내용을 외부의 교수자 · 전문가가 사전에 계획하여야 한다는 점을 지나치게 강조하게 되며, 둘째, 학습자보다는 전문가, 교수자의 역할을 강조함으로써 규범적이고 폐쇄적인 성격이 부각된다고 할 수 있다. 마지막으로 "교육과정(커리큘럼)=지식, 교과서, 교재"라는 도식이 고착화되는 경향이 있다는 것이다. 따라서 교육적 의미의 커리큘럼을 청소년지도 현장에서 그대로 사용하는 데에는 많은 제약이 따른다. 한편, 청소년 프로그램은 형식과 내용 측면에서 커리큘럼보다 선택적이고 융통성이 강하며, 청소년지도 현장에서는 교육과정(커리큘럼)이라는 용어보다는 프로그램이란 용어가 주로 많이 사용된다는 것을 알 수 있다.

(3) 통합적 의미(프로그램)

통합적 의미에서 프로그램은 교육내용, 교육방법, 교육활동, 교육매체가 하나로 통합된 교육적 실체로 규정된다. 즉, 학습내용(지식, 정보, 대상, 원리 등)을 포함하는 것은 물론, 학습목적과 목표, 대상, 활동 및 학습과정, 장소, 시기, 학습자 조직, 매체 등의 모든 요소들이 유기적인 네트워크를 형성하고 있는 하나의 시스템으로 간주되며, 청소년지도에서는 "교육과정"이라는 용어 대신 "프로그램"이라는 개념이 사용된다. 청소년지도에서 사용되는 프로그램이란 용어는 교육내용을 중시하는 커리큘럼과 유사하지만, 그 내용의 특성과 형식에서 근본적인 차이가 있다. 여기서 순서와 활동이 강조되는 프로젝트(project), 활동계획(plan of action), 교육활동 일정표(calendar of educational activities)와도 다름을 알 수 있다.

청소년 프로그램의 특징

- 프로그램의 단위와 범위가 일정치 않음
- 프로그램의 형식과 내용이 매우 다양함
- 교육내용, 교육활동, 교육방법 등이 하나의 시스템처럼 유기적인 네트워크를 구성하고 있음

프로그램(program)에 포함된 다차원적인 의미는 크게 다섯 가지로 구분해 볼 수 있다.

① 일종의 활동(activity)
② 위계화되고 순서화된 활동내용과 계속적인 절차를 지니고 있음
③ 모든 활동은 한 개 이상의 아이템(items), 사건(events)들로 구성되어 있음
④ 모든 아이템과 사건들은 일정한 목표를 가지고 있음
⑤ 모든 활동과정에서 사건들은 상호 관련되어 있음

결론적으로 청소년 프로그램의 개념을 종합적으로 요약 정리한다면 먼저 교육적 경험을 통해 일정한 변화를 일으킬 수 있도록 활동목적과 목표, 활동대상, 활동내용, 활동과정, 활동방법, 활동장소, 활동시기, 매체 등의 모든 요소들을 하나로 통합하여 체계화시킨 교육적 실체라고 할 수 있다. 즉, 청소년지도의 목표와 내용, 방법, 평가의 각 요소가 체계적으로 설계되어 있고, 이에 따라 청소년의 학습경험을 조력할 수 있는 다양한 환경적 자원과 지도 및 평가 전략이 구체적으로 제시되어 있는 일련의 계획표라고 할 수 있다.

2) 청소년 프로그램의 실체

매체를 통하여 구체적으로 가시화되지 않은 프로그램은 그 가치를 인정받을 수 없으며, 매체로 만들어지지 않은 가상적인 계획은 프로그램으로 인정하지 않

는다. 프로그램 속에 포함될 내용과 요소들이 일정한 형태의 매체로 만들어질 때, 개발하고자 하는 프로그램의 실체가 구체화될 수 있어야 하며, 프로그램이란 프로그램 목적, 프로그램 목표, 프로그램 내용, 프로그램 전개과정, 프로그램 진행환경 등이 매체 속에 하나의 시스템처럼 체계화되어 있는 상태를 말한다.

(1) 프로그램 실체의 변화

전통적으로 프로그램은 문서화된 자료, 텍스트(교재) 등과 같이 주로 인쇄매체로 제작되었으며, 최근 들어 매체기술의 발달로 전통적인 인쇄매체뿐만 아니라 영상자료, CD, 컴퓨터, 인터넷(웹) 등 신매체(new media)로 제작된 프로그램이 많아지고 있는 실정이다. 특히, 정보통신기술 및 인터넷 기술의 발달로 웹자료화된 프로그램이 급속히 확산되고 있는 추세이다.

(2) 청소년 프로그램의 구체적인 실체

청소년지도 현장에서 일정한 목적을 실현하기 위해 관련된 많은 요소(프로그램 목적, 프로그램 내용, 교수 · 학습방법, 프로그램 전개과정, 학습체제, 시설 등)들을 매체의 특성에 맞게 체계화시켜 놓은 최종 결과물이 청소년 프로그램의 구체적 실체라 할 수 있다.

3) 청소년 프로그램의 성격과 기능

(1) 성격

청소년지도와 프로그램의 관계를 보면 청소년지도란 청소년들의 전인적인 성장을 돕는 조직적인 활동들로서 청소년들의 자발적인 참여에 기초하여 실생활에 대한 직접적인 체험을 제공하는 과정이다. 즉 청소년 프로그램이란 일반적으로 청소년지도자가 청소년들에게 지도해야 할 내용과 방법을 체계적으로 구조화한 것으로, 청소년의 입장에서 해석하면 청소년들이 지도자의 지도하에 갖게 되는 모든 경험과 활동들의 집합체라 할 수 있으며, 따라서 청소년지도와 프로그램은 불가분의 관계에 있는 것으로, 청소년지도란 청소년지도 프로그램을 실행하고 운영하는 과정에 불과하다고도 할 수 있다. 따라서 청소년지도 프로그램의 성격은 "청소년지도의 성격 + 프로그램의 성격"이라 할 수 있다.

① 청소년지도 프로그램은 미래지향적인 성격과 현실지향적인 성격을 동시에 지니고 있으며, 여기서 미래의 지도 방향을 사전에 수립하는 미래지향적인 성격과 현실적 상황에 따라 융통성 있게 수정 가능한 현실지향적 성격의 두 가지로 구분할 수 있다. 따라서 청소년 프로그램은 획일적이고 경직된 것이 결코 아니라는 것이다.

② 청소년지도 프로그램은 청소년지도의 목적을 달성하기 위한 수단적 성격을 지니고 있으며, 프로그램은 그 자체가 목적이 아니라 청소년지도의 목적을 달성하기 위한 수단이다. 따라서 목적달성과 관련된 다양한 방법과 전략을 개방적으로 수용한다는 것을 알 수 있다.

③ 청소년지도 프로그램은 활동지향적이며 동태적인 성격을 지니고 있다. 프로그램은 청소년들에게 지식이나 이론을 가르치려고 의도된 것이 아니라 그들의 실제 활동을 계획한 것이다.

④ 청소년지도 프로그램은 지도의 결과(products)보다 지도과정(process)에 초점을 두고 있으며, 활동결과에 초점을 두기보다는 활동과정에 보다 초점을 맞추어야 교육적 효과를 달성하고 청소년들의 활동결과를 만족시킬 수 있을 것이다. 즉, 청소년들이 프로그램에 적극적으로 참여하여 의미 있는 경험을 가짐으로써 자신의 삶과 행동을 스스로 선택하고 자각하도록 하는데 중점을 두어야 한다.

⑤ 청소년지도 프로그램의 평가준거는 효과성과 효율성, 그리고 매력성이다.

즉 효과성이란 주어진 목표를 과연 어느 정도 달성하였는가이며, 효율성은 목표를 얼마나 합리적으로 달성하였는가이다. 그리고 매력성은 프로그램이 얼마나 의미 있고, 유용하며, 호기심과 흥미를 자극하였는가이다. 따라서 청소년 프로그램의 개발과 운영에 있어서 효과성과 효율성, 그리고 매력성에 근거하여 개발하고 적용하여야 프로그램의 효과성을 높일 수 있다는 것이다.

⑥ 청소년지도 프로그램은 청소년지도 활동을 변경·개선시키는 데 도움을 주고, 지도활동에 대한 청소년들의 만족감을 향상시키며, 청소년들의 생각, 사회적 가치, 규범 등을 변화 또는 유지시킬 수 있다. 따라서 청소년들 사이 상호작용의 촉진, 정서적 긴장과 갈등 완화, 과제 수행에 필요한 정보수집의 기회 제공의 기능을 잘 수행할 수 있도록 하여야 한다.

(2) 기능

청소년 프로그램은 청소년과 청소년지도사의 만남의 장이며, 청소년기관과 청소년의 접점을 형성시켜주는 다양한 기능들을 가지고 있다.

① 청소년 프로그램은 청소년집단의 풍토를 수정하고, 청소년집단 내에 바람직한 효과를 불러일으키기 위한 자체 활동의 변경에 도움을 주게 된다.

② 청소년 프로그램은 청소년들에게 이익을 줄 수 있고, 활동에 대한 만족에도 영향을 주며, 활동의 전 과정을 촉진시키기 위해서도 유용하게 활용된다.

③ 청소년 프로그램은 청소년들에게 간접적 수단을 제공하고, 바람직한 활동 목표를 달성하기 위해 집단지도자에 의해 의도적으로 사용된다.

④ 청소년지도 프로그램은 청소년과 사회의 가치와 규범을 변화 및 유지시키고 집단 성원의 흥미와 요구를 충족시킨다.

⑤ 청소년들 사이의 상호작용을 촉진시키며, 정서적 긴장 및 갈등의 완화에

도 도움을 주게 된다.

⑥ 청소년 프로그램은 청소년들에게 과제 수행에 필요한 정보를 수집할 기회를 제공하며, 특별한 생활과제를 위한 기술을 개발하는 수단으로 활용되기도 한다.

⑦ 청소년 프로그램을 통해 형성된 긍정적 관계를 기초로 금기나 수용된 규범으로부터 벗어날 수 있도록 허용하기도 한다.

2 청소년 프로그램 개발의 중요성 및 인식적 기초

청소년 프로그램이 청소년지도의 목적을 달성하기 위해서는 전문적이고 체계적인 프로그램의 개발과정이 요구된다. 왜냐하면 청소년 프로그램의 질은 프로그램의 개발과정에 의해 결정되기 때문이다. 따라서 청소년 프로그램 개발은 청소년 프로그램의 질적 제고와 체계화라는 차원에서 매우 중요하다.

본 절에서는 청소년 프로그램 개발이란 과연 무엇이며, 왜 중요한지, 그리고 청소년 프로그램의 성격과 특성은 어떠한지에 대해 살펴보고자 한다.

1) 청소년 프로그램 개발의 중요성

학교에서 교육과정 및 교육내용이 핵심이듯 청소년지도에서도 그 프로그램을 어떻게 개발하고 편성하느냐에 따라 프로그램의 운영과 지도의 성패가 좌우된다. 청소년 프로그램은 청소년들이 활동과정을 통해 경험하게 될 내용과 경험하는 방식을 결정하는 것이며, 청소년지도의 성패를 가름하는 핵심적인 요인이며, 청소년지도의 전문성을 확보하기 위해서도 프로그램 개발은 매우 중요한 요소이다.

최근 청소년지도에 대한 관심과 연구가 활발해지고는 있지만 청소년지도의 전문성과 체계성에 대해서는 여전히 미흡한 점이 많으며, 국가적인 차원에서 전문영역으로 확실하게 자리매김하기 위해서는 청소년 프로그램 개발에 대한 체계화 및 과학화 작업이 매우 절실하다. 아울러 청소년지도 현장은 프로그램을 통해서 효과성과 청소년들의 만족도를 인정받을 수 있기 때문에 매우 중요하다.

2) 청소년 프로그램 개발의 인식적 기초

청소년 프로그램 개발은 청소년지도의 질적 제고와 체계화를 위해 매우 중요한 영역을 담당하고 있으며, 특히 청소년 프로그램 개발 및 평가 교과목은 청소년지도사 자격 취득을 위한 필수교과목으로 청소년지도사라면 반드시 이해를 통하여 프로그램을 개발하고 실제 적용하면서 운영하고 결과를 평가하는 데 매우 중요한 과목이라 할 수 있다.

(1) 맥락적 인식

청소년교육은 새로운 교육적 현상으로 자리매김하고 있으며, 청소년의 바람직한 성장과 잠재능력 개발이 정규 학교교육에서만 가능하다는 학교중심의 전통적 단일책임론이 약화되면서, 학교밖의 청소년교육의 중요성이 강조되고 있다. 그리고 전통적인 '학교교육'과 학교밖의 '청소년교육'이라는 새로운 체제가 상호보완적인 관계를 형성하고, 청소년의 성장과 발달을 위해 두 체제가 적절한 역할을 해야 한다는 기능적 파트너십 패러다임이 확산되면서 보다 가시화되고 있다.

한편, 청소년교육에 참여하는 기관들이 급속히 확산되고 있으며, 그 예로 청소년시설, 청소년단체+시민단체, 종교단체, 문화예술시설, 평생교육시설 등이 대표적이며, 그리고 청소년교육기관은 프로그램 개발을 통해 기관의 정체성을 확립하여야 한다.

따라서 청소년지도사는 청소년 프로그램을 개발할 때, 이상의 다양한 맥락들을 고려할 수 있는 역량을 길러야 하며 프로그램 운영을 위하여 부단한 프로그램의 개발에 대한 전문지식을 습득하여야 한다.

(2) 논리적 인식

교육적 행위로서의 의도성과 방향성을 전제로 하며, 의도성이 전제된 교육적 행위는 학습자에게 의미 있는 학습경험과 교육내용을 제시함으로써 학습자에게서 일정한 변화를 기대할 수 있다. 따라서 청소년 프로그램은 청소년에게서 일정한 변화를 창출하기 위해 만들어진 교육적 준비물이며, 프로그램 개발은 변화를 지향하는 의도적 행위, 목표지향적인 행위이다.

먼저 의도적 행위(purposive activity)는 행위의 주체가 특정 목표를 설정하고, 목표를 달성하기 위해 사전에 세밀하게 계획을 세워 실행하는 것을 의미하며, 청소년 프로그램 개발의 논리적 토대는 의도성, 계획성, 가치지향성을 가지고 있으며, 여기서 의도성은 청소년교육기관의 이념과 목적을 실현하려는 의도성에서 출발하며, 계획성은 의도된 목표에 도달하기 위해 사전에 준비하는 계획행위라 할 수 있다. 그 예로 교육대상, 교육장소, 교육내용, 교육방법의 결정이며, 가치지향성은 프로그램은 기관의 이념과 목적, 사회적 가치의 실천전략이라고 할 수 있다. 따라서 청소년지도사가 효과적이고 효율적으로 프로그램을 개발하기 위해서는 이상의 논리적 토대들과 이들 사이의 역동적 상호관계를 충분히 인식하여야 한다.

(3) 학문적 인식

프로그램 개발은 사회변화에 대한 청소년교육기관의 "교육적 응답"이며, 새로운 변화 창출을 위한 "교육적 대안제시"라고 할 만큼 중요하다. 따라서 프로그램을 통해 기관의 이념과 책무를 실현하게 되며, 프로그램을 통해 청소년이 변화하는 사회에 적응할 수 있도록 지원하며, 프로그램을 통해 기관의 정체성을 확립하고 끊임없이 변화하는 외부의 도전과 위기를 극복해 나가게 된다. 한편, 청소년교육에서 프로그램 개발의 영역은 여러 학자들의 노력에 의해 비교적 튼튼한 학문적 토대를 형성해 나가고 있다. 그리고 청소년교육 실천현장의 지속적인 확대와 질적 개선의 노력은 프로그램 개발에 대한 이론적 발전을 가속화시킬 것으로 예상되고 있다.

3) 청소년 프로그램 개발의 개념

프로그램 개발(program development)과 유사한 용어들은 프로그래밍(programming), 프로그램 기획(program planning), 프로그램 구안(program building) 등 다양하게 사용되며, 학교교육에서 주로 사용하던 커리큘럼 개발(교육과정 개발)을 그대로 사용하는 경우도 볼 수 있다. 청소년 프로그램 개발의 의미를 구체적으로 이해하기 위해 구조적, 절차적, 행위적 측면에서 고찰해 볼 필요가 있다.

(1) 구조적 측면

구조적 측면에서 프로그램 개발의 개념은 "프로그램 개발의 영역을 어디까지로 규정할 것인가"와 관련되고 있으며, 여기서 협의의 개념은 프로그램 계획이라 할 수 있으며, 광의의 개념은 "프로그램 계획 + 프로그램 운영"이라 할 수 있는데, 결과적으로, 프로그램 개발은 프로그램 계획이나 프로그램 설계 이상의 의미를 함의하고 있다. 즉, 프로그램을 계획·설계·실행·평가하는 수단과 방법까지를 포괄하는 광의 개념이라 할 수 있다. 그리고 프로그램 개발의 범위는 다음의 5가지 영역을 모두 포괄한 개념이라 할 수 있다.

① 프로그램 기획(program planning)
② 프로그램 설계(program design)
③ 프로그램 마케팅(program marketing)
④ 프로그램 실행(program implementation)
⑤ 프로그램 평가(program evaluation)

결과적으로, 청소년 프로그램 개발이란 잠재적 학습 고객인 청소년과 청소년 기관의 공동 노력을 통해, 정보와 자원을 획득하고, 이들을 일정한 절차와 순서에 따라 프로그램의 형태로 설계하고, 그 프로그램을 학습자에게 제공하여, 최종적으로 그 효과를 평가한 후 프로그램을 개정하는 일련의 과정을 말한다.

(2) 절차적 측면

프로그램 개발은 광범위한 영역(range)과 사건(event), 절차(prodecure)를 포함하는 복합적인 성격을 띠고 있으며, 절차적인 측면에서의 프로그램 개발이란 프로그램 개발 전문가가 청소년 프로그램을 체계적·과학적으로 개발하기 위해 프로그램 기획(planning), 실행(implementation), 평가(evaluation) 등 필요한 일련의 모든 활동절차 및 단계를 행하는 과정이다. 즉, 프로그램 개발자가 프로그램 개발의 준비과정에서부터 최종적인 평가 및 개정 단계에 이르기까지 매우 광범위한 영역과 사건, 절차를 하나 하나 밟아 나가는 것을 프로그램 개발이라 할 수 있으며, 따라서 프로그램 개발자는 각 절차와 단계들을 체계적으로 이해하고, 실천할 수 있는 능력을 갖추고 있어야 한다.

(3) 행위적 측면

행위적 측면에서 프로그램 개발이란 프로그램 개발자의 역할과 행위에 초점을 맞추어 프로그램을 창출해내는 협동적 · 실천적 연구행위로 규정되며, 즉 프로그래머가 담당해야 할 역할과 그들이 실질적으로 직면하는 문제를 해결해 나가는 일련의 과정을 말한다. 프로그램 개발이란 "프로그램 개발자가 권력관계에 의해 구조화된 조직체적 상황 속에서 관심사를 협상하는 사회적 활동" (Cervero & Wilson, 1994)이라고 규정하고 있다.

(4) 현상적 측면

현상적 측면에서 프로그램 개발이란 활동주체인 청소년과 청소년지도자의 상호작용 내용을 창출, 선정, 조직, 개발하는 행위를 말하며, "청소년과 청소년지도자의 상호작용 내용 = 청소년의 성장과 발달은 물론, 그들의 문제해결에 실질적으로 도움이 되는 유용한 지식과 정보"를 말한다. 즉, 학습자의 성장과 발달에 유용한 지식, 정보, 기술을 합리적으로 선정하고, 논리적으로 조직하여 매체화된 자료로 개발하는 일련의 과정을 말한다.

4) 프로그램 개발의 성격과 특성

(1) 성격

청소년지도사가 프로그램 개발의 기본 성격을 잘 이해하고 있으면, 프로그램을 개발하는 과정에서 다양한 조치를 취하는 데 도움을 얻을 수 있다.

① 프로그램 개발이란 청소년기관의 적응기제이며, 혁신기제로서 변화를 창출하는 전략이다. "프로그램 개발 = 사회변화에 대한 청소년기관의 교육적 대응 + 새로운 변화창출을 위한 교육적 대안제시 행위"라 할 수 있으며,

청소년기관은 끊임없이 변화하는 사회의 변화 양상과 청소년의 요구 및 필요에 적응하여야 하는데 이러한 교육적 적응기제는 바로 청소년기관의 프로그램에 의해 좌우된다. 따라서 청소년기관은 단순히 변화에 대해 수동적으로 대응하는 실체가 아니라 새로운 변화를 창출하는 데 적극적인 노력을 기울여 나아가야 한다.

② 청소년학 분야에서 프로그램 개발은 청소년 개개인의 행동 변화뿐만 아니라 청소년집단의 변화를 지향하고, 심지어는 청소년을 둘러싼 지역사회 및 환경의 변화를 목적으로 한다.

③ 프로그램 개발은 계속적인 집단적 의사결정 과정이며, 프로그램 개발의 범위, 참여하게 될 대표, 요구분석의 우선순위, 활동전략, 프로그램 평가결과에 대한 평가준거 등 프로그램 개발에 관여하는 청소년지도사는 각 단계에서 바람직한 결정을 내리기 위해 의사결정 원리를 잘 알고 있어야 한다.

④ 프로그램 개발은 청소년의 요구와 필요를 확인하고 분석하기 위해 청소년단체 및 청소년기관과 청소년대표가 참여하는 공동의 노력(collaborative effort)임을 인식하여야 한다.

⑤ 프로그램 개발은 여러 계층의 사람들이 복잡한 절차와 단계에 공동으로 참여하고 있으며, 이들 각 하위과정들은 긴밀하게 상호 관련되어 있으며, 총체적 체제(holistic system)이다. 한편, 프로그램 개발과정에는 Ⓐ 프로그램 기획, Ⓑ 프로그램 설계, Ⓒ 프로그램 운영, Ⓓ 프로그램 평가 및 개정 등과 같은 주요 하위과정들이 있으며, 이 하의 과정 속에는 또한 다양한 조치들이 포함되어 있다.

⑥ 프로그램 개발은 청소년단체 및 청소년기관이 피드백(feedback)을 획득하는 주요 수단이며, 조직체의 성장과 발전에 도움이 되는 정보와 전략을 획득

함으로써, 청소년기관을 변화시키고, 환경 변화에 적응할 수 있게 한다.

(2) 특성

청소년 프로그램 개발은 실천 지향적이며, 경영관리적 성격을 포함하고 있으며, 그 개발과정에서도 협동적 성격과 체제적 성격 등이 부각되는 다원적인 특성(pluralistic characteristics)을 포함하고 있다.

① 청소년지도에서 프로그램 개발의 기본 단위와 주체는 청소년단체와 청소년기관 등 조직체를 기본단위로 한다. 따라서 학교교육이 교육부 주관하에서의 행정체제와 관리체제를 갖는 데 비해 청소년지도에서는 기관 및 조직체를 기본 단위로 하여 독립적으로 프로그램을 개발한다.

② 청소년단체 및 청소년기관이 학교교육 기관에 비해 대체적으로 소규모적이고 여건이 열악하지만 프로그램 개발은 학교교육과는 다르게 청소년기관 및 단체를 중심으로 보다 역동적으로 이루어진다.

③ 프로그램 개발에서 청소년지도사의 역할이 학교교육에 종사하는 교사보다 월등히 크다고 할 수 있으며, 학교교육 현장에서는 참고할 수 있는 표준화된 교육과정이 많으며, 고정된 교육내용을 교실상황이나 학생의 특성에 따라 변형 또는 재구조화하는 역할을 수행하는 반면, 청소년지도 현장에서는 포괄하는 내용과 범위가 광범위하고, 상황에 따라 지도방법이 가변적인 상황에서 프로그램의 내용을 선정하고 조직하는 역할을 수행하여야 한다는 것이다. 따라서 청소년 프로그램 개발에서 청소년지도사의 역할은 상대적으로 매우 크다고 할 수 있다.

④ 청소년지도에서 프로그램 개발은 청소년기관 및 단체의 성격, 프로그램의 유형, 프로그램의 단위, 참여자의 형태, 프로그램 개발자의 성향에 따라 다른 양상을 보인다. 즉 프로그램 개발은 기관의 특성에 따라 다른 양상

은 기관의 이념, 목적, 조직, 인적자원, 시설, 환경 등 프로그램의 유형에 따라 개발절차 및 방법이 달라지며, 프로그램의 고객에 따라 프로그램 개발의 접근방법이 달라진다. 특히 소규모 청소년집단, 대규모 청소년집단에 따라 프로그램 개발전략이 변화되며, 프로그램 개발에 참여하고 있는 관련자들의 개인적 특성, 인지도, 사회적 배경에 따라 프로그램 개발이 달라질 수 있다. 특히 프로그램 개발자의 특성이 프로그램 개발에 영향을 미치게 된다.

3 청소년 프로그램 개발이론

패러다임이 거시적 관점에서 청소년 프로그램 개발을 바라보는 것이라면, 프로그램 개발의 접근방법(모델)들은 미시적인 관점에서 보다 구체적으로 청소년 프로그램 개발을 설명한다. 본 절에서는 청소년 프로그램 개발의 접근방법인 전통적-합리주의적 접근방법, 자연주의 접근방법, 체제적 접근방법, 비판적 실천 접근방법, 경영관리적 접근방법 등에 대해 살펴보고자 한다.

1) 전통적 합리주의적 접근방법

전통적 합리주의적 접근(classical rational approach)은 기술공학적인 합리성에 기초를 두며, 청소년지도의 효능성과 효율성을 증진하기 위해 프로그램 개발의 실천적 절차에 초점을 두는 이론이며, 가장 오래되고 지배적인 프로그램 개발의 접근방법 중 하나이다. 따라서 교육목표, 학습경험, 학습경험의 조직, 학습경험의 평가 등으로 이어지는 선형적인 통제과정을 따르며 이를 타일리언 모델(tylerian model)이라고도 한다.

성격과 특징을 살펴보면 수단과 목적 접근방법으로서 논리적이고 처방적인 성격을 띠고 있다. 특히 기술적 및 과학적인 원리에 의존하고 있으며, 동시에 프로그램을 명료하게 설명하는 데 필요한 모형, 플랜, 그리고 단계적 전략을 포함하고 있으며, 목적과 목표를 명세화시키고, 내용과 활동은 목표에 일치하도록 계열화시키며, 그리고 지도성과는 목적과 목표에 관하여 평가된다는 입장을 취한다. 특히 바라는 결과(목표)와 결과에 도달하기 위한 수단(학습경험)과, 이 수단이 목표를 성취했는지를 결정하는 과정(평가)을 주로 기술하고 있어 "수단-결과"(means-ends model)이라고도 한다. 결국 이 모델에서는 청소년지도 목표가 학습경험 및 프로그램 내용을 결정할 만큼 매우 중요한 위치를 점하고 있으며, 결과적으로 전통적 합리주의적 접근은 프로그램 개발 절차의 합리성과 실천성을 강조하며, 또한 프로그램 개발과정에서 지도목표 설정이 중요한 관심사가 되고 프로그램 내용이 지도목표 달성의 수단에 불과하다는 관점에서 개발 절차를 밟아 가는 특성을 보인다.

2) 자연주의 접근방법

자연주의적 접근(naturalistic approach)은 구성주의 패러다임 혹은 실제적-해석적 패러다임에 지적 토대를 두고 있는 것으로, 프로그램 개발자의 행위와 프로그램 개발이 이루어지는 맥락을 중요시하며, 이것을 상황이론이라 부르기도 한다. 자연주의적 접근은 모든 참여자의 신중한 숙의적·실제적 추론의 역동적 과정에 의한 경험의 공유를 통해 합의된 결정에 도달하는 순환적-합의 모델로서 특징지어진다. 그리고 프로그램 목표보다는 프로그램 내용을 프로그램 개발의 선행적 요소로 간주한다. 따라서 청소년지도 목표를 프로그램 개발을 위한 유일한 원리로서 받아들이지 않으며, 청소년지도 목표는 프로그램 개발의 출발

점이 아니며, 단지 더 나은 프로그램을 만들도록 해주는 방법들 중의 하나로 간주한다.

이러한 접근방법에 따라 프로그램을 개발하려는 사람은 전통적 합리주의적 접근방법의 선형적 4단계를 따르지 않으며, 프로그래머들은 지도목표를 진술하지 않고 그들이 공유하는 내용, 청소년, 청소년지도자, 그리고 사회에 대한 일련의 믿음과 이미지를 출발점으로 삼고 있으며, 그들의 과업은 프로그램 개발에서 그들이 취할 일련의 행동 진로(방향)를 제시하는 것이고 각 제안에 대한 찬 · 반을 토론하는 것으로 구성되어 토론은 자연히 프로그램 개발자가 갖고 있는 믿음과 가치체계인 강령(platform)에 깊이 의존하게 된다.

자연주의적 접근은 지도목표를 설정하는 일보다 실제 학습을 안내할 지도 내용에 더 관심을 보이며, 교육목표에 의한 학습자의 행동 결과보다는 교육내용을 통해 나타난 학습자의 행동 자체에 관심을 갖게 되며, 그 이유는 목표에서 프로그램 내용이 도출되는 것이 아니라 프로그램 내용에서 목표가 결정되기 때문이다. 결과적으로 자연주의적 접근은 프로그램 목표에 의해 프로그램 내용이 결정되는 것이 아니라, 반대로 프로그램 내용에서 프로그램의 목표를 결정하는 방식을 취하며, 프로그램의 목표에 의해 규정되는 청소년의 행동결과보다는 프로그램의 내용을 통해 나타나는 청소년의 행동 자체에 관심을 기울이는 방식이라 할 수 있다.

3) 체제적 접근방법

체제적 접근(system approach)에서는 청소년기관을 하나의 사회체제로 간주하고 학습자, 청소년기관 및 조직체, 환경 등과 상호작용을 통해 프로그램을 개발하게 되며, 청소년 프로그램 개발에 있어 체제적 성격은 청소년지도가 청소년과 사회의 요구에 부응할 수 있게 하며, 참여자의 역할을 강조하고 결과 획득의 절차를 신중히 개발함으로써 질서 정연한 프로그램 개발을 형성하게 한다. 어원적으로 체제란 '여러 부분이 하나로 결합하여 생긴 전체'를 의미한다. 즉, 전체의 목표를 달성하기 위하여 여러 구성요소들이 각기 독립성을 지니고, 상호의존, 상호작용성을 가지면서 외부환경과 영향을 주고 받는 집합체를 말하며, 체제적 접근은 프로그램 개발을 하나의 체제로 간주하고, 수많은 단계로 이루어진 하위체제들이 상호작용함으로써 순환적이며 통합적인 단계로 프로그램 개발이 이루어져야 함을 강조한다. 따라서 프로그램 개발 과정을 단순히 지도 목표설정이나 프로그램 내용선정 및 조직 차원에서 보지 않고, 그 기관의 모든 자원을 고려한 총체적인 차원에서 이루어져야 함을 강조하는 것이다.

성격과 특징을 본다면 프로그램 개발자의 행위보다는 프로그램 개발의 과정과 관련된 요소와 맥락에 초점을 맞추며, 프로그램 개발의 과정은 투입-과정-산출이라는 기본 메커니즘으로 전개하며, 프로그램 개발이 전개되는 맥락은 환경, 조직, 학습자 등 세 가지 요소이다.

그리고 프로그램 개발의 산출물에는 지도 매뉴얼, 학습자 교재, 교보재(매체 포함), 평가도구 등이 포함되며, 이 속에는 또 다시 구체적인 교육의 목표와 조직된 교육의 내용, 교수전략, 평가전략 등이 포함된다. 한마디로 체제적 접근방법은 프로그램 개발자가 프로그램 개발이 이루어지는 맥락 속에서 투입되는 다양한 요인과 요소들이 일정한 처리과정을 거쳐 최적의 대안을 선택해 나가는 방법을 강조하는 것이다.

4) 비판적 실천 접근방법

비판적 실천 접근을 이해하기 위해서는 청소년을 생활인으로 이해할 필요가 있는데, 기존의 교육에서는 폐쇄된 공간이나 혹은 제한적인 장소에서만 청소년을 지도하고 교육하는 것으로 한정하였으나 그러나 청소년을 지도함에 있어 그들이 생활하고 있는 지역사회 속에서 청소년지도과정을 적용시켜나갈 수도 있으며, 비판적 실천접근(praxis)의 필요성이 등장하면서 비판적 실천 접근은 비판적·해방적 패러다임에 그 뿌리를 두고 있다. 전통적 합리이론이 프로그램 개발을 가치중립적 행위로 보고 프로그램 개발 그성의 절차적 요소를 강조한 점을 비판하면서, 프로그램 개발을 총체적인(holistic) 과정으로 이해하여야 하며, 프로그램 개발과정을 변증법적인 논리와 귀납적인 방법에서 접근하게 되며, 대표적 사례는 Freirian 접근과 참여연구법(participatory research)의 두 가지 방법이 있다.

성격과 특징을 보면 프로그램을 통한 변화의 대상을 개인학습자뿐만 아니라 사회적 구조까지 포함시키며, 프로그램은 제3자에 의해 사전에 구성되는 것이 아니라, 학습의 주체자가 학습상황에서 행하는 '비판적 실천(praxis)'이 바로 프로그램 개발이라 할 수 있으며, 이는 지식을 선정하여 구성하는 정당화의 과정, 즉 대화과정에 초점을 맞추며, 프로그램의 평가행위는 이러한 정당화의 과정에 포함되며 교육실천가에 대한 외부 평가라는 통제에서 벗어나 청소년지도자와 청소년이 주체적인 평가 권한을 갖게 된다. 그리고 프로그램 개발에 있어서 민주적 원리를 강조하며, 또한 프로그램 개발이 선형적인 단계가 아니라 비선형적이며 순환적인 과정으로 이해되고 있다. 한마디로 비판적 실천 접근방법은 교육 프로그램을 통한 변화의 대상을 사회적·문화적 실체까지 확장하고, 사회·문화적 모순을 변화시키기 위해 학습주체자들이 능동적으로 참여하여 산출된 사회적 구성물을 프로그램 내용으로 구정하며, 사전에 프로그램 개발이 전개되는 것이 아니라 학습자의 비판적 실천행위 그 자체를 프로그램 개발로 규정하고 있다는 것이다.

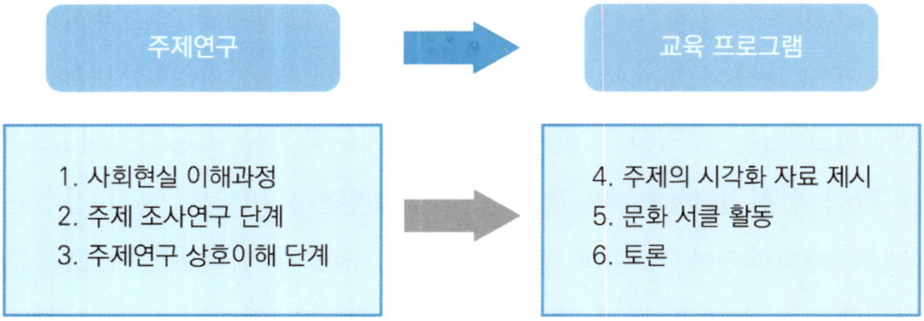

[그림 4-1] **비판적 실천이론의 프로그램 개발 모형**

5) 경영관리 접근방법

청소년 프로그램 개발의 경영관리적 성격은 청소년기관이 점차 조직화, 전문화, 제도화되어 감에 따라 부각되고 있으며, 이러한 변화의 추세가 의미하는 것은 첫째, 프로그램 개발의 효율성은 프로그램 개발 전문가(PDS)의 기능에 달려있고, 정확한 상황분석, 인적요원·기능·자원의 결합, 반복되는 문제의 해결, 바람직한 프로그램의 창출 등의 기능수행이 필요하다. 둘째, 프로그래머의 역할은 경영관리적 차원에서 인적·물적자원을 중재하고 일의 흐름을 관리해야 한다는 것이다. 그러므로 프로그래머는 행정에 대한 보조적인 역할에서 벗어나 보다 독자적인 역할을 수행해야만 한다. 즉 프로그램의 진행이나 유지보다는 프로그램의 조직과 개발에 주력해야 함을 의미한다. 한마디로 경영관리적 접근방법에서 프로그램 개발은 경영관리적 차원에서 인적·물적자원을 효율적으로 중재하기 위한 하나의 전략으로 간주되고 있다.

6) 프로그램 개발 전문가의 역할

청소년지도사는 프로그램 개발의 핵심주체로서, 프로그램 개발 전문가(PDS)로서의 역할을 담당해야 하며 새로운 프로그램 개발을 위하여 부단한 노력도 요구되고 있다.

청소년지도사의 임무

① 청소년의 프로그램에 대한 요구분석을 통해 프로그램을 설계 · 개발하는 프로그램 개발자로서의 역할
② 개발된 프로그램을 효과적으로 진행 · 운영하는 운영자로서의 역할
③ 프로그램의 효과를 분석 · 분석하는 평가자로서의 역할
④ 개발된 프로그램을 청소년에게 전달하고 교육하는 교수자로서의 역할

따라서 프로그램 개발 전문가의 역할은 다음과 같다.

첫째, 과정 전문가로서의 역할(program management experts: PME)은 프로그램 개발 과정에 적용해야 할 적절한 프로그램모형 설정하는 능력과 구체적 절차와 단계에 따라 다양한 기법을 적용시킬 수 있는 능력이 요구되고 있다.

둘째, 학습설계 전문가로서의 역할(instructional design experts: IDE)이다. 따라서 교육내용, 교육방법, 교육매체를 학습자의 특성과 능력에 맞게 적절히 설계할 수 있는 능력을 말한다.

셋째, 내용 전문가로서의 역할(subject-matter experts: SME)이다. 이는 계획할 프로그램 내용에 대한 깊이 있는 식견과 전문성을 갖추어야 한다.

넷째, 협상 전문가로서의 역할(negotiator experts: NTE)이다. 이것은 프로그램 개발 과정에서 직면하는 정치적인 문제에 대해 적절한 협상과 조정능력을 발휘할 수 있어야 함을 의미한다.

마지막으로 의사결정 전문가로서의 역할(decision-making experts: DME)이다. 이것은 프로그램 개발과정에서 직면하는 다양한 우선순위 결정과 의사결정 상황에서, 주어진 여건과 제한된 자원을 고려하여 우선순위를 합리적으로 결정할 수

있는 능력을 말한다.

프로그램 개발 전문가(PDS) = PME + IDE + SME + NTE + DME

4 청소년 프로그램의 유형

청소년 프로그램은 청소년들의 다양한 특성과 요구, 그리고 기관의 운영능력, 사회적 요구 등에 따라 개발된다고 볼 수 있으며, 특정 기준에 의해 한정하여 이를 명확하게 분류하기가 매우 어려울 수 있다. 따라서 절대적인 기준이 없기 때문에, 상황과 여건에 따라서는 하나의 유형이 여러 가지 기준에 동시에 적용되기도 하고, 또 하나의 현상이나 사실이 다양한 형태와 유형으로 분류되기도 한다는 것이다. 이에 심지어 어떤 내용은 특정한 유형으로 분류되지 못하고 애매한 상태로 남겨지기도 하며, 프로그램으로서의 역할수행도 못하는 경우도 종종 발생할 수 있다. 여기서는 크게 네 가지 유형으로 다음 〈표 4-1〉과 같이 분류를 하고자 한다.

〈표 4-1〉 **청소년 프로그램의 유형**

유형	주요 내용
1) 프로그램 개발 주체에 따른 분류	(1) 국가 및 사회적 수준의 프로그램 • 국가가 청소년건전육성을 위해 정책적으로 개발 · 보급하고 있는 프로그램 • 대체로 중앙집권적이고, 획일적이며, 보편적인 성격을 지님 ☞ 예: 국가청소년위원회에 의해 개발 · 보급되고 있는 "청소년활동 프로그램" 제2차 청소년육성5개년계획의 "21세기 청소년상"과 관련된 프로그램 (2) 기관 수준의 프로그램 • 청소년단체나 시설 등에서 독자적으로 개발하는 사업적 성격의 프로그램

유형	주요 내용
	• 기관의 목적 및 목표를 달성하기 위한 기본 수단으로 활용됨 • 따라서 각 기관의 기본이념을 보다 잘 반영하기 위하여 독창적으로 개발 · 운영됨 ☞ 예: 청소년적십자의 각종 공중위생활동 프로그램, 해양청소년단의 해양스포츠 활동 프로그램, 걸스카우트의 가정생활교육 프로그램, 라보의 다언어 가족 활동 프로그램, 한국우주소년단의 실물모형제작활동 프로그램 등 (3) 청소년지도사 수준의 프로그램 • 청소년지도 활동에서 지도자가 기관의 독자적인 프로그램에 기초하여 한 단위(1회)의 활동을 전개하는 데 필요한 구체적인 활동계획을 수립하는 것을 말함 • 여기에는 활동내용뿐만 아니라 시간, 장소, 대상, 매체, 인적자원 등 구체적인 모든 요소가 포함되며, 연극에서 각본(script)을 만들듯이 지도자의 지도 실제가 명시되어 있음 ☞ 예: 레크리에이션 프로그램, 친밀성 형성 프로그램, 무인도 탐사 프로그램, 전통생활 용품조사 프로그램, 위문활동 프로그램, 자동차 모형제작 활동 프로그램 등
2) 프로그램의 구조화 정도에 따른 분류	(1) 구조화된 프로그램 • 구조화된 프로그램이란 프로그램의 목적 및 목표가 분명하고, 이를 달성하기 위한 내용 및 경험이 적절하게 선정 · 조직되어 있으며, 지도방법과 절차, 매체 등이 합리적으로 계획되어 있고, 평가 전략과 피드백 과정까지도 명확하게 제시되어 있는 것을 말함 ☞ 구조화된 프로그램 = 전문화 · 체계화된 프로그램 • 이들 프로그램은 대부분 그 분야의 내용 전문가에 의해 개발되고 있으며, 연속적인 활동으로 구성되어 있음 (2) 비구조화된 프로그램 • 비구조화된 프로그램이란 단순한 행사 진행표나 일정표 등과 같은 것을 말함 • 이들 대부분은 프로그램이 갖추어야 할 기본적인 요소가 부분적으로 또는 전체적으로 생략되어 있고, 기관 또는 실행자의 주관적 경험에 크게 의존함 • 비구조화된 프로그램은 나름대로 가치도 있지만, 청소년지도의 전문성과 지속성을 확보하고 신장시키는 데는 적합하지 못함
3) 프로그램의 구성 범위에 따른 분류	(1) 단위 프로그램 • 청소년지도를 전개하는 데 기준이 되는 가장 작고 기본적인 프로그램 • 어떤 하나의 내용을 한 번에 지도하기 위한 일회성 프로그램 • 비교적 짧은 시간에 달성해야 할 특정한 활동을 중심으로 구성 → 활동지도안의 성격

유형	주요 내용
	☞ 예: 실물모형 제작 프로그램(자동차, 비행기, 배 등), 단편적인 지역사회봉사 프로그램(청소하기, 위문활동, 한글간판 바로잡기 등), 견학 및 탐사활동 프로그램(고적답사, 박물관 견학, 무인도 탐사), 각종 레크리에이션 프로그램 등 (2) 연속(단계적) 프로그램 • 한 주제를 여러 개의 내용으로 나누어서 이를 일정한 순서에 따라 지속하는 프로그램 • 동일한 계열에 속하는 여러 개의 활동 프로그램들이 단일 목표를 달성하기 위하여 한데 모여서 이루어진 복합 프로그램 • 어느 한 프로그램의 활동 결과는 반드시 다음 프로그램의 시작이 되도록 설계되며, 선후 활동 내용 간에 종적인 체계를 이루면서 활동의 깊이와 넓이를 더해감 • 연속 프로그램 구성의 기본원리 1) 초보적인 활동 → 복잡하고 어려운 활동 2) 구체적이고 세부적인 활동 → 추상적이고 일반적인 활동 3) 부분 활동 → 전체 활동 • 주로 기능연마나 기술 습득을 목적으로 하는 청소년지도영역에서 많이 개발됨 (비교적 장기간의 지속적인 훈련을 필요로 하는 활동 프로그램들) (3) 통합 프로그램 • 한 주제에서 세분화된 여러 활동이나 비슷한 성격의 활동들을 모아 한 체계 속에 적절하게 연결하여 하나의 활동으로 묶어서 구성한 프로그램 • 통합 프로그램의 구성요소들은 서로 독립되는 개별 내용으로서 서로 모순되지 않고 하나의 목표를 향해 효과적으로 결합되어 있음 → 연속 프로그램과의 차이 • 통합 프로그램의 구성요소들은 종적인 체계를 이루는 연속 프로그램과는 달리 수평적인 관계에서 서로가 서로를 보강하고 강화할 수 있도록 조직되어 있음 ☞ 예: 환경보호프로그램 = 환경문제인식 프로그램 + 환경답사프로그램 + 환경보호사례연구 프로그램 + 환경보호실천프로그램 (4) 종합 프로그램 • 부분별 프로그램이 각각 고유한 목표와 성격을 유지하면서 어떤 연결 원칙이나 공통적인 문제, 상호 관심적인 영역 하에서 그 연계성을 합리적으로 조합한 총괄성을 가진 프로그램 • 오케스트라처럼 여러 유형의 이질적인 프로그램들이 한 구조 속에서 각 활동을 다양하게 전개하면서 하나의 종합적인 기능을 하는 구조적 통합의 형태를 말함 • 이 유형의 프로그램은 비교적 편성규모가 큰 광역 프로그램으로서 주로 특정한 기간 동안 이루어지는 행사형 프로그램들이 대부분

유형	주요 내용
4) 청소년지도 내용에 따른 분류	(1) 자연체험활동 프로그램 • 청소년들로 하여금 자연을 이해하고 사랑하는 마음을 갖도록 하는 데 주목적 ☞ 예: 자연 탐사활동 프로그램(무인도 탐험, 국토탐사, 강 탐사활동 등), 자연을 가꾸고 보존하는 활동 프로그램(식목행사, 자연농장, 환경보전 등), 레크리에이션을 겸한 자연탐구 프로그램(자연관찰 하이킹, 청소년이동캠프, 고정 야영활동 등) (2) 체육활동 프로그램 • 청소년들의 신체적 · 정신적 건강을 증진하는 데 목적 ☞ 예: 스포츠 활동 프로그램(수영, 축구, 태권도, 등산, 피구, 발배구 등), 안전훈련 프로그램(응급처치, 안전사고 대비훈련 등), 영양 및 보건 프로그램(식단짜기, 건강교양 등), 스포츠행사 프로그램(체육대회, 전국해양체전 등) 등 (3) 예능활동 프로그램 • 청소년들로 하여금 예술활동에 대한 기본적인 소양과 안목을 갖추도록 할 뿐만 아니라 정서발달과 창조능력을 증진시키는 데 목적 ☞ 예: 종합예술 프로그램(청소년 예능고실, 종합예술제, 문화광장 등), 음악활동 프로그램(즉석가요제, 음악감상회, 영상음악과의 만남 등) (4) 과학활동 프로그램 • 청소년들에게 직접적인 관찰과 실험을 통하여 과학의 기초적인 지식과 원리를 습득하도록 하고, 여러 가지 과학적 현상에 대한 탐구능력을 키우도록 하는 데 목적 ☞ 예: 실험 및 실습활동 프로그램(컴퓨터 교실, 재미있는 곤충기르기, 유료작물 조사활동 등) (5) 봉사활동 프로그램 • 청소년들에게 이웃, 지역사회와의 만남을 통하여 향토애와 시민정신을 함양할 뿐만 아니라, 나아가 일상생활에서 삶의 의미를 깨닫고 실천하도록 하는 데 목적 ☞ 예: 시설봉사 프로그램(불우이웃돕기 바자회, 고아원이나 양로원 위문, 장애청소년 위안행사, 각종 시설방문 육체적 봉사활동 등), 지역사회 봉사활동 프로그램(꽃길 가꾸기, 지역사회 청소 활동, 교통지도 등) 등 (6) 예절수양활동 프로그램 • 청소년들이 사회성원으로서 갖추어야 할 공동생활규범을 습득하도록 하는 데 주목적 ☞ 예: 전통예절 프로그램(혼례 · 제례 · 상례 배우기, 전통다도 배우기, 명절쇠기 활동 등), 가정생활예절 프로그램(존칭 및 호칭 익히기, 가정생활윤리, 청소년 가정 상호방문 활동 등) 등

유형	주요 내용
	(7) 전통문화활동 프로그램 • 청소년들에게 올바른 문화적 정체성을 형성시켜 주고, 문화의 전달과 유지 그리고 창조의 과정을 익히도록 하는 데 목적 ☞ 예: 민속놀이 프로그램(풍물놀이, 차전놀이, 백중놀이, 강강술래 등), 향토민속 프로그램(고장의 인간문화재 조사, 역사의 증인과의 좌담회, 전통민속 생활용품 조사 등) (8) 자아개발활동 프로그램 • 청소년기의 발달과업인 자아 정체감(ego-identity) 형성을 돕고, 자아에 대한 이해와 수용을 바탕으로 타인과의 참만남 관계를 형성하도록 도우며, 그리고 자기의 건전한 성격개발과 인간관계 및 사회적응을 조력하는 데 목적 ☞ 예: 자기성장 프로그램(친밀감 형성, 자기이해, 자기수용, 자기개방 등), 심성계발 프로그램(나의 소개, 효과적인 사고훈련, 위기훈련 등), 인간관계 개선 프로그램(자기주장 훈련, 경청하기, 장님탐험, 어깨동무 학습, 거울이 되어 움직이기 등),

결론적으로 청소년 프로그램의 유형은 앞서 서술한 바와 같이 프로그램 대상, 주체(개발주체, 지원), 기간, 내용에 따라 유형을 구분할 수 있으며, 이러한 구분 기준은 2가지로 세분할 수 있다. 즉 청소년을 위한 프로그램(for the youth program), 청소년에 의한 프로그램(by the youth program)으로 세분화할 수 있으며, 이러한 프로그램 운영의 성과 달성을 위해서는 청소년활동핵심역량(DeSeCo) 프로젝트 수행에 필요한 4가지 인간상(자주적, 창의적, 배려, 나눔)과 6가지 역량(자기관리, 지속정보처리, 창의적 사고, 심미적 감성, 의사소통, 공동체)이 매우 중요하다.

이러한 청소년 역량을 증진시키기 위한 프로그램을 개발하고 운영할 주체는 바로 청소년지도자의 역량 강화가 중요한 핵심요인이다. 따라서 청소년들의 프로그램을 통한 교육적 성과를 높이고 프로그램 운영의 목표를 달성하기 위해서는 청소년지도자의 역량과 전문성, 네트워킹, 그리고 성장의 주체인 청소년을 인격체로 최대한 존중하고 지도자와 상호작용적 활동이 이루어져야 할 것이다.

▶▶▶ 토의 및 연구 문제

1. 청소년 프로그램의 개념과 특성 및 기능에 대하여 설명하시오.
2. 청소년 프로그램 개발의 중요성과 성격에 대하여 설명하시오.
3. 청소년 프로그램 개발이론의 5가지를 설명하고, 자신은 5가지 중 어느 유형이 중요한지 설명하시오.

기획이란 일반적으로 계획을 수립하기 전의 하나의 구상 또는 착상, 그림으로 설명할 수도 있으며, 사전적 의미로 기획(企劃, planning, Planung)은 어떤 대상에 대해 그 대상의 변화를 가져올 목적을 확인하고, 그 목적을 성취하는 데에 가장 적합한 행동을 설계하는 것을 의미한다. 따라서 청소년 프로그램 개발과 평가에 있어서 청소년 프로그램의 기획은 프로그램 개발의 첫 단계라 할 수 있다. 프로그램을 기획한다는 것은 곧 수요자인 청소년들에게 교육적 만족도를 높일 수 있는 기초적이며 첫 단계이기 때문에 기획은 너무나 중요한 과제인 것이다. 프로그램을 실행하기 위해서는 가장 먼저 청소년들의 욕구에 맞는 프로그램을 기획하기 위해 청소년들의 다양한 특성과 영역에 따라서 기획을 어떻게 하느냐가 매우 중요하다. 이에 본 장에서는 청소년 프로그램 기획의 개념적 이해와 기획의 유형, 그리고 프로그램 기획의 과정에 대한 내용을 살펴보고자 한다.

제 5 장

청소년 프로그램의 기획

05

학습목표

1. 청소년 프로그램 기획의 개념과 필요성을 설명할 수 있다.
2. 청소년 프로그램 기획의 유형을 이해하고 설명할 수 있다.
3. 청소년 프로그램 기획의 과정을 이해하고 설명할 수 있다.

학습키워드

청소년 프로그램 기획, 청소년 프로그램 기획의 유형, 기획의 과정

1 청소년 프로그램 기획의 개념과 중요성

1) 프로그램 기획의 의미와 개념

기획이란 어떤 대상에 대해 그 대상의 변화를 가져올 목적을 확인하고, 그 목적을 성취하는 데에 가장 적합한 행동을 설계하는 것을 의미한다. 이에 대해 계획(plan)은 기획을 통해 산출된 결과를 의미하며, 사업계획(program)과 단위사업 계획(project)은 계획의 하위 개념으로 볼 수 있다.

또한 기획은 계획(計劃)을 수립하는 과정, 즉 기획이란 행정이 기존의 사회를 보다 바람직한 상태로 장래에 변화시키고자 정책결정 과정에서 설정된 막연한[추상적인] 목표를 근거로 명확한[구체적인] 목표로 다시 설정하여, 그 목표를 달성하기 위하여 가장 효율적이고 적용 가능한 방법을 의도적으로 개발·선택하는 계속적인 지적 활동(知的活動)이라 말할 수 있다.

기획(企劃)은 정책결정과 아주 비슷한 개념의 과정이다. 특히 기획은 정책결정처럼 문제해결 과정에 역점을 둔다는 점에서 동일한 행정 현상이라 볼 수 있다. 그래서 어떤 학자는 행정학에서 '기획' 부문을 정책결정에 포함시켜 생략하기도 한다. 그러나 기획은 정책결정보다 미래지향성이 더 강하고, 기간(期間)이 정해져 있으며, 보다 이념적(理念的) 성격이 내포되어 있다는 점에서 구별된다. 즉, 기획은 경제발전 5개년 계획이니 하는 경우처럼 연도별(年度別)로 기간을 정해놓고 목표 달성을 추구하는 과정이며, 또 국가가 직접 나섬으로써 자유 민주주의를 부분적이나마 제약(制約)하는 이념적 성격을 띤다. 그리고 기획(企劃)의 정의에서 우리는 그 밑바탕에 어떤 기본적인 철학(→ 행정철학)이 흐르고 있음을 감지할 수 있을 것이다. 이를 고찰하여 보면 다음과 같다(네이버 지식백과, 2021).

(1) 미래지향성

기획은 행정이 기존의 사회를 보다 바람직한 상태로 장래에 변화시키고자 하는 계속적인 활동이다. 이 점에서 기획은 장래에 일어날 불확실한 상태를 미리 예측하여 그 대비책을 강구하려는 미래지향성(未來志向性)을 엿볼 수 있다.

(2) 합리성의 추구

기획은 정책결정 과정에서 설정된 목표를 달성하기 위하여 가장 효율적(→효율성)이고 가장 적용 가능한 수단과 방안을 모색하는 계속적인 활동이다. 따라서 기획은 합리주의(rationalism)에 입각하여 목표를 달성하고 가치를 추구한다고 말할 수 있다.

(3) 통제성(統制性)

기획은 기존의 사회 상태를 의도적으로 수정과 통제를 가하여 장래에 보다 바람직한 상태로 바꾸어 보려는 것이므로 통제적 성격을 띠고 있다. 요컨대 기획이 효과적으로 이루어지게 하기 위해서는 다음과 같은 원칙에 따라야 한다.

첫째, 기획은 조직의 목표를 달성하는 데 적극적인 기여를 할 수 있을 것이어야 한다는 목적성의 원칙이다.

둘째, 기획은 그 계획을 실현하는 과정에 소요된 경비보다 더 큰 효과를 나타내는 것이어야 한다는 능률성의 원칙이다.

셋째, 기획은 조직의 계층에 따라 제1의 계획은 제2의 기획에, 제2의 계획은 제3의 기획에 계속하여 연결되어야 한다는 계속성의 원칙이다.

넷째, 미래예측에 대한 전제(前提)는 기획에 관여하는 모든 사람이 이해되고 합의(合意)할 수 있는 것이어야 한다는 전제 합의의 원칙이다.

마지막으로 다섯째, 기획은 환경 변동에 따라 수정하면서 조직이 최종의 목표를 달성할 수 있도록 융통성(elasticity)이 있어야 한다는 융통성의 원칙이다.

이와 같이 프로그램 기획이란 프로그램 개발 과정에서 초기 단계에 수행하는 일련의 의사결정 과정으로 프로그램 개발자가 미래의 활동(지도, 교육, 학습)을 위해 준비하는 미래지향적인 활동으로 프로그램과 관련된 상황을 분석하고 프로그램 개발의 기본 방향을 설정하는 단계이다. 따라서 기획의 특성은 미래지향적이며, 목표지향적 · 행동지향적인 특성을 가지고 있다.

2) 프로그램 기획의 중요성

프로그램 기획이 중요한 이유는 기획의 시행과정에서 특정 상황이나 개인에 의해 왜곡되거나 변질된 가능성인 불확실성을 감소시킬 수 있다. 특히 문제해결과 의사결정 활동에 합리적인 기술을 도입함으로써 합리성을 증진할 수 있으며, 그리고 공개된 의사결정과정을 통해 목적과 수단이 결정됨으로써 구성원들로 하여금 높은 책임의식을 갖게 한다. 아울러 구성원들의 참여 증진과 함께 궁극적으로는 프로그램의 효율성과 효과성을 높이기 때문에 기획이 중요하다고 할 수 있다. 따라서 프로그램의 기획은 다음과 같은 흐름을 이해할 수 있다.

첫째, 프로그램 기획(program planning)은 프로그램 개발의 반석이므로 이 과정을 어느 정도 충실하게 수행하느냐에 따라 완성될 프로그램의 타당성이 확보되고, 프로그램 개발의 전 과정이 체계적으로 전개될 수 있다.

둘째, 프로그램 기획은 프로그램 개발의 네 개의 하위과정 중에서 첫 번째 과정으로 프로그램 개발 전문가(PDS)가 미래의 교육활동을 위해 준비하는 미래지향적인 활동으로 프로그램과 관련된 상황을 분석하고 프로그램 개발이 기본 방향을 설정하는 단계를 말한다.

셋째, 프로그램 개발에 참여하는 프로그램 개발 전문가가 프로그램 기획과정을 어느 정도 충실하게 준비하느냐에 따라 앞으로 산출될 프로그램의 질뿐만 아니라 프로그램 개발이 체계적이고 논리적이며, 객관적으로 이루어질 수 있게 되며, 즉 프로그램 기획은 프로그램 개발의 반석이라 할 수 있다.

따라서 프로그램 기획에는 [1] 프로그램 개발팀(PDT) 구성, [2] 청소년기관 분석, [3] 잠재적 참여자(청소년) 분석, [4] 프로그램 개발 타당성 분석, [5] 프로그램 개발 기본방향 설정, [6] 프로그램 아이디어 창출, [7] 청소년의 요구 및 필요 분석, [8] 우선순위 설정 등이 포함된다.

3) 프로그램 기획의 원칙

프로그램 기획과 추진은 바람직한 상태와 현실과의 차이를 줄이려는 필요성에 근거를 둔다. 즉 목적과 현실의 차이를 좁히는 것이 주요 과제인 것이다. 프로그램 기획은 목적이 분명하고 능률적이며, 논리적이고 통일성에 초점을 두고 전체의 합의에 의해 융통성 있게 추진되어야 한다.

〈표 5-1〉 **프로그램 기획의 원칙**

원칙	주요 내용
목적성의 원칙	프로그램 기획은 조직의 목표를 달성하는 데 적극적인 기여를 할 수 있어야 한다.
능률성의 원칙	프로그램 기획은 그 계획을 실청하는 과정에 소요된 경비보다 더 큰 효과를 나타내는 것이어야 한다.
계속성의 원칙	프로그램 기획은 조직의 계층에 따라 제1의 계획은 제2의 기획에, 제2의 계획은 제3의 기획에 계속하여 연결되어야 한다.
전제 합의의 원칙	프로그램 기획에서의 미래 예측에 대한 전제는 기획에 관여하는 모든 사람이 이해되고 합의(合意)할 수 있는 것이어야 한다.
융통성의 원칙	프로그램 기획은 환경변동에 따라 수정하면서 조직이 최종 목표를 달성할 수 있도록 융통성(elasticity)이 있어야 한다.

프로그램 기획과 추진은 어떤 차원으로 볼 것인가 혹은 어떤 부분을 강조할 것인가에 따라서 다르게 정의된다. 기획의 차원에 관해서는 단순한 개인적 차원이나 문제해결 과정으로 보는 견해와 기관 및 조직의 관리기능의 단계로 이해하는 견해, 그리고 국가 발전의 정책체계로 이해하는 견해 등이 있다(유진이 외, 2016).

2 청소년 프로그램 기획의 유형

일반적으로 기획의 유형은 다양하게 적용하고 관점을 달리할 수 있지만 본 절에서는 다음과 같이 크게 세 가지, 즉 기획이 지속되는 시간에 의한 구분, 기획의 구체성 정도에 의한 구분, 기획이 적용되는 폭이나 범위 또는 조직의 계층에 따른 구분의 관점에서 논의하고자 한다.

1) 기획이 지속되는 시간에 의한 구분

기획을 장기와 단기의 두 가지 유형으로 구분하거나 그 사이에 중기를 포함하여 세 가지 유형으로 구분하는데 이는 구체성의 정도와 관련된 것이며, 기간에 관해서는 규정이나 논리적인 근거가 있는 것은 아니며 특히 산업별로 일정하지는 않으나 일반적으로 단기 기획은 1년 미만, 중기 기획은 5년 전후, 장기 기획은 10년 전후이다. 이들 기간의 구분은 서로 의존적이어서 장기 기획에 준해 중기 기획이, 그리고 중기 기획에 준해 단기 기획이 수립된다는 점이며, 또한 장기 기획일수록 조직의 상위 관리자의 업무이며 단기 기획일수록 하위 관리자의 담당업무라는 점을 유념할 필요가 있다.

2) 기획의 구체성 정도에 의한 구분

구체화의 정도가 높은 것은 구체적이며, 방향만 제시하는 것은 지침적 기획이라고 하며, 특히 분명히 정해진 목표를 갖는 구체적 기획이 일반적인 지침을 제공해 주는 지침적 기획보다 더 나을 것이라는 생각은 잘못된 것임을 유념해야 한다. 그리고 환경 변화가 예측하기 어려운 격동적인 상황에서는 융통성을 지닌 지침적 기획이 더 필요할 수 있다.

3) 기획이 적용되는 폭이나 범위 또는 조직의 계층에 따른 구분

기획의 유형은 전략적 기획, 전술적 기획 및 운영적 기획의 세 가지로 구분할 수 있지만 이와 같은 기획의 분류는 서로 독립적인 것이 아니며 서로 상호보완적이며 맥락적으로 연결되어 있다는 것을 반드시 인식하여야 한다. 특히 조직의 장·단기 기획은 전략적·운영적 기획과 밀접한 관련성이 있으며, 관리자의 수준에 따라 지침적·구체적 기획은 이루어진다는 것이다.

〈표 5-2〉 **세 가지 기획 유형의 특성**

전략적 기획	전술적 기획	운영적 기획
• 조직 전체의 활동 계획을 포함 • 위험하고 불확실한 환경에서의 기획 • 상층 관리층이 주관 • 장기 기획과 관련 • 장기적 기업의 목적과 관련 (목적)	• 전략적 기획에 준하여 하위 부서의 기획기준 제공 • 덜 위험하고 낮은 확실성의 환경 하의 기획 • 중간 관리층이 주관 • 중기 기획과 관련 • 장기적인 목적의 수행과 관련 (수단/목적)	• 하위조직 단위의 활동 기획 • 확실성이 높은 환경 하의 기획 • 실무 관리자, 일반 구성원이 주관 • 단기 기획과 관련 • 중기적인 목적의 수행과 관련 (수단)

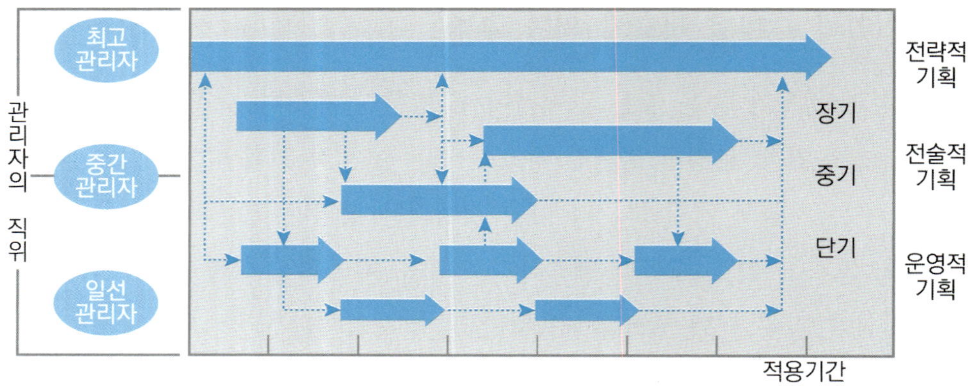

출처: 염영희(2014).

[그림 5-1] **전략적, 전술적, 운영적 기획 간의 관계**

(1) 전략적 기획

전략적 기획은 조직의 상층 관리자가 수립하는 기획으로 조직의 포괄적인 목표, 즉 조직의 목표 설정 전략적 판단과 결정, 그리고 결정된 전략에 필요한 자원배분 등 포괄적인 목표를 달성하는 데 초점을 두고 있다.

① 특성

- 조직의 내·외적 환경이 지닌 기회와 위기에 대하여 조직의 자원과 기능을 맞추는 일에 중점
- 조직의 최고관리자에 의해 수행
- 기획의 적용 기간상 장기 계획적
- 포괄적이고 일반적인 용어로 표현

② 글뤼크(Glueck)의 전략적 기획의 중요성

- 대부분의 조직환경은 급변하고 있기 때문에 전략적인 기획만이 미래의 문제와 기회를 예측할 수 있음
- 모든 구성원들에게 조직이 저항하는 미래의 분명한 목표와 방향을 제공할 수 있음

• 전략적 기획을 수행하는 조직은 그렇지 않은 조직보다 더욱 효과적이며 구성원들의 만족도가 높음

③ 목적과 효과

• 조직의 내 · 외적 환경과 조건의 변화를 예측하고 이용 가능한 자원을 결정하여 조직의 경쟁력을 높일 수 있음
• 환경과 조건을 분석 · 평가하여 이익을 증대시키고 이익 감소의 위험을 파악할 수 있음
• 미래에 이용 가능한 자원을 결정하여 이익 가능성을 한정하여 예측할 수 있음
• 조직의 미래 사업 활동의 범위를 결정하여 조직의 사회 · 경제적 사명을 명확히 규정할 수 있음
• 조직의 장기목표를 설정함으로써 전반적인 경영관리의 방향과 노선을 명확히 할 수 있음

(2) 전술적 기획

전술적 기획은 조직의 전략적 기획에 이어지는 기획이며, 전략적 기획을 구체화한 것이다. 따라서 전략적 기획과 전술적 기획의 관계를 다음 〈표 5-3〉과 같이 비교하여 설명할 수 있다.

〈표 5-3〉 **전략적 기획과 전술적 기획의 관계**

전략적 기획	전술적 기획
조직의 최고관리자들에 의해서 수립	중간관리층에서 주로 개발되고 수행됨
장기적인 기획을 다룸	중기적인 기획을 다룸
기획의 결과는 몇 년 사이에 충분히 알 수 없음	기획의 결과는 빠른 시간 내에 분명해지고 구체적인 행동으로 나타남
조직 전체에 관한 기획	업무 수준(사업브 및 부서별)의 기획으로서, 양자는 구분됨

그리고 전략적 기획과 전술적 기획의 서로 다른 점을 보면 두 기획 간에는 차이가 있음에도, 잘 설계된 기획에서는 양자가 강하게 연결되어 전략적인 목적이 전술적인 목적으로 이어지고 이를 통해 기획이 실현된다는 것이고, 그리고 전략적 기획(목적)을 위한 수단이 전술적 기획이 된다. 즉 전술적 기획은 전략적 기획의 목적을 달성하기 위한 수단으로써 기능을 한다는 것이다. 아울러 전술적 기획은 더 상위인 전략적 기획과 더 하위인 운영적 기획과 함께 일련의 기획과정인 전술적 목적(목표) 달성을 위한 활동임을 다음 [그림 5-2]에서 확인할 수 있다.

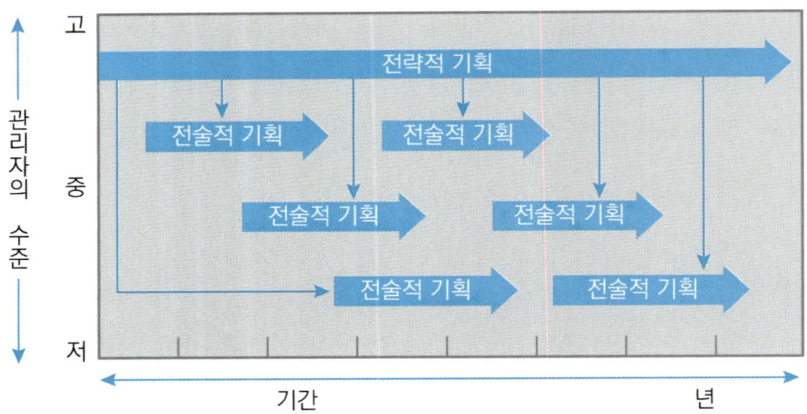

출처: 염영희(2014).

[그림 5-2] **전략적 기획과 전술적 기획의 관계**

한편 전략적 기획과 전술적 기획의 차이점에서 의사결정의 유형, 조건, 계획개발의 주관자, 의도하는 목적에 따라 차이점을 비교하여 보면 다음 〈표 5-4〉에서와 같이 구분해 볼 수 있다.

〈표 5-4〉 **전략적 기획과 전술적 기획의 차이점**

차원	전략적 기획	전술적 기획
의사결정의 유형	혁신적, 적응적	일상적, 적응적
의사결정의 조건	위험(주관적 확률)과 불확실성의 조건	확실성의 위험한(객관적확률) 조건
계획개발의 주관자	중간관리자에서부터 최고경영자	일선 감독자에서부터 중간관리자
의도하는 목적	장기적 생존과 성장 확인	전략적 기획 수행의 수단

(3) 운영적 기획

운영적 기획은 단기적인 목표달성을 위해 운영적 전략을 동원하여 기획하는 과정이 운영적 기획이며 실무관리자들과 구성원의 각자가 담당할 업무를 기획한 것이며, 이는 전략적 기획을 구체화한 것이 전술적 기획이듯이 전술적 기획을 구체화한 것이 운영적 기획이다. 그리고 1일 또는 주간의 업무를 어떻게 달성할 것인가를 계량적으로 기술하며, 특히 활용 횟수에 따라 일시적(single-use) 기획과 상시적(standing) 기획으로 다음과 같이 분류할 수 있다.

① 일시적 기획

일시적 기획은 미래에 다시 반복되지 않을 것 같은 일련의 행동 과정으로 달성하기 위해 만들어진 것이며, 계획된 행동이 달성되면 더 이상 기획이 필요 없는 것이다.

프로그램	• 한 번으로 끝나기는 하나 중요한 조직목적을 달성하기 위한 대형 활동의 기획으로 범위가 커서 몇 개의 프로젝트로 연관될 수 있음 • 완성되기까지는 몇 년이 걸릴 수도 있으며, 하나의 독립된 조직을 만들어내기까지 함
효과적인 프로그램 개발을 위한 지침	• 일련의 전체 행동을 의미 있는 몇 단계로 나눔 • 어떤 요구되는 연속적인 단계에 특별한 관심을 지니면서 단계 간의 관계를 연구함 • 적절한 관리자 몇 조직 단위에 각 단계에 대한 책임을 부여함 • 각 단계에 소요되는 자원을 결정하고 배분함

	• 각 단계의 시작과 완료 일자를 측정함 • 각 단계의 완성 목표 일자를 부여함
프로젝트	프로그램과 매우 유사하나 일반적으로 프로그램보다 범위가 좁고 덜 복잡하며, 프로그램의 한 부분이 되므로 프로그램보다 기간이 짧고 더 적은 자원을 필요로 함

② 상시적 기획

상시적 기획은 일시적 기획과는 달리 일정 기간이 지나면 규칙적으로 일어나는 활동에 사용되는 기획이며, 조직 내에서 반복적으로 수행되는 과업을 위한 지침을 제공하기 위해 사용되는 지속적인 기획으로 이루어진다.

〈표 5-5〉 **정책, 절차, 규칙의 개념 이해**

구분	주요 내용
정책	• 관리자가 중요한 의사결정을 할 때 따르도록 제공된 광범위한 지침 • 상시적 기획 가운데서 가장 일반적인 유형인 정책은 관리자가 일상적인 책임을 수행하는 데 필요한 방법에 관한 일반적인 기술임 • 조직 내 구성원들에게 지침을 제공하는 조직 전체의 목적과 전략적 기획에 기반을 둔 일반적인 기술임 → 정책은 통상 최고 관리층에서 수립함
절차	• 흔히 'SOP(standing operating procedures)'라고도 불리는 이 절차는 특정한 상황에서 따라야 하는 단계를 개괄적으로 기술했다는 점에서 정책보다 더 구체적임 • 달리 해석할 여지가 없는 상시적 기획으로서 어떤 목표를 달성하는 데 사용되는 일련의 정확하고 구체적인 단계를 기술한 것
규칙	• 구체적인 행동을 어떻게 수행하는가를 기술한 것으로 구체적이고 분명한 행동을 요구하는 비탄력적(inflexible)인 기획

이와 같이 절차와 규칙은 범위가 좁고 기대하는 행동을 기술한다는 점에서는 유사하나 절차는 일련의 행동을 기술하는 데 비해 규칙은 어떤 하나의 특정 행동에 관련된다는 점에서 차이가 있다(염영희, 2014).

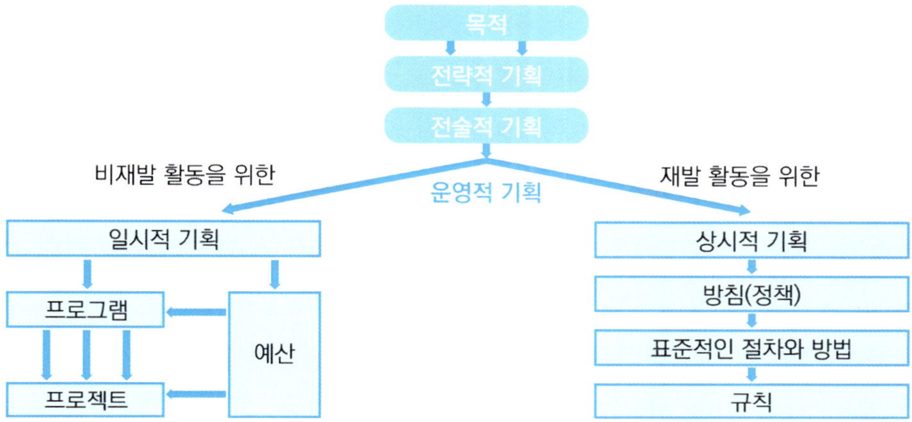

출처: 염영희(2014).

[그림 5-3] **기획의 계층**

3 청소년 프로그램 기획의 과정과 기획의 실제

1) 기획과정

기획과정은 좁은 뜻으로는 계획을 수립하는 과정, 넓은 뜻으로는 계획을 수립하고 시행하며 그 결과를 평가하는 과정까지 포함된다. 이와 같이 기획과정은 계획을 수립하여 집행하고 그 결과를 평가하여 다음의 계획 설정에 반영하는 환류(feed-back) 작용을 하는 것이므로 정책과정과 유사한 점이 많다. 그러나 기획과정은 정책과정과 다른 점도 많으므로 여기서는 다른 점에 역점을 두고 좁은 뜻으로의 기획과정인 '미래예측 → 목표설정 → 상황분석 → 기획전제의 설정 → 대안의 탐색과 분석 → 최종안의 선택'의 6단계로 구분하여 설명하기로 한다.

(1) 미래 예측

기획의 첫 번째 단계는 미래의 예측이다. 흔히 이 단계를 목표의 설정 단계에 포함시키기도 하나, 기획은 정책결정보다 미래를 예측하는 활동에 역점을 두고 있으므로 기획과정에 있어서는 매우 중요한 단계이다.

미래예측(forecasting)의 방법에는 여러 가지가 있겠으나 일반적으로 널리 이용되고 있는 것은 계량적 미래예측법과 질적 미래예측법을 들 수 있다.

계량적(計量的) 미래예측법은 과거에 집행된 바 있는 계획의 결과에 대한 자료로 미루어 보아 어떤 변동의 양태(樣態)를 미리 짐작할 수 있고, 그러한 변동의 양태가 앞으로도 재현될 것이라는 전제 아래 이루어지는 예측의 방법이다. 이에 속하는 대표적인 방법으로는 시계열분석(time series analysis), 회귀분석(regression analysis) 등을 들 수 있다. 그러나 특정 계획을 수립하는 데 이용할 과거의 자료가 없거나 그 변동의 양태가 불규칙적이며 비정형(非定型)일 경우에는 질적 미래예측법을 사용하게 된다.

(2) 목표의 설정

기획의 두 번째 단계는 목표의 설정이다. 이 단계에서는 달성하려고 하는 목적이 무엇인지를 규명하고 그것을 구체화한다. 기획에서 목표를 설정하기 위해서는 먼저 달성하고자 하는 최종 상태에 관한 합의(合意)가 이루어져야 한다. 그 합의가 이루어지면 목표를 체계화시킨다. 즉, 목표를 추상적 성격을 띠는 상위목표와 이를 구체화시키는 하위목표로 구분한다. 이와 같이 기획에 있어서는 몇 개의 상위목표와 여러 개의 하위목표들이 설정되고 이들 목표는 상호 간에 '목표·수단의 연쇄'(means-ends chain) 관계를 이루며 세분화되는데, 이 과정에서 요구되는 작업이 목표의 구체화와 조작화(操作化) 작업이다. 이 작업에는 모든 계층의 참여와 여건 등에 대한 고려가 있어야 한다.

(3) 상황의 분석

목표가 설정되면 다음으로 상황분석의 단계로 들어간다. 상황분석(circumstantial analysis)이란 계획과 관련된 현재 및 장래의 상황을 면밀히 분석하여, 기획목표를 달성하는 데 장애(障碍)가 되는 요인이 무엇이며, 또 문제점은 없는지를 파악하는 과정을 말한다.

(4) 기획전제의 설정

상황분석의 다음 단계는 기획전제의 설정이다. 기획전제(planning premises)란 목표 달성 기간 중 상황변화에 대한 가정(假定)이나 전망을 말한다. 가령 경제기획의 경우를 예로 들면, 에너지 자원을 포함한 주요 원자재의 수급 및 가격이 계획기간 중에 현재 상태대로 지속될 것이라든가 아니면 큰 변동이 있을 것이라고 가정하는 것과 같은 것을 말한다.

앞의 단계와 다른 점은 상황분석이 주로 현실적 여건을 대상으로 삼는 단계라면 기획전제는 미래에 관한 예측이나 전망이라는 점이다.

(5) 대안의 탐색과 분석

기획 전제의 다음 단계는 목표를 달성하기 위한 여러 가지 방안, 즉 대안(alternative)을 탐색하는 일이다. 계획과 관련된 정보나 자료를 수집하여 대안을 탐색하고, 이를 통해 선정된 여러 가지 대안을 놓고 어느 것이 최종안[계획]으로 가장 적합한 것인가를 판단하기 위하여 비교 · 분석한다.

(6) 최종안의 선택

계획 수립을 위한 기획과정의 마지막 단계는 최종 계획안(計劃案)을 선택 · 결정하는 일이다. 최종안을 선택 · 결정하는 일은 결코 쉽지가 않다. 왜냐하면 계획은 장래의 예측을 내용으로 하고 있으므로 불확실성(uncertainty)이 문제가 되기 때문이다. 그러므로 최종안의 선택에 있어서 주의할 점은 정책결정의 경우에서와 같이 경제적 · 기술적인 합리성(合理性)뿐만 아니라 실현 가능성과 확실성의 확보, 예산의 뒷받침 그리고 국민의 지지(支持)와 같은 정치적 합리성도 고려하지 않으면 안 된다(네이버 지식백과, 2021).

한편, 일반적인 기획과정(企劃過程, process of planning)을 살펴보면 기본 전제 → 예측 → 목표설정 → 재설정 및 행동계획으로 구분할 수 있으며, 여기서 기획과정은 문제인식에서 시작하여 목표설정, 미래 환경에 대한 예측과 가정 설정, 대안 탐색과 평가 및 채택, 기본적인 기회와 관련된 파생기획 수립, 예산편성 순서로 설명되기도 한다. 따라서 기획이 일종의 분석과 선택 과정이라는 관점에서는 기획과정을 다음의 〈표 5-6〉과 같이 8단계로 기술할 수 있다.

〈표 5-6〉 **기획과정의 8단계**

단계	주요 내용
조직의 비전 설정	• 조직의 비전: 중심적인 목적, 조직이 사회에 제공할 수 있는 서비스 또는 효용을 뜻함 • 비전은 조직의 존재 이유와 발전 방향을 확정함
목표설정	• 조직의 비전에 따라 일정한 기간 내에 성취하려는 업무나 업무의 정도를 목표로 설정함 • 목표달성이 조직의 단적인 성공을 뜻하는 것이 아니라 계속 추구하고 노력해 나아갈 방향임
환경요소의 예측	• 조직이 설정한 목표의 성패 여부와 목표달성 방법은 모두 외부 환경의 영향을 크게 받음 예) 조직이 소홀히 할 수 없는 중요한 환경요소: 경제 상황, 소비자의 욕구, 경쟁력, 정치적 변동 등 • 요소들을 예측 · 분석하며 발전 가능한 상황에 근거하여 가정을 세워 기획의 기초를 마련함

단계	주요 내용
조직 내의 가용자원 평가	• 조직이 확보 · 운용할 수 있는 인력과 재정상태, 기술, 원료 등과 같은 자원 조건 평가 • 이런 과정을 통하여 조직이 이용할 수 있는 수단과 방법을 결정할 수 있음
수행 가능한 대안 개발	• 기획의 중요한 기능 중 한 가지는 관리자가 각종 수행 가능한 대안을 객관적으로 평가할 수 있게 하는 것임 → 수행 가능한 대안개발은 기획과정의 중요한 절차 • 대안들은 조직 외부 환경과 조직 내의 가용자원 여건에 따라 결정됨
기획의 선택	• 조직의 외부 환경과 조직 내의 자원 여건에 따라 결정된 각종 수행 가능한 대안들 중에서 가장 적합하다고 생각되는 방안이 되는 기획을 선택하는 단계임
기획의 실행	• 협의의 기획과정은 앞의 6단계에서 될 수 있지만 선택된 기획이 기대하는 효과를 낼 수 있는지 여부는 실행에 달려 있음 • 실행이란 조직, 지휘, 통제 등 기타 경영 관리 기능 수행과 관계가 있음
평가와 수정	• 기획을 실행하고 난 이후에는 반드시 실제 자료를 수집하여 예측 상황과 비교하여 어떤 효과가 발생했는지 또는 어떤 문제가 있는지를 평가하여야 하며, 필요하다면 기획을 수정해야 함

일반적으로 이러한 평가와 수정은 통제기능에 속한다고 할 수 있지만 또 다른 관점에서 보면 평가와 수정은 또 다른 기획의 수립 또는 재기획화라고 할 수 있다(염영희, 2014).

2) 청소년 프로그램 기획안의 절차

프로그램 기획안이란 프로그램을 제작하기 위한 기획 내용을 기록한 문서를 말한다. 다시 말하면 프로그램을 운영하기 위해 상세한 설계를 바탕으로 계획을 세우기 위한 문서를 말한다. 따라서 프로그램 기획안은 기본 양식이 정해진 틀은 없으며, 프로그램을 제작하는 목적에 따라 구성하는 제작 항목이 다르게 작성될 수 있다.

프로그램의 설계도라고 할 수 있으며, 제작하는 기획 의도를 설정하고 프로그램 제작을 계획하여 구체화할 수 있도록 한다. 상대방에게 전달되는 프로그램이므로 명확한 의도가 분명하게 나타나도록 하고 프로그램의 제작 효과에 대한 내용도 담을 수 있도록 한다(네이버 지식백과, 2021).

프로그램 기획은 프로그램을 개발하기 위한 첫 단계로서 영역별 프로그램을 운영하기 위한 포괄적인 구상안이라 할 수 있다. 따라서 기획안을 작성하기 위해서는 절차와 단계를 적용하여 기획안을 작성할 필요가 있다.

기획안의 서식 구성항목은 프로그램명, 주제, 기획의도, 프로그램 형식, 제작길이, 제작진, 제작일정, 제작비 등으로 구성된다.

교육 프로그램 기획서란 교육 프로그램을 운영하기 위해 상세한 설계를 바탕으로 계획을 세우기 위한 문서를 말한다. 교육 프로그램 기획안은 교육을 진행하는 목적과 교육 주제를 바탕으로 교육 내용을 구체적으로 기록하고 교육대상에 따라 교육 내용을 달리 설정하도록 한다. 교육 프로그램의 제작 의도에 맞게 항목을 구성하고 작성하도록 하며 프로그램을 진행하기 위한 설계도라고 할 수 있다. 상대방에게 전달되는 프로그램이므로 명확한 의도가 분명하게 나타나도록 하고 프로그램의 교육 효과에 대한 내용도 담을 수 있도록 한다(네이버 지식백과, 2021).

3) 프로그램 기획을 위한 상황분석 및 적용

프로그램 상황분석이란 프로그램 개발과정에서의 기초작업으로서의 프로그램이 요구되는 주변 상황을 분석하는 작업이다. 프로그램 개발에서 그 상황을 어떻게 인지하느냐에 따라 개발하게 될 프로그램의 유형은 달라지기 때문에 프로

♣ 1단계: 청소년 프로그램 기획(안) “실습” ♣

〈프로그램 기획 실습〉					
프로그램명					
연락처		소속		E-mail	
담당지도사	(인)	과정명			
기획목적					
기획의도					
주요내용					
구성 및 정리방안	1) 구성 2) 정리방안				
타깃					
예상경쟁력					
홍보계획/방법					
프로그램 운영안					
예산사용계획					
기타					

그램과 관련된 모든 상황, 즉 기관환경분석/외부환경(청소년수련기관) 분석을 파악하는 일이 필요할 것이다. 이러한 의미에서 기관을 둘러싸고 있는 외부 환경과 내부 실태를 모두 포함하여 기관의 환경에 대한 분석, 해석 및 판단은 프로그램 기획에서 핵심적인 요소가 된다.

우선 프로그램을 실시하고자 할 때 기관의 조직 분석을 통하여 ① 기관의 설립 및 운영 목적, ② 기관의 주요사업, ③ 시설 현황 등을 분석할 수 있다. 또한 더욱 거시적인 기관환경평가도 할 필요가 있다. 이는 기관 운영을 위한 정략적 방안을 찾는다거나 프로그램 마케팅의 기초작업으로 의미가 있다. 예를 들면 SWOT 분석기법을 통하여 기관의 내부/외부의 상황을 분석할 수 있다. SWOT 분석이란 기관 내부의 강점(S: Strength)과 약점(W: Weakness)을 파악하고 외부 환경의 기회요인(O: Opportunity)과 위협요인(T: Threat)을 분석한 후 전략적 대안을 도출하는 분석 방법이다(김용현 외, 2012).

따라서 기획의 핵심포인트는 무엇을 위하여, 즉 목적(교육, 기록, 오락, 홍보 등)과 누구에게(who), 즉 대상(학생청소년, 학교밖청소년, 근로청소년 등)과 무엇을(what), 즉 주제와 전달하고 싶은 내용과 메시지, 그리고 어떻게(how)라는 구상과 표현을 통해 전달할 것인가를 검토하여 최종결정에 따른 절차와 과정을 통해 프로그램을 기획하고 적용하여야 한다.

▶▶▶ 토의 및 연구 문제

1. 청소년 프로그램 기획의 개념과 중요성 및 원칙에 대하여 설명하시오.
2. 청소년 프로그램 기획의 유형에 대하여 설명하고 자신은 어느 유형이 중요한지 설명하시오.
3. 청소년 프로그램 기획의 과정과 기획과정의 8단계를 설명하시오.

요구분석(要求分析, needs analysis)이란 사전적 의미로는 새로운 수업 프로그램을 설계할 때 가장 먼저 해야 할 것은 특정 상황의 수업을 계획하고 실시해야만 하는 이유를 타당하게 밝혀내는 일이다. 일반적으로 '학습사정', '학습요구분석', '요구사정' 등으로 불리는 사정 단계에서는 현행 수업 프로그램에서 요구되는 것들이 무엇인지 객관적 자료를 수집하고, 이를 통해 문제점들을 밝혀내고, 그 문제점들을 해결하기 위한 수업 프로그램의 포괄적인 목표설정이 이루어진다고 명시되어 있다. 따라서 청소년 프로그램을 개발하여 적용하기 위한 2단계에서 수행해야 되는 것이 바로 요구분석이다. 이에 본 장에서는 먼저 청소년 프로그램 요구분석의 개념과 필요성에 대하여 살펴보고, 둘째, 청소년 프로그램 요구분석의 유형, 마지막으로 요구분석의 절차와 우선순위에 대하여 살펴보고자 한다.

제 6 장

청소년 프로그램의 요구분석

06

학습목표

1. 청소년 프로그램 요구분석의 개념과 필요성을 설명할 수 있다.
2. 청소년 프로그램 요구분석의 유형을 설명할 수 있다.
3. 청소년 프로그램 요구분석의 절차와 우선순위결정을 이해하고 설명할 수 있다.

학습키워드

청소년 프로그램, 요구분석, 우선순위결정

1 청소년 프로그램 요구분석의 개념과 필요성

1) 요구 및 요구분석의 개념

(1) 요구의 개념

요구(needs)는 현재의 상태와 원하고 바라는 이상적인 희구와 소망 상태 간의 간극 차이(discrepancy)를 의미한다. 요구는 일반적으로 불균형상태(disequilibrium), 즉 적응의 결핍상태를 충족시키거나 균형상태(equilibrium)를 회복하기 위한 동기부여체로 발생하게 된다(Queeney, 1995). 요구(needs)에 관련된 일반적인 현상을 규정하고 기술하기 위해 요구(needs), 바람(wants), 흥미(Interests) 등의 다양한 개념들이 활용되어 왔다. 요구의 개념을 이해하기 위해 ① 생물학적 · 심리학적 요구의 개념과 ② 교육적 요구의 개념으로 구분하여 살펴보고자 한다.

① 생물학적 · 심리학적 차원의 요구 개념

생물학적 차원의 요구	심리학적 차원의 요구
• 인간의 내분비를 통해 배고픔, 목마름, 상처, 성욕 등으로 일차적 동기(primary motivation)와 관련됨 • 충동(drives)이란 용어로 사용됨 • 선천적인 것으로 여겨짐	• 학습되어야 할 요소로 간주됨 • 동기(motives)라는 용어로 사용됨 • 학습되는 것으로 간주됨

② 교육적 차원의 요구 개념

교육 요구는 학습자에게 존재하는 균형상태와 불균형 상태가 미래의 바람직한 상태와 현재 상태 사이의 차이 때문으로 나타나는데 이러한 차이가 바로 교육적 요구를 의미한다.

교육적 차원의 요구 분류는 ① 인간의 기본적 요구(basic human needs), ② 자각된/표출적 요구(felt/express needs), ③ 규범적 요구(normative needs), ④ 상대적 요구

(comparative needs)로 구분할 수 있다.

교육 요구란 현재의 교육 수준과 개인적 또는 사회적으로 기대되는 바람직한 교육 수준 사이에 존재하는 격차를 학습을 통해 해소하고자 하는 욕구의 형성을 의미한다. 현재 능력 수준이 원하는 수준에 비해 부족한 상태에서 그 부족함을 학습을 통해 충족시키고자 할 때 발생되는 결핍 충족을 원하는 상태나 조건을 의미한다.

따라서 청소년 프로그램은 물론이고 모든 프로그램의 목적에는 프로그램을 통해 참여자가 활동을 하고 이 활동을 통해 특정 부분이 발전할 수 있는 것을 목표로 한다. 따라서 프로그램의 목적과 목표는 분명히 설정되어야 하는데, 이를 위해서는 프로그램이 어떠한 방향으로 나아갈지 개발자와 참여자가 분명히 알아야 한다. 따라서 개발과정이나 개발 후에 문제가 되는 점에서는 참여자와 전문가, 개발자의 요구에 따라 프로그램이 보완되거나 개선되어야 할 것이다. 이러한 점에서 프로그램 요구가 필요한 것이다.

(2) 요구분석의 개념

요구분석(needs assessment)이란 현재 상태와 원하는 이상적 상태 간의 간극으로 인한 격차를 분석하고 불균형과 결핍상태 해소를 위한 요구를 규명하는 비교 분석 작업을 의미한다.

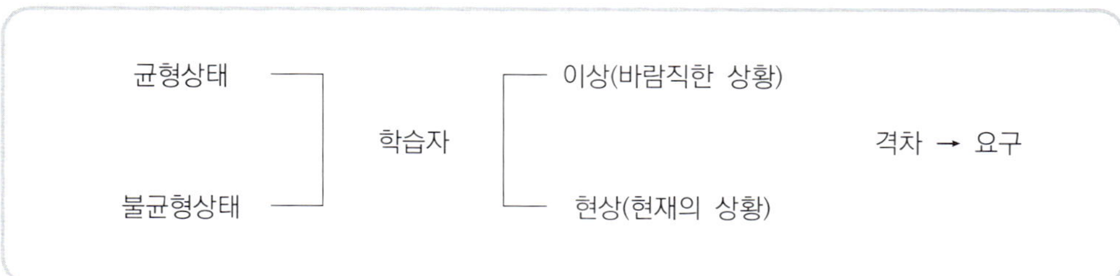

[그림 6-1] **요구분석을 위한 이론적 개념 틀**

요구분석에서 학습자의 교육 요구를 나타내 주는 정보의 원천을 보면 첫째, 학습자에 대한 연구를 통해 요구를 파악할 수 있다. 둘째, 학습자의 현재 삶을 결정하는 그들의 문화, 삶의 양식, 언어 등(학습자의 사회적 맥락(social context))을 통해 요구를 파악할 수 있다. 셋째, 관련 분야 전문가들의 조언을 통해 요구를 파악할 수 있다.

한편, 요구분석(要求分析, needs analysis)이란 새로운 수업 프로그램을 설계할 때 가장 먼저 해야 할 것은 특정 상황의 수업을 계획하고 실시해야만 하는 이유를 타당하게 밝혀내는 일이다. 일반적으로 '학습사정', '학습요구분석', '요구사정' 등으로 불리는 사정단계에서는 현행 수업 프로그램에서 요구되는 것들이 무엇인지 객관적 자료를 수집하고, 이를 통해 문제점들을 밝혀내고, 그 문제점들을 해결하기 위한 수업 프로그램의 포괄적인 목표설정이 이루어진다(네이버 지식백과, 2021).

2) 요구분석의 필요성과 요구분석을 실시하는 이유

일반적으로 청소년지도란 청소년들의 성장을 돕는 조직적인 활동이다. 여기에는 청소년들의 자발적인 참여를 기초로 청소년 스스로가 체험을 제공받는 과정을 의미한다. 정확히 말하자면, 청소년 프로그램이란 "일반적으로 청소년들에게 지도해야 할 내용과 방법이 체계적으로 나타난 것으로, 청소년지도사는 그것을 통해서 청소년을 지도"[1]한다. 이는 청소년지도사의 경우이고, 청소년의 입장에서는 청소년들이 프로그램을 통해 갖게 되는 모든 활동과 경험의 집합을 뜻한다. 이 두 가지를 종합하면 청소년지도란 청소년지도 프로그램을 실행 및 운영하는 과정이라 할 수 있다.

1) 한국청소년개발원, 청소년 프로그램 개발 및 평가론, 교육과학사, 2008, p.3

하지만 청소년지도사 또는 해당 기관에서 개발한 청소년 프로그램에 문제가 있을 수 있다. 그것이 청소년에게 맞지 않거나 청소년 스스로 그 프로그램에 대해 문제가 있다고 인지할 수 있기 때문이다. 따라서 프로그램은 개발과정에서부터 여러 시험 및 조사를 하는데, 여기서 필요한 것이 바로 프로그램 참여자들의 요구이다. 개발자 및 청소년지도사는 프로그램 참여자들의 요구를 정확하게 분석하여 이를 프로그램에 반영한다. 보통 이런 요구는 기본 요구, 표현 요구, 규범 요구, 비교 요구 등으로 개념을 분류하는데, 청소년 활동 프로그램은 이 네 가지 분류를 통해 다양한 요구를 반영하여 프로그램을 개발한다.

프로그램 참여자들은 이러한 프로그램의 요구를 느낄 수도 있고, 느끼지 못할 수도 있다. 프로그램 개발자는 이러한 요구를 모두 반영하여야 하는데, 요구는 프로그램의 타당성을 검토하는 과정에서 꼭 필요하기 때문이다.

요구분석은 청소년활동에서 프로그램의 계획을 세우고 필요한 정보를 얻기 위해서는 꼭 필요한 부분이다. 만약 이러한 부분이 없다면 프로그램의 계획과 설정, 그리고 결과에 문제가 발생할 수 있다. 따라서 프로그램을 계획하고 설정하는 과정에서부터 청소년들이 원하는 목표와 내용, 방법 등을 체계적으로 조사할 필요가 있다. 이렇게 조사한 요구분석은 청소년들의 구체적인 목표를 확인할 수 있게 되는데, 목표를 달성하기 위해 개발자와 지도사는 어떤 내용이 어떻게 제공되어야 하는지를 구체적으로 확인할 수 있게 된다. 즉, 요구분석은 "프로그램의 상황이나 프로그램이 개발 과정에서 나타나는 문제점과 취약점, 단점 등을 발견하고 이를 처방하거나 개선할 수 있도록 도움을 주는 역할"[2]을 한다.

청소년 관련 기관에서 제공하는 교육이나 학습 프로그램이 비효율적이거나 청소년들로부터 호응을 얻지 못하는 경우도 있다. 이러한 부분도 참여하는 청

2) 한국청소년개발원, 청소년 프로그램 개발 및 평가론, 교육과학사, 2008, p.20

소년들이나 프로그램을 운영자들이 프로그램 참여자에 대한 요구를 분석하여 프로그램을 확인하고 점검함으로써 그에 대한 문제점을 보완할 수 있다. 마지막으로 기관이나 단체는 프로그램을 평가하는 데 있어 프로그램에 참여한 청소년들이나 운영자들에게 프로그램의 내용과 운영이 어떠했는지 알아볼 필요가 있다. 따라서 프로그램을 평가하는 데 있어서도 프로그램 요구분석은 반드시 필요하다.

아울러 프로그램의 요구분석은 프로그램의 계획수립에 있어 정보획득을 할 수 있고, 프로그램의 상황이나 문제점을 발견할 수 있는 동시에 이를 개선할 수 있도록 도움을 준다. 또한 기관이나 단체의 평가를 효과적으로 달성하기 위해서라도 요구분석은 필요하다. 청소년 프로그램의 경우, 가령 청소년들에게 문화체험활동을 제공한다고 하였을 때, 그들이 원하는 프로그램의 목표와 내용을 체계적으로 조사하고 분석하기 위해서 요구분석이 필요한 것이다. 프로그램 요구분석은 그 체계가 세분화되어 있기에 프로그램 개발자와 전문가, 그리고 참여하는 청소년들은 자신의 요구에 따라 프로그램이 보완될 수 있도록 적극적으로 협조해야 할 것이다.

요구분석의 개념과 중요성을 이해하기 위해서는 먼저 요구의 의미부터 파악할 필요가 있다. 요구의 개념은 요구를 바라보는 관점에 따라 다양하게 정의되고 있지만 보편적으로 합의되고 있는 것은 '바람직한 상태와 현재 상태 간의 차이'로 정의되고 있다. 이와 더불어 브링카호프(Brinkerhoff, 1986)는 요구를 4가지 관점, 즉 수행결핍(performance deficiency), 민주적(democratic), 진단적(diagnostic), 분석적(analytic) 관점으로 정리하고 그 관점에 따라 요구를 분석하는 방법이 달라질 수 있다고 하였다. 첫째, 수행결핍 관점에서의 요구는 하고 있는 것과 해야 할 것 사이의 차이다. 즉, 기대했던 성취와 실제로 달성한 성취 사이의 불일치로 보는 것이다. 둘째, 민주적 관점은 다수의 의견이 요구의 기준이 되는 정의로서 많은 사람들이 원하는 또는 요청하는 것을 요구로 인정하는 것이다. 셋째, 진단적 관점은 원래 기준이 되어야 하는 원칙이나 개념, 절차, 원리 등에 문제가 존재하여 요구가 발생하는 경우이다.

2 청소년 프로그램 요구분석의 유형

보통 요구라는 것은 생물학적으로 충동이라는 용어와 동일하게 사용된다. 여기에는 배고픔이나 목마름, 성욕 등처럼 인간의 내분비를 통해 야기되는 것을 의미한다. 이와 달리 심리학적 의미에서는 요구를 동기와 같은 개념으로 생각한다. 즉 인간은 일정한 목적으로 행동하는데, 그 행동에는 자신을 충족시키려는 욕구에서 움직이게 되고, 그러한 욕구와 기대감이 만족하려고 행동한다. 따라서 프로그램의 요구분석은 생물학적인 부분보다는 심리학적인 부분과 밀접한 관계에 있다고 볼 수 있다.

최근에는 프로그램 개발에서 요구라는 용어 대신 프로그램 아이디어라는 개념을 사용하고 있다. 이러한 이유는 요구라는 개념만으로는 프로그램 속에 있는 모든 내용을 이끌어 낼 수 없기 때문이다. 또한 요구라는 개념을 거치지 않고도 프로그램에 대한 개발과 보완을 알 수 있으며, 프로그램 아이디어를 창출할 수도 있다.

실제로 많은 프로그램 개발에서 프로그램의 참여자들의 요구가 아닌 제3자의 요구를 객관적으로 바라보며, 이를 프로그램 속에 포함시키는 경우가 많다. 최근에는 이러한 이유에서 요구분석보다는 프로그램 개발의 상황에 적절한 용어로써 프로그램 요구라는 단어를 더 많이 사용한다.

프로그램 요구의 유형은 요구의 본질에 따라 다양하게 나타날 수 있다. 가장 먼저 학습자가 지닌 주관적인 요구(흥미, 바람, 충동)와는 구별되는 객관적인 요구(실질적인 요구)인 실질 요구가 있을 수 있고, 학습자와 외부 전문가가 자신이 처한 맥락에서 구성한 구성요구가 있을 수 있다.

요구의 근거 차원에서도 요구를 분류할 수 있다. 인식요구와 귀속요구가 바로 그것인데, 프로그램 참여자 개인이 바로 요구의 근거가 되는 경우를 말한다. 여기서는 프로그램 참여자 개인이 자신에게 필요한 요구를 직접 인식하여 이를 표출하는 것을 인식요구로 말한다. 반대로 외부 전문가가 프로그램 참여자에게 필요할 수도 있다고 판단하고, 이를 충족시켜야겠다고 판정하는 요구를 귀속요구라 한다.

요구의 규모와 수준에 따라 프로그램 요구가 나뉜다. 단순히 개인의 요구가 있을 수도 있지만 요구를 하는 단위가 사회적으로 커질 수도 있고, 기관 단위로 나타날 수도 있다. 앞서 이야기한 지역사회나 국사 수준의 요구는 사회적 요구이고, 기관 단위는 조직요구이다.

하지만 보편적으로 사용되는 요구판단의 기준은 기술적 요구와 규범적 요구가 있다. 여기에 요구판단의 자료에 따라 주관적 자료와 객관적 자료의 4차원 등으로 구분된다. 내부지향적 요구는 프로그램 참여자가 스스로 판단하는 것이다. 학습자 중심으로 의사결정을 하여 요구를 하는 것을 의미한다. 이와 달리 외부의 전문가가 요구를 결정하는 것은 외부지향적 요구를 뜻한다. 주관적 자료는 개인의 주관적 진술을 토대로 나타나고, 객관적 자료는 과학적이고 체계적으로 수집된 자료를 토대로 한 요구를 말한다.

기술적-주관적 요구분석은 흔히 자기주도학습을 의미한다. 참여자 스스로 주관적으로 판단하여 이를 요구하는 것을 말한다. 기술적-객관적 요구분석은 참여자가 가지고 있는 요구를 과학적으로 추출해 내는 것이 매우 중요한 작업이다. 따라서 기술적-객관적 요구분석은 전문가의 도움이 필요할 뿐만 아니라 참여자와 학습자 모두 요구분석을 수행하기 때문이다.

참여집단의 다양한 특성을 고려하여 어떤 학습이 필요한지 결정하는 주관적으로 알아보는 것은 규범적-주관적 요구분석이라 한다. 하지만 가장 일반적으로 사용되면서 체계적인 프로그램 개발 과정을 수행하는 요구분석 방법은 규범적-개관적 요구분석이다.

어떠한 방식으로 요구분석이 이루어졌다면, 이를 통해 참여자가 느끼거나 느끼지 않는 요구를 모두 발견하여 프로그램의 문제를 보완해야 할 것이다. 특히 청소년활동 프로그램의 경우 인간으로서 갖게 되는 다양한 요구를 충분히 반영하는 특별한 프로그램이다. 따라서 참여자가 느낀 요구를 표현할 수 있도록 타당한 검토과정이 필요하다.

요구분석을 할 때에는 학습 집단의 특성과 참여 여부, 데이터를 수집하는 데 필요한 시간, 그리고 비용들이 필요하다. 여기에 수집된 데이터의 유형과 깊이가 추가적으로 필요하며, 동시에 프로그램 개발자의 기법 적용 능력과 같은 요소들이 요구분석에서 고려된다. 그리고 요구분석에서 요구와 필요분석의 조건은 경제, 사회, 환경 조건과 실천, 그리고 KASA의 요건이 필요하고 기회분석은 반응, 참여, 활동, 자원으로 구성되며, 이를 다음의 〈표 6-1〉로 제시하고자 한다.

〈표 6-1〉 **요구, 필요분석과 기회분석**

요구, 필요분석	경제, 사회, 환경적 조건	청소년을 둘러싼 환경이나 여건 가운데 개선을 필요로 하는 것이 무엇인가를 분석하는 과정
	실천	개선을 필요로 하는 청소년 주변 여건에 영향을 미치고 있는 잘못된 관행이나 형동, 습관이 무엇인지를 분석하는 과정
	KASA(knowledge, attitude, skills, aspirations)	청소년들의 잘못된 관행이나 행동, 습관을 개선하기 위해 요구되는 지식이나 태도, 기술, 그리고 포부가 무엇인지를 분석하는 과정

기회분석 (Opportunity assessment)	반응	잠재적 고객인 청소년들이 어떤 반응을 보여야 KASA 목표를 달성할 수 있을까를 가늠하는 과정
	참여	프로그램에 참여할 대상자가 누구인지를 구체적으로 가늠하는 과정
	활동	실제 제공 가능한 활동내용을 구안하는 과정
	자원	시간, 재정, 인력 등 프로그램 수행을 위해 실제 동원 가능한 자원이 무엇인가를 확인하는 과정

3 청소년 프로그램 요구분석 기법과 절차 및 우선순위 결정

1) 요구분석의 기법

청소년 프로그램은 요구분석을 통해 프로그램에 대한 당위성과 실증성을 증명하기 위해서 반드시 요구분석은 아무리 강조해도 지나침이 없다고 할 수 있다. 보통 요구분석 기법으로는 질문법이나 면접법으로 알려진 서베이법, 관찰법, 결정적 사건분석, 능력분석법, 델파이법, 데이컴법 등 청소년 프로그램 요구분석기법에 있어서 이루어지는 종류는 다음과 같이 다양하게 이루어진다.

(1) 서베이 기법

서베이(survey) 기법이란 사람들의 의견을 조사하기 위하여 같은 질문을 여러 사람에게 물어 회답을 구하는 요구조사 방법[3]을 말한다. 서베이 기법은 잠재적 참여자 집단이 많고 널리 분포되어 있을 경우에 많이 사용되고 있으며, 서베이 기법의 장점은 많은 사람들에게 회답을 구하는 요구조사 방법으로 다양하고 풍부한 자료들을 수집할 수 있으며, 표본오차가 존재하긴 하지만 비교적으로 타당도 높은 정보를 얻을 수 있다. 또한 공간과 시간에 구애받지 않고 자료 수집이 가능하

3) [네이버 국어사전] 서베이 [survey]

다. 반면에 서베이 기법의 단점은 응답자의 구체적인 심리적인 상태를 알 수 없으므로 피상적인 정보를 얻을 수 있다. 또한 외적 변수의 통제가 불가능하므로 타당성이 결여될 수 있으며, 사회적 행동까지는 측정할 수는 없다는 것이다.

따라서 조사연구는 요구분석을 하는 데 가장 널리 사용되는 기법으로 대규모 집단의 특성을 기술하는 데 유용하다. 조사연구는 학습자가 표현하는 요구를 확인하는 분석기법으로 잠재적 학습자 집단이 비교적 많고 널리 분포되어 있는 경우 요구 관련 정보수집을 위해 많이 사용된다(Steele, 1974).

그리고 조사연구의 장단점을 보면 다른 방법에 비해 조사결과를 일반화할 가능성이 높고, 효과적으로 다룰 수 있는 변수가 많다는 장점이 있으나 조사대상을 피상적으로 관찰할 수밖에 없다는 단점도 있다. 조사방법으로는 우편을 이용한 조사, 전화조사 등이 있다.

(2) 면접법(interview)

인터뷰 기법이란 사람들과 직접 대화를 통해 정보를 수집하는 요구조사 방법을 말한다. 인터뷰 기법은 크게 비공식적인 인터뷰와 공식적인 인터뷰 기법으로 나눠서 설명할 수 있으며, 비공식적인 인터뷰는 계획적이지 않고 기대하지 않는 사람들을 대상으로 이루어지는 조사기법이라고 말할 수 있으며, 반면에 공식적인 인터뷰는 조사의 필요한 전문적인 지식을 가진 구체적이고 특정한 사람들과 계획적으로 이루어지는 기법이라고 말할 수 있다. 따라서 비공식적인 인터뷰는 프로그램을 개발하기 전 초기 단계로서 사용되며 공식적인 인터뷰는 프로그램 개발을 구체화하는 과정에서 사용된다. 특히 공식적인 인터뷰 조사기법에서는 획일적이고 구체적인 정보를 얻기 위해 사전에 인터뷰 가이드를 만들어야 하고, 인터뷰하는 과정에서 녹취나 내용에 대한 자세한 필기가 이루어진다. 또한 공식적인 인터뷰에서 인터뷰 대상자를 정할 때 모집단의 비율로 선출하는 인원 할당 샘플링 방법이나 조사자가 특정 집단이나 전문가 집단의 구성원을 인터뷰한 후 그들에게 다음 인터뷰 대상자를 추천받아 인터뷰를 하는 방식인 스노우볼 샘플링 방법이 사용된다.

한편, 프로그램 요구분석 중 질문지 기법을 통해 중학생을 대상으로 진로프로그램에 대한 요구분석을 실시해 보고자 한다. 먼저 질문지기법이란 조사·연구하려는 내용에 대해서 서면으로 질문을 작성하고 조사 대상자에게 기입하게 하는 방법으로 미리 준비한 질문 용지로 많은 대답을 얻어 대체적인 경향을 발견하려는 방법을 말한다. 질문지 기법은 적은 비용으로 자료를 수집 가능하고 다른 방법으로는 어려운 개인적 생활경험이나 심리를 파악할 수 있으며 통계처리가 용이한 장점을 가지고 있다. 반면에 질문지 기법은 문맹자나 표현력이 아직 미숙한 아동들에게 사용하기는 어려우며 응답 내용의 사실 확인도 힘들고 회수율이 낮은 단점을 가지고 있다. 질문지법의 형식은 자유반응형, 선택형, 체크리스트형, 등위형 등 다양하지만 여기서는 주어진 질문에 자유롭게 대답할 수 있는 자유반응형으로 질문지를 제작하여 다음과 같이 제시(예시)하고자 한다.

<중학생 진로 프로그램 개발을 위한 질문지>

- 질문1. 하루 중에 가장 많이 하는 것은?
- 질문2. 질문 1의 대답을 하면서 즐겁고 행복한가요?
- 질문3. 요즘 어떤 것을 할 때 가장 행복한가요?
- 질문4. 요즘 어떤 것을 할 때 가장 행복하지 않은가요?
- 질문5. 나의 버킷리스트는 무엇인가요? (가장 하고 싶은 것 3가지 적어보기)
- 질문6. 질문 4에서 적은 버킷리스트에서 가장 해보고 싶은 것?
- 질문7. 질문 5의 대답을 선택한 이유는?
- 질문8. 만약 지금 질문 6의 대답을 당장 시작해야 한다면 기분이 어떨 것 같나요?
- 질문9. 내가 가장 존경하고 또는 만나고 싶은 사람이 있나요?
- 질문10. 질문 9의 대답을 선택한 이유는?
- 질문11. 만약 지금 질문 9의 대답의 사람을 당장 만나야 한다면 기분이 어떨 것 같나요?

면접 시 친화관계(rapport)를 수립한다든가 질문순서를 잘 정해서 이끌어 가는 일, 질문의 초점을 상실하지 않고 피험자의 진실한 응답을 유도하는 일 등에 주의하여야 한다. 면접 시에는 특히 상대방의 지적 능력 수준, 성격, 배경, 기분 등에 따라 적절한 용어 선택을 해야 하며 질문의 속도도 조절해야 한다. 그리고 면접 시 기록하는 방법과 기록하는 행동에도 세심한 주의가 필요하다.

(3) 델파이 기법(Delphi technique)

집단의 의견들을 조정・통합하거나 개선시키기 위한 방법이다. 원래 미국의 랜드(Rand) 회사가 기술의 미래를 예측하기 위하여 썼는데, 여기에서 붙여진 이름이다. 이제는 예측뿐만 아니라 의견의 폭주 시 해결방안을 모색하는 등 여러 장면에서 쓰이고 있다. 예컨대 형성적 평가에서 유용하게 쓸 수 있어 목표설정, 목표와 측정 가능한 목적의 연결 및 규준을 설정할 수 있으며, 또한 의견이 다양한 장면에서는 욕구나 우선순위를 확인 또는 서열화하는 데 이 기법을 쓸 수 있다. 수정 형태가 있기는 하지만 이 기법은 근본적으로는 중요문제에 대하여 설문지를 우송하여 표본 개인들에게(대부분의 경우, 전문가) 일련의 집중적인 질문을 하는 것이다. 매회마다 설문에 대한 반응을 수집・요약하며 그것을 다시 표본 개인들에게 정보 송환해 주게 되는데 이에 따라 개인들은 자신의 견해나 평정을 수정해 간다. 개인들은 면대면(面對面)으로 만나지 않기에 익명(匿名)을 보장받을 수 있어 쉽게 반성적 사고를 하게 되며 새로운 의견이나 사상에 대하여 솔직해질 수 있다. 그리하여 처음의 입장이 어떠했건, 얼마나 복잡했건 간에 대립적인 의견도 폭주하며 종합되고, 위원회 방법을 향상시켜 해결자・결정자의 노릇을 하는 기법이다. 이 기법에는 단점도 있다. 즉, 의견의 합치는 초보적인 것일 뿐 반드시 최상의 것은 아니며 또한 도표작성 등에 힘도 적지 않게 든다(네이버 지식백과, 2021).

델파이 기법의 조사과정은 전형적으로 의사결정자, 직원, 응답자 등 세 집단을 참여시키게 된다. 어떤 조직에 있어서는 의사결정자와 직원이 동일집단이 되기도 한다. 델파이 방법의 기본적인 실시 절차를 요구분석과 관련하여 살펴보면 다음과 같다.

① 해당 교육 분야의 전문가 집단을 선정하여 조사 대상을 선정한다.

② 주요 교육과정 목적 또는 문제 규명과 열거를 위한 1차 질문지를 송부한다.

③ 1차 조사를 통하여 규명되고 열거된 교육과정 목적과 문제를 정리, 재작성하여 2차로 송부한다. 이때 그 목적과 문제의 중요성, 필요도 또는 성취가능성 등의 기준에 따라 등위를 매겨 평가하도록 요구한다.

④ 2차 조사 결과를 평균치, 4분 편차 등을 활용하여 통계 처리하고, 요약된 결과를 3차 질문지로 작성, 다시 송부한다. 이때 조사대상자는 자신의 지난번 평점을 수정할 수 있다. 수정 시에는 그 이유를 밝히도록 요청한다.

⑤ 3차 조사 결과를 통계적으로 다시 분석하고, 다수의 평정 결과와 소수 의견을 함께 정리하여 4차 질문지를 송부하여, 평정 의견 수정의 최후 기회를 준다. 반드시 네 번의 조사를 해야 되는 것은 아니며, 필요에 따라, 합의에 따라 두세 차례로 줄일 수도 있고 몇 차례씩 계속 반복될 수도 있다.

(4) 데이컴 법

데이컴(DACUM)은 'Developing A Curriculum'의 약자로서, 교육과정을 개발에 활용되어 온 직업분석의 기법의 하나이다. 이 방법은 교육이나 훈련을 목적으로 교육목표와 교육내용을 비교적 단시간 내에 추출하는 데 효과적이다. 데이컴은 몇 가지 가정과 전제를 두고 있다. 첫째, 전문적인 작업자는 다른 누구보다도 그 직무에 대하여 잘 기술할 수 있고, 둘째, 한 가지 직무는 해당 직업에 종사하고 있는 숙련된 사람이 수행하는 직업 명칭들로 충분히 기술될 수 있으며, 셋째, 모든 작업에는 그 작업을 올바르게 수행하는 데 필요한 관계 지식과 태도가 있다는 점 등이다.

데이컴의 방법은 8~12명의 분석 협조자(panel member)로 구성된 데이컴 위원회를 중심으로 이루어진다. 위원회는 실무자가 사전에 준비한 쾌적한 장소에 모여 2박 3일 정도의 집중적인 웍샵으로 데이컴 차트를 완성하는 것으로 작업을 마친다. 데이컴 위원회의 작업단계는 다음과 같은 절차를 통해 진행된다.

① 데이컴에 관한 오리엔테이션
② 직무 혹은 직업 영역에 대한 재검토
③ 일반적인 임무 영역의 열거
④ 임무 영역 내에서 수행되는 구체적인 작업 열거
⑤ 작업과 임무기술에 관한 검토와 수정
⑥ 작업과 임무들을 논리적인 순서에 따라 정리
⑦ 취업 초기에 필요한 작업군 구별
⑧ 필요에 의한 기타 사항 열거

(5) 결정적 사건 분석법

결정적 사건 분석법(critical incident approach)은 주로 특정 직무나 직업 종사자들을 위한 교육 프로그램 개발에 활용하기 위한 요구분석 방법이다. 특정한 일을 수행하는 데 필요한 중요한 구성요소를 해당 직무에서 경험이 많거나 높은 지위에 있는 사람으로부터 보다 구체적인 행동 기록을 얻어내는 것이다. 이러한 과정을 통해 수집된 정보는 어떤 활동에 중요한 필요조건을 공식화할 수 있게 된다. 이 방법의 장점은 획득되는 정보가 단순히 인상이나 의견보다는 구체적인 자료를 제공한다는 것과 행위자의 관점에서 직무에 필요한 요건을 포괄적으로 제시해 준다는 데 있다.

케레고로(Keregero, 1977)의 결정적 사건 분석을 활용한 요구분석의 절차는 다음과 같다.

① 연구되어야 할 구체적인 직무군을 결정한다.
② 관찰집단을 선정한다.
③ 결정적 사건의 적절한 사례를 수집한다.
④ 모든 사건들을 검증하고 구체적 기준을 충족시키지 못한 것은 제거한다.
⑤ 행위자를 범주화시키기 위한 준거틀을 결정한다.
⑥ 결정적 사건에 포함된 중요한 행위자를 구별한다.
⑦ 유사한 행위자가 가지고 있는 결정적 사건들을 포괄적 범주에 포함시킨다.
⑧ 관련된 행위자의 포괄적인 범주마다 서술적인 주제를 명시한다.
⑨ 행위자 집단을 포괄적인 범주에 맞게 분류한다. 각각에 명칭을 부여하여 행위자를 재연구하고 다시 범주화한다.
⑩ 결정적 사건 사례들을 임의로 범주화시킴으로써 일치 여부를 파악한다.
⑪ 최종적으로 범주화된 결정적 행위자의 행동을 기초로 결정적인 요구조건을 결정하고 기록한다.
⑫ 결정적 사건과 통제변인 사이의 관련성을 규명한다.

(6) 능력분석법

능력분석법(competency-based approaches)은 전문직업인들을 위한 교육 프로그램을 설계하는 데 유용한 요구분석 기법이다. 이 방법은 해당 영역의 전문가가 반드시 소유하고 있어야 할 최소한의 전문적 능력을 현재 그 전문 영역에 종사하고 있는 전문가로부터 정보를 얻는 형식을 취한다. 앞으로 전문가가 될 사람은 자신들의 능력 수준에 대해 검증을 받게 되며, 전문가가 제공한 능력 수준과 비교하여 드러나는 차이, 즉 필요한 능력을 개발시키기 위해 교육 프로그램을 설계하는 형태를 따르게 된다.

2) 요구분석의 절차와 우선순위결정

요구분석은 상황분석 → 목적 결정 → 정보의 출처 확인 → 요구분석 도구 선정 → 요구분석 계획 → 요구분석 실행 → 결과 분석 등의 절차를 거친다. 또한 요구분석에서 포함되어야 할 내용들은 문제 상황, 요구분석의 목적, 요구분석 대상, 요구분석 방법, 요구분석 절차 등이 필요하다. 이는 요구분석을 객관적이고, 과학적으로 판단하기 위함이다. 세분화하고 면밀하게 검토를 해야만 요구분석을 철저하게 분석할 수 있다.

청소년 프로그램을 기획할 때 요구분석의 과정은 필수적인 과정이다. 청소년 활동 프로그램은 기본적으로 먼저 청소년들의 요구와 필요에 근거를 두고 개발되고 실천될 때 그들의 참여와 동기를 유발시킬 수 있기 때문이다. 즉 정확한 요구조사 없는 청소년 프로그램은 완벽하게 기획을 해도 아무런 의미 없는 과정이 될 수 있다는 사실이다. 청소년 프로그램 요구분석을 하는 구체적인 목적은 청소년들에 의견을 수렴하여 요구에 대한 내용을 토대로 프로그램을 개발하면서 필요한 정보를 얻을 수 있으며, 객관적인 시각으로 개발하고 있는 프로그램의 개선방안과 문제점을 알기 위해서이다. 또한 요구분석을 통해 프로그램에 대한 당위성과 실증성을 증명하기 위해서 반드시 요구분석은 아무리 강조해도 지나침이 없다고 할 수 있다.

요구분석을 실시하는 실제적인 작업절차는 먼저 일정한 기준에 의거하여 요구조사를 실시하여 자료를 수집하고, 일정한 잣대에 의해 수집된 요구들의 우선순위를 설정하여 여과하고 이를 다시 프로그램 학습목표나 목적으로 전환시키는 과정을 거치게 된다. 요구분석을 위해 수집된 요구는 설정된 바람직한 목표와 비교 · 분석하여, 바람직한 목표와 현재 산출된 결과 사이에 어느 정도의 차이가 있는가를 분석하게 된다.

요구분석과 평가의 비교에 있어서 요구분석은 프로그램을 개발하기에 앞서 실시하여 이를 계획과 내용 선정의 과정에 반영하고자 하는 것이고, 평가는 프로그램의 실행 결과와 성취 달성도에 초점을 둔다는 점에서 차이가 있다.

요구분석과정을 통해 확인된 요구는 학습자에 따라 요구가 다르고 상황이나 입장에 따라 요구가 다를 수 있기 때문에 모두를 평생교육 프로그램에 반영시킬 수는 없다. 청소년지도자는 주어진 여건, 즉 기관의 가용자원, 주어진 교육시간 그리고 교육의 가능성 등을 고려하여 확인된 요구를 여과, 수렴하고 그것을 교육목표나 운영방침으로 반영 · 전환해야 한다.

▶▶▶ 토의 및 연구 문제

1. 청소년 프로그램 요구분석의 개념과 요구분석이 왜 필요한지 설명하시오.
2. 청소년 프로그램 요구분석의 유형에 대하여 설명하고 자신은 어느 유형이 중요한지 설명하시오.
3. 청소년 프로그램 요구분석의 절차와 우선순위결정에 대하여 설명하시오.

설계란 일반적으로 건축물, 교량 등의 구조물 또는 각종 기계 · 장치 등의 요구조건을 만족시키고 경제적으로 만들기 위하여 계획을 종합한 후 설계도를 작성하는 일이다. 하지만 청소년 프로그램 개발과 평가에 있어서 기획 및 계획을 통해 디자인을 어떻게 하느냐가 매우 중요한 부분이다. 먼저 프로그램의 목적 및 목표설정을 통한 설계가 이루어져야 하므로 프로그램의 목적과 목표는 프로그램 개발의 초점을 명확히 해주고 청소년기관의 자원을 운영하는 운영책임자, 청소년지도사, 청소년에게 프로그램의 의도를 명확하게 전달할 수 있게 하여야 한다. 따라서 실제적으로 청소년들에게 어떠한 요구조건과 특성에 맞는 프로그램을 설계할 것인가는 기관의 운영자와 프로그램을 지도하는 청소년지도사에게는 깊이 고민하고 프로그램을 설계하여야 할 것이다. 따라서 이 장에서는 청소년 프로그램의 목적과 목표설정, 그리고 프로그램 설계에 대한 전반적인 이해와 프로그램의 학습자료 개발과 자원 배분에 대한 내용을 살펴보고자 한다.

제7장

청소년 프로그램의 설계

07

학습목표

1. 프로그램의 설계를 위한 목적과 목표설정을 이해하고 설명할 수 있다.
2. 프로그램 설계의 내용을 이해하고 프로그램 설계의 개념을 설명할 수 있다.
3. 프로그램 학습자료 개발 및 자원배분을 이해하고 설명할 수 있다.

학습키워드

목적, 목표설정, 프로그램 설계, 학습자료 개발, 자원배분

1 청소년 프로그램 목적과 목표설정

프로그램의 목적 및 목표설정은 프로그램 개발의 초점을 명확히 해주고 청소년기관의 자원을 통제하는 관리 책임자, 프로그램 운영자, 청소년지도사, 청소년에게 프로그램의 의도를 명확하게 전달할 수 있게 한다. 그리고 프로그램의 목적 및 목표 진술을 명확히 프로그램의 운영 목적을 달성할 수 있을 것이다.

1) 프로그램의 목적 및 목표 이해

(1) 교육목적, 프로그램 목적, 활동목표의 개념

프로그램 개발은 청소년활동기관의 이념과 목적을 기본으로 하여 청소년들의 다양한 특성을 고려한 프로그램을 개발하는 목표지향적 활동이라고 할 수 있다.

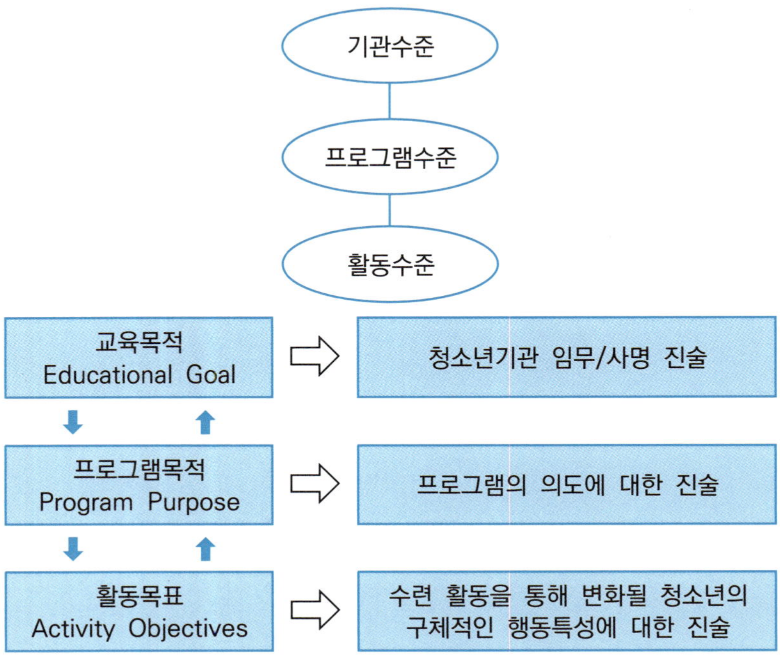

① 교육목적

교육목적은 청소년기관이 지향하는 궁극적인 이념을 구체화시켜 놓은 것이며, 이는 추상적 · 일반적으로 단기적이 아닌 장기적으로 실현될 수 있는 내용으로 하여야 하며, 교육목적의 설정은 청소년기관이 지향하는 이념, 임무와 사명에 근거하여야 한다.

② 프로그램 목적

프로그램 목적은 프로그램이 직접적으로 의도하는 바가 무엇인지를 체계적으로 명시하여야 하며, 교육목적보다 훨씬 더 구체성을 가져야 한다. 그리고 프로그램 목적의 개념 속에는 의도성이란 의미가 강하게 함축되어 있으며, 이는 프로그램에 참여한 청소년에게 어떠한 프로그램의 내용을 제공하여 그들의 지속적인 성장과 발전을 조장할 것인가?, 즉 프로그램에 참가한 청소년에게 어떠한 내용과 방법을 동원하여 개인이 직면하고 있는 문제를 해결할 수 있도록 할 것인가에 대한 프로그램에 참여한 청소년에게 어떠한 기술을 연마시켜 새로운 기회를 확대시켜줄 것인가에 대한 프로그램 목적이 설정되어야 한다.

③ 활동목표

활동목표는 프로그램에 참여한 청소년이 구체적으로 어떠한 행동변화를 가시적으로 일으켰는가에 초점을 두고, 프로그램 속에서 청소년이 의미 있게 체험한 내용이 무엇인가, 즉 청소년이 프로그램에 능동적으로 참여하여 직접 경험하고 체험함으로써 그들이 터득한 것이 무엇인가에 대한 청소년이 의도된 학습결과에 도달하기 위해서는 프로그램에 참여하는 동안 마땅히 수행해야 할 과제가 무엇인가를 확인하고 활동목표를 설정하여야 한다.

(2) 교육목적, 프로그램 목적, 활동목표의 기능

교육목적은 청소년기관이 지향하고 있는 이념을 대외적으로 드러냄으로써 청소년기관의 성립근거와 정체성을 명확히 해주는 기능을 가진다. 프로그램목적은 프로그램이 의도하는 바를 구체적으로 명시해 줌으로써 잠재적 참여자인 청소년에게 선행적 기대감을 갖게 할 뿐만 아니라 프로그램의 홍보에도 기여하게 된다.

학습목표는 프로그램에 참여한 결과로서 청소년이 얻게 되는 변화된 지식, 흥미, 태도 등 청소년의 특성을 표현하는 것이며, 목적의 달성을 위해서 계획되어야 할 학습경험의 범위를 명확하게 시사할 수 있는 기능(청소년지도사의 입장에서 본 기능적인 측면)과 교육의 내용, 방법, 방향을 규정해주는 기능을 지닌다.

그리고 수련활동이 지향할 방향을 명료하게 한다. 수련 활동에 있어서 활동의 방향, 내용, 방법이 결정되면 결국 학습목표의 달성은 용이할 수밖에 없다. 아울러 청소년의 수련 활동을 촉진 내지 활성화시키는 기능적 역할을 수행하게 된다. 또한 평가의 방향, 내용, 결과 해석의 규준 결정의 기능을 갖는 것이며, 학습목표와 평가의 문제는 결국 서로 인과관계에 있다는 것을 의미한다.

2) 프로그램 목적의 설정과 진술

청소년 프로그램 개발 현장에서 프로그램 목적을 설정하고 진술하는 것은 학습목표 설정과 진술보다 오히려 더 중요시하여야 한다.

(1) 프로그램 목적의 설정

프로그램 목적을 설정하기 위해서는 기초적인 자원으로 국가와 지방자치단체, 그리고 청소년기관이 지향하는 사회적 이념을 파악하는 것이 필요하며, 청소년기관에 재정적인 지원을 제공하는 정부나 민간단체, 그리고 여타 기관들에 의해 프로그램의 방향이 결정될 수 있다. 아울러 청소년기관을 둘러싸고 있는 제반 속성과 사회적 변화 및 동향에 의해 프로그램의 목적이 설정될 수 있다. 프로그램 목적은 청소년기관을 둘러싸고 있는 제반 환경과 매우 밀접한 관계가 있기 때문이며, 이는 청소년기관의 설립 취지와 이념은 프로그램 목적을 설정하는 데 매우 중요한 근거가 되며, 청소년의 성장, 발달, 요구, 필요, 문제해결 등은 프로그램 목적을 설정하는 데 중요한 근거가 된다.

(2) 프로그램 목적의 진술방법

프로그램 목적의 진술은 다음과 같이 4개의 요소를 포함하여야 한다. 첫째, "상황"은 청소년이 처해 있는 상황이나 청소년의 현재의 상태를 명시하며, 둘째, "대상"은 프로그램의 참여자를 제시하고, 셋째, "내용"은 청소년이 경험하게 될 프로그램의 포괄적인 내용을 명시한다. 마지막으로 "의도"는 프로그램에 참여한 청소년이 프로그램 종료 후 변화될 궁극적인 기대효과를 명시한다.

<프로그램 목적 진술의 구성요소>

- "상황": 청소년이 처해있는 상황 혹은 청소년의 상태를 명시함.
- "대상": 프로그램 참여를 명시함.
- "내용": 제공될 프로그램의 구체적인 내용을 제시함.
- "직접적 결과": 프로그램의 결과로 즉시적으로 변화된 특성을 명시함.
- "기대효과": 프로그램의 결과로 나타날 기대효과를 명시함.

- (어떠한 상황에) 있는 OO(대상)에게 (무슨: 내용) 프로그램을 제공함으로써
- (무엇: 직접적 결과)을 향상시켜 (무엇: 기대효과)하도록 하는 데 프로그램의 목적이 있다.

3) 활동목표의 영역과 유형

(1) 활동목표의 영역

활동목표는 프로그램 속에서 청소년이 체험을 통해 변화되는 행동 영역에 근거하여 진술하며, 인지적 인간행동 특성의 경우에는 지식, 이해력, 적용력, 분석, 종합, 평가가 인지적 학습 요목의 영역에 포함되어야 하며, 특히 정의적 인간행동 특성의 경우에는 수용, 반응, 가치화, 조직화, 인격화가 정의적 학습목표의 영역에 포함된다. 그리고 신체운동적 인간행동 특성의 경우에는 반사운동, 초보적 기초운동, 지각능력, 신체적 운동능력, 숙련된 운동기능, 동작적 의사소통 등이 포함된다.

(2) 활동목표의 유형

활동목표의 유형은 크게 〈표 7-1〉과 같이 8가지 유형으로 구분할 수 있다.

〈표 7-1〉 **활동목표의 유형**

유형	주요 내용
① 일반적 목표와 명세적 목표	• 일반적 목표는 활동목표의 진술내용과 표현이 추상적이고 포괄적이어서 일반성의 수준이 높게 진술된 목표를 의미 • 명세적 목표는 활동목표의 진술내용과 표현에 나타난 일반성과 포괄성의 수준이 낮지만 아주 구체적이고 명시적으로 진술된 목표를 의미
② 주목표와 하위목표	• 학습목표는 그것이 만들어지는 순서 또는 포괄성과 구체성의 정도에 따라 주목표와 하위목표로 구분 • 주목표는 활동목표 중에서 중요하고 핵심적인 목표를 지칭 • 하위목표는 일반적 목표에서 명세적 목표가 도출된다고 해서 명세적 목표를 의미
③ 궁극적 목표와 직접적 목표	• 학습성과를 시간적인 차원에 따라 구분 • 궁극적 목표는 교육 또는 어떤 프로그램을 통해 최종적으로 달성하려고 하는 목표를 진술 → 장기적 목표 • 직접적 목표는 궁극적 목표를 달성하기 위해 지금 당장 이룩해야 할 목표를 진술 → 즉시적 또는 단기적 목표

유형	주요 내용
④ 중도점 목표와 도달점 목표	• 출발점 행동목표: 출발점 행동이 학습목표 형태로 진술된 것 • 도달점 행동목표: 도달점 행동으로 진술된 목표(성과목표) • 중도점 행동목표: 중도점 행동으로 진술된 목표(과정목표)
⑤ 과정목표와 결과목표	• 과정목표: 기계류를 다루는 학습을 할 때에 기계를 사용해서 만든 제품의 양이나 질에는 관심을 갖지 않고 기계를 조작하는 과정의 절차에 관한 정확도, 신속성, 유연성 등을 다룸 • 성과목표: 기계를 어떻게 조작하든 그것을 사용하여 만든 제품의 양과 질을 중심으로 진술한 학습목표
⑥ 행동적 목표와 비행동적 목표	• 행동적 목표: 수업을 통해 변화 또는 획득되는 학습자의 행동을 '설명한다', '식별한다', '조립한다' 등과 같은 동작동사를 사용하여 외현적 행동으로 진술한 것이며 학습결과의 관찰이 가능한 목표 • 비행동적 목표: '안다', '이해한다', '기억한다', '감상한다' 등과 같이 직접 관찰할 수 없는 내현적 행동으로 표현된 학습목표를 직접 학습결과를 관찰할 수 없는 목표
⑦ 인지적 목표, 정의적 목표, 심동적 목표	• 인지적 목표: 지적 또는 사고적인 내용을 다루는 학습목표를 의미 • 정의적 목표: 흥미, 태도, 가치, 신념 등과 같은 정의적인 영역 • 심동적 목표: 근육을 움직이는 동작 또는 행동 변화와 관계되는 내용
⑧ 행동목표, 내용목표, 문제해결 목표	• 행동목표: 마땅히 학습되어져야 할 구체적인 인간 행동에 기초한 것 • 내용목표: 구체적인 인간 행동보다는 오히려 청소년이 경험하게 될 교육내용의 양에 기초한 것 • 문제중심 목표: 청소년이 반드시 해결해야 할 문제를 확인하는 방식

4) 활동목표 진술의 방법

목표는 합리성, 실천가능성, 다원성, 위계성, 차별성과 시간의 진행에 따라 변화가능성이라는 속성을 가지고 있다. 다음 〈표 7-2〉는 목표의 진술 절차를 표로 제시하고자 한다.

먼저 가장 적당한 진술방식을 결정하고, 진술방식 중에 어느 방식으로 진술할 것인가를 결정하며, 그리고 사용하기로 결정한 진술방식에 필요한 기본요건이 무엇인가를 확인한다.

〈표 7-2〉 **목표의 진술 절차**

절차	내용
목표진술의 수준	• 청소년이 달성하기를 기대하는 도착점 목표 • 도착점 목표의 하위목표라고 할 수 있는 수행목표
목표진술 시 고려할 사항	• 관찰 가능한 행동동사를 사용 • 청소년의 입장에서 진술 • 다른 목표와 조화를 유지 • 학습과정이나 학습활동을 중심으로 진술하는 오류를 피하고, 학습이 끝났을 때 기대되는 행동으로 진술
학습목표를 진술하는 절차	① 목표진술 방식의 선정 ② 학습주체의 명시 ③ 학습내용의 선정 ④ 동작동사의 선정 ⑤ 도달점 행동이 나타나는 조건 ⑥ 성취 수용 수준의 결정

둘째, 진술문(학습목표)의 주어는 청소년이 되도록 진술하며, 반드시 청소년이 주어가 되도록 진술하여야 한다. 그러나 학습목표가 간단, 명료해지도록 주어는 생략하는 것이 바람직하다.

셋째, 도달점 행동으로 진술하며, 일반적 목표는 예외로 하고 명세적 목표는 반드시 동작동사로 사용하여 "OO할 수 있다"라고 진술하고 정의적 영역의 목표는 "OO하려고 한다" 또는 "OO하고 있다"로 표현하여야 한다.

넷째, 도달점 행동이 나타나는 조건을 명시하고, 학습결과로 획득된 행동이 나타나는 조건 또는 상황을 명시한다. 그리고 도달점 행동이 표현되는 수단에 해당하는 보조동사도 명시하여야 한다.

다섯째, 도달점 행동의 수행수준을 명시한다. 도달점 행동의 수행수준은 학습결과로 획득된 행동이 행동의 양과 질을 판단하는 준거를 의미한다.

이상에서 살펴본 바와 같이 프로그램 목적과 목표를 설정하고 진술한 후 청소년지도사는 이러한 목적과 목표를 달성하는 데 필요한 프로그램의 구체적인 내용을 선정하여야 할 것이다.

2 프로그램 설계의 이해

오늘날 청소년들은 다변화 속에서 특히 4차 산업혁명시대에 청소년들의 체험 활동의 중요성은 날로 증대되고 있다. 학교 정규교육 이외의 정의적 영역의 가치관교육과 인성 및 체험교육의 중요성은 성장기에 있는 청소년들에게는 아무리 강조해도 지나침이 없다. 이처럼 청소년활동을 통해 청소년 프로그램은 다양한 영역의 활동으로 변화를 도모할 수 있는, 즉 청소년들의 특성과 요구에 대한 청소년 프로그램은 청소년 개개인들의 학습 노력을 체계적으로 도와주고 도전하는 중요한 활동이다.

따라서 청소년 프로그램의 개발을 위해 다양한 활동들이 원활하게 수행되지 않으면 프로그램은 처음 의도와 같이 진행되지 않을 것이며, 프로그램의 만족도와 효과성은 없을 것이다. 어떠한 프로그램을 개발해야 할지에 대한 목적과 필요성에 대한 부분을 철저히 검토하는 것이 중요하며, 조직과 학습자인 청소년들, 그리고 기타 내부 및 외부 요인들의 요구 또한 철저히 분석과 수용을 통해 프로그램을 개발해야 할 필요성이 있다.

1) 프로그램 설계의 개념

청소년 프로그램을 "프로그램을 운영하는 기관이 체계적으로 개발하는 총체적인 학습내용의 사전 계획과 기대하는 결과"와 같이 정의해 보았을 때, 가장 중요한 것은 학습내용을 선정과 순서를 어떻게 정해서 방향성을 잡을 것인지에 대한 문제일 것이다. 순서를 먼저 정해서 방향을 잡고 학습자들에게 효과적으로 기능을 발휘할 수 있게 하도록 구조화하는 과정 전체를 프로그램 개발이라고 정의할 수 있다.

다시 말해 프로그램 개발이란 교수-학습 경험을 선정한 후 순서를 정해서 조직하며, 다양한 관련 요인과 교육환경을 구조화해서 학습자에게 제공하고, 그 효과에 관해 평가하여 프로그램을 수정하고 보완하는 일련의 과정을 의미하는 것이다. 일반적으로 프로그램 개발은 좁은 의미로 보면 교수-학습 경험을 선정하고 그 순서를 정해서 조직화하는 프로그램의 설계라는 의미로 사용되고 있지만, 광의에서 볼 때 프로그램 개발이란 종합적인 개념으로서, ① 프로그램의 기획 → ② 프로그램의 설계 → ③ 프로그램의 개발 → ④ 프로그램의 홍보 및 마케팅 → ⑤ 프로그램의 실행 → ⑥ 프로그램의 평가 → ⑦ 프로그램의 수정 및 보완을 통한 순환적으로 운영되는 것을 말한다.

다음 [그림 7-1]은 프로그램 설계를 위한 기본 단계, 즉 프로그램 설계의 구성요소, 프로그램의 목표진술, 프로그램의 내용선정, 프로그램의 방법 선정을 제시한 것이다.

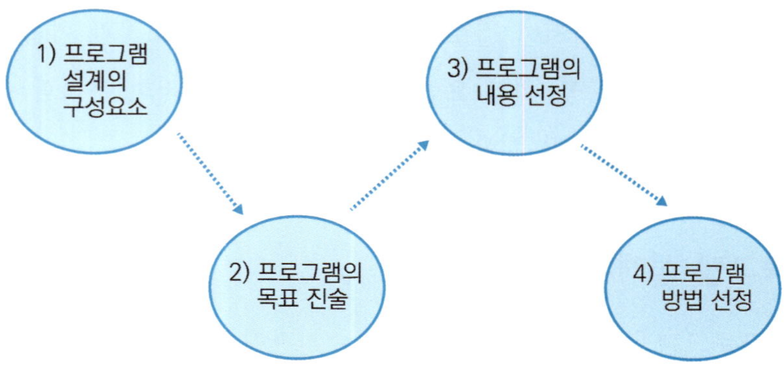

[그림 7-1] **프로그램 설계를 위한 기본 단계**

2) 프로그램 설계의 기본원리

프로그램의 기획을 통하여 설계로 이루어지는 설계단계는 매우 중요하다. 일반적으로 건축에 있어서 집을 짓는다고 할 때도 설계도면은 집의 핵심이라 할 수 있다. 따라서 청소년 프로그램에 있어서도 설계를 통하여 프로그램이 적용된다고 할 때 설계 시에 적용하여야 할 기본원리를 통하여 프로그램을 설계하여야 한다. 이에 프로그램을 설계하는 데 있어서 네 가지 기본원리를 살펴보고자 한다.

첫 번째는 역동적 상호작용 이론이다. 해당 이론은 교육과정 개발 혹은 프로그램 개발이 실제적으로는 직선적인 절차 및 단계를 따르고 있지 않는다는 것에서 출발한다. 교육과정 개발 및 프로그램 개발은 어느 요소에서라도 시작할 수 있으며, 어떠한 순서로 진행된다고 해도 무방하다는 것을 주장한다. 교육과정 개발 및 프로그램 개발에서 가장 중요한 것은 학습목표에 의해서 미리 결정된 지식보다도 학습자의 요구가 보다 더 중요하다고 보게 되는 것이다. 학습목표에서 학습내용이 결정되는 것이 아니고, 반대로 학습내용에서 그 목표가 결정되어야만 하고, 학습목표의 설정보다는 학습내용 면에 더욱 초점을 두고 있다.

아울러 프로그램 개발에 참여하고 있는 모든 사람들이 신중한 토론 및 역동적인 상호작용의 과정을 통해서 순환적이고 합의적 형태로 개발되어야 한다고 주장한다. 프로그램의 개발과정에서는 프로그램 개발자와 학습자, 그리고 조직 간의 합의가 절대적이며, 프로그램은 어느 한 사람의 프로그램 개발에 의하여 만들어진다고 보기보다는 오히려 서로 많은 영향을 끼치고 다양한 이해관계를 가지고 있는 사람들에 의해서 만들어진다.

두 번째는 전통적 합리성 이론이다. 해당 이론에서는 프로그램 개발과정을 기술적인 생산과정으로서 간주하고 있으며, 교육의 효율성 및 합리성을 증진시키기 위한 방법으로 프로그램 개발의 절차에 관련한 기술공학적인 지식을 제공하는 것에 중점을 두고 있다. 또한 교육과정 개발 및 프로그램 개발에 있어서는 고전이라고 할 수 있는 테일러(R. Tyler)의 이론에 그 토대를 두고 있으며, 학습목표와 학습 경험, 그리고 조직과 평가로 이어지게 되는 절차적인 과정에 대해 강조하고 있다.

세 번째는 비판적 실천이론이다. 해당 이론은 앞서 살펴본 전통적 합리성 이론, 역동적 상호작용이론, 순환적 개발이론이 프로그램의 개발 과정상에서 나타나는 권력관계 혹은 정치적인 요소를 간과하고 있다는 비판에서부터 출발한다. 프로그램의 개발과정은 결코 중립적이거나 혹은 탈가치적인 과정이 아니고, 정치적인 의도는 사회적인 이데올로기에서 분리되어 진공 상태에서 만들어지는 것은 아니라고 보고 있는 것이다.

이 이론에서는 프로그램 개발과정이란 전형적인 절차 혹은 단계가 있는 것이 아니고 교수자와 학습자 간의 대화를 통해서 상호작용하는 과정 그 자체를 프로그램의 개발과정이라고 규정하고 있다. 다시 말해 프로그램 개발은 학습활동을 위해 미리 만들어진 사전적인 조치가 아니며, 교수자와 학습자 간의 상호과정이고, 그 자체가 바로 학습활동 및 문화적인 행동이라는 것을 강조하기도 한다.

마지막으로 순환적 개발이론이다. 순환적 개발이론은 전통적 합리성 이론 그리고 역동적 상호작용 이론을 절충하고 있는 형태를 보이고 있다. 순환적 개발이론은 기본적으로는 전통적 합리성 이론에서 연장하여 발전하게 된 것이라고 할 수 있다. 그러나 본질적으로 논리적이고 계열적이라는 특성을 지니고 있으면서, 교육과정 개발 및 프로그램 개발을 새로운 정보 혹은 실제에 따라서 항상 변화하고 있는 지속적인 활동으로 보고 있다는 것에서 차이가 있는 것이다. 다시 말해 필요에 따라서 반응하고, 이러한 필요라는 것은 계속 생겨나며 그것에 따라 교육과정은 끊임없이 수정되고 있다.

3) 청소년 프로그램 설계가 중요한 이유

청소년 프로그램은 프로그램 특성상 청소년들의 요구에 맞는 프로그램을 운영하여야 한다. 청소년들이 지니고 있는 기본적인 특성상 청소년들의 자발적 참여를 무엇보다 중시하고 있다. 따라서 청소년들이 많은 관심을 보이고, 흥미를 느끼며, 실생활 위주로 진행되는 내용의 프로그램이 주로 개발되어야 할 것이다. 이에 따라 청소년 프로그램의 개발자는 청소년들의 흥미와 관심도를 조사하고, 학교교과 영역 외의 실생활의 중심축이 되는 청소년 프로그램을 개발하여 청소년들의 보다 적극적인 참여를 이끌어 낼 수 있어야 할 것이다.

이와 같은 노력이 주된 프로그램의 경우 청소년들은 보다 많이 프로그램에 관한 관심과 흥미를 가지게 될 것이며, 이러한 관심을 토대로 하여 청소년 프로그램은 더욱 활성화될 수 있을 것이다. 아울러 청소년교육은 학교교육과 달리 몸소 체험적인 내용 위주로 프로그램을 개발하여야 하며, 학교교육과정과 같은 형태를 가져서는 안 될 것이다. 학교교육과 같이 일방적인 지식의 전수 혹은 주입식 교육으로 프로그램이 수립된다면, 청소년들의 체험학습에 대한 참여율이 반드시 하락하게 될 것이다. 따라서 프로그램 운영을 통한 지속적으로 문제점을 개선하고 발전시켜 나가야 한다.

따라서 청소년 프로그램의 내용은 일방적이지 않아야 하며, 하나의 체험이자 학교교육 과정의 약점을 보완하는 학습의 연장이 될 수 있도록 해야 한다. 하지만 지나치게 가벼운 내용은 오락에 불과할 수 있으므로, 그 속에는 청소년들의 욕구를 충족시킬 수 있는 체험적이고 교육적인 내용이 반드시 수반되어야 한다.

따라서 청소년 프로그램 설계는 창의성과 협동성, 그리고 협력과 도전정신을 근본으로 삼고 있다. 더불어 살아가는 인간관계와 민주시민성 함양, 즉 인성교육의 핵심가치가 바로 청소년 프로그램이기에 설계는 그만큼 중요하다는 것이다. 청소년 프로그램을 통해 바람직한 자아실현과 청소년들로 하여금 보다 성숙한 민주시민의 의식을 고취 및 성장시키는 것에 큰 도움이 될 수 있다. 그러므로 청소년 프로그램 설계는 성숙된 시민의식의 자질을 바탕으로 하여 프로그램 설계에 있어서 이러한 성숙한 시민의식과 가치관 및 인격형성에 반드시 투영해야 할 것이라고 생각한다.

프로그램 설계(program design)는 전 단계에서 확인된 청소년의 요구 및 필요와 프로그램 개발의 기본 방향에 맞게 프로그램의 목적과 목표를 설정하고, 이것과 관련된 프로그램 내용을 선정 · 조직하고, 지도방법을 체계화시키고, 교육매체를 개발하는 단계를 말며, 이 단계에서는 프로그램의 형태에 따라 접근방식이 달라진다. 프로그램의 형태는 활동체계의 설계, 활동내용의 설계, 활동방법의 설계, 활동매체의 설계 등 프로그램 설계는 가장 많은 노력과 인내가 필요하며, 가장 정교해야 한다.

따라서 프로그램 설계에는 [1] 프로그램 목적 및 목표 설정, [2] 프로그램 내용 선정, [3] 프로그램 내용 계열화, [4] 활동체계 설계, [5] 활동내용 설계, [6] 활동운영 설계, [7] 활동매체 설계 등이 포함된다.

3 프로그램 학습자료 개발 및 자원배분

1) 청소년 프로그램 학습자료 개발의 중요성

청소년 프로그램 학습자료 개발에 있어서 4차 산업혁명시대에 청소년들의 특성과 요구를 통한 창의인성교육의 중요성을 통한 프로그램의 개발이 중요시되고 있다. 지식과 정보가 중요시되고 있는 21세기 지식정보화사회에서는 과학 기술의 발달로 변화가 더욱 가속화되고 있다. 이에 빠른 기술변화에 즉각적으로 대처하고 이러한 변화를 이끌 수 있는 인재의 역할이 중시되고 있다. 미래의 인재란 이런 변화에 대처하기 위하여 창의적이고 유연한 사고를 바탕으로, 변화하는 환경 속에서 역동적으로 자신의 능력을 발휘하면서도 타인과 공감하고 소통할 줄 아는 사람을 말한다. 이러한 미래 인재 양성을 위해 학교 교육에 변화를 추구하고 있다.

청소년 프로그램 학습자료 개발에서 그 주체인 청소년지도사와 청소년은 당연히 이 자료를 가지고 하는 체험학습의 중요함을 느끼면서 흥미롭게 시행되어야 할 것이다. 체험학습 시간의 흥미를 높이기 위한 부분에 각별한 신경을 써서 학습자료가 개발되고 만들인 만큼 사전에 프로그램의 시연을 통해 문제점을 보완하여야 한다.

한편, 창의·인성교육이란 창의성교육과 인성교육의 독자적인 기능과 역할을 강조하고 동시에 두 교육의 유기적 결합을 통해서 창의성, 인성, 사회문화적 가치와 풍조성, 올바른 인성과 도덕적 판단력을 구비한 창의적 인재를 육성하는 교육이다. 창의·인성교육의 방향은 새로운 가치를 창출하고, 동시에 타인과 더불어 살아가는 인재를 양성하는 교육을 목표로 한다. 이를 위하여 유연하고 다양한 교육, 문제해결을 중시하는 교육, 교과와 체험활동의 융합, 과정과 결과에 대한 종합적 평가를 중시하는 교육으로 변화한다(한국과학창의재단, 2013). 이와 같이 교과 영역 외의 청소년 프로그램 개발도 창의인성교육과 창의융합교육적 차원에서 청소년들의 욕구와 특성 및 요구를 수용하고 적용하여야 한다.

2) 청소년 프로그램 학습자료 개발의 사례

(1) 학습자료 개발(예시)

① 첫 번째 프로그램명: 나는 걷는다

- 개요: 청소년들의 걷기를 통한 힐링 프로젝트
- 활동목표: 보호관찰 대상 청소년을 위해 운영해온 프로그램으로 정서의 환기와 내적 성장을 일으킨다.
- 프로그램 시행기관명: 강원도교육청
- 대상: 보호관찰 대상 청소년
- 참가인원: 10명 내외
- 전체 회기수: 1년 1회
- 진행 및 활동 내용: 제주 올레길을 대상자 학생들과 선생님 3인 1조로 묶여 5박 6일 코스 순회

② 두 번째 프로그램명: 가족캠프 4시간 프로그램

- 개요: 부모와 청소년이 함께 미션을 수행하며, 서로의 마음을 알아가는 소통의 시간
- 활동목표: 가족 간의 친밀한 관계를 형성하고 가족의 본질을 확인하며 일상에서 나누지 못했던 진솔한 얘기를 나누며 가족의 안부와 환대를 상기하는 시간을 갖는다.
- 프로그램 시행 기관명: 한국청소년센터
- 대상: 지역 내 가족단위
- 참가인원: 40여 명
- 전체 회기 수: 1회 4시간
- 진행 및 활동 내용: 가족 소개, 팀미션 수행(무인도 탈출하기 등), 액티비티 활

동, 마음고백 소통의 장 마련

(2) 청소년 프로그램 개발의 차별화 전략

기존의 청소년 프로그램의 개발 목적은 안정적으로 프로그램이 구성되어 있고 지도사와 장소, 준비물이 구비되어 있다. 하지만 그러한 프로그램이 문제의 본질을 해결해 주기에는 부족하다고 생각하며 보완되어야 할 사항으로서 더 구체화되고, 프로그램이 지속성과 유지발전 가능성을 염두에 두고 개발하여야 한다. 한편, 기존 프로그램과 본인의 프로그램의 차별성에 있어서 기존의 프로그램이 이미 존재하고 있는 문제를 해결하기 위한 목적인 데 반하여 새롭게 개발하는 프로그램은 청소년의 가능성에 초점을 맞춰 몸소 체험할 수 있는 재능을 개발하는 것이 차별화 전략이다.

(3) 청소년 프로그램 개발에 대한 사례분석

① 프로그램명: 자기개발(문학) 프로젝트

개요 구성한 프로그램은 자기개발 프로젝트이다. 학창시절 학업 외에도 저마다 재능이 있는 분야가 숨겨져 있지만 획일화된 교육과정에서 그러한 잠재능력을 발휘하기가 힘들다. 음악이나 미술, 예체능의 여러 분야도 그렇지만 수학이나 과학, 문학 등 일반적인 과목 중에서도 두각을 나타내지만 다른 형식적 교육방법에 의해 흥미를 잃어버려 재능을 상실하는 경우도 많다. 그런 의미에서 과목 중 분야 하나를 정해 흥미가 있는 청소년 참가자들을 소집단 규모로 모집하여 프로그램을 구성하여 능력을 개발시키는 과정을 구성하고, 해당 분야의 멘토를 통해 계속해서 숙련해나가 재능을 꽃피울 수 있게 하는 프로그램이다.

기대효과 먼저 청소년 시기에 학생의 본분은 학업임이 분명하다. 하지만 배움을 넘어 자신이 관심 있는 학문 분야에 특정하여 재능을 꽃피우는 것은 인간의 본분이기도 하다. 획일화된 교육에 참가하여 점수를 획득하는 것보다 특정 분야의 재능을 성장시키는 것이 사회와 인류에게도 훨씬 이득이 되는 행위인 것이다. 무엇보다 청소년 스스로 재능을 넘어 특정 분야에 흥미를 느끼고, 숙련의 과정을 거쳐 본인만의 가치를 획득하는 것이 성장에서도 큰 밑거름이 될 것이다. 학업이라는 목적에만 집중하여 인간이 궁극적으로 추구해야 하는 '행복'이라는 가치를 상실하는 것은 슬픈 이야기일 것이다. 해당 프로젝트를 통해 대상자 스스로가 원하는 성취에 집중하게 해줄 수 있다면 원하는 결과를 얻지 못하더라도 학창 시절의 소중한 기억으로 남을 것이다. 이는 정서의 발달과 안정에도 큰 도움이 될 것이다.

무엇보다 해당 청소년 프로그램 개발의 가장 큰 기대효과는 선례를 남긴다는 것이다. 사회가 요구하는 가치보다 학생 개인이 스스로의 목표를 설정하고 그것을 실천하는 것은 분명 가치 있는 일이라고 생각한다. 이러한 도전은 학생 본인뿐만 아니라 주변에도 영향을 미칠 것이기에 청소년의 입장에서 도전과 목표의 성취는 필요하다고 생각한다. 프로젝트성으로 구성된 소집단이 특정 분야에 몰두하여 학습하고, 멘토를 통해 숙련의 과정을 거쳐 성장하며, 내부적으로 관계도 형성하며 일정을 무사히 마친다면 자기개발 사례의 좋은 선례가 될 것이다. 다만 그러한 도전이 대상자들의 학업을 방해할 정도여서는 안 될 것이고, 계획적으로 시간을 명확하게 분할 투자하여 실행할 수 있는 것이어야 한다. 또한 그런 시간 투자로 꾸준히 할 수 있는 과정이어야 할 것이다.

무엇보다 사회에 물들기 직전 창의력이 발달할 수 있는 청소년 시기에 '문학'이라는 장르를 공부하고, 직접 작품을 쓰는 활동을 하는 것은 잠재능력을 성장시키는 과정이다. 수업시간에 배우는 문학과 실제로 쓰는 실전 문학은 다르다고 생각하는데 작품을 읽고 쓰는 것에는 관심이 있지만 이론으로서 문학에는 관심이 없는 재능인들을 발굴하여 성장시킬 수 있는 기대효과가 있다. 해당

과정이 그런 의미가 될 수 있도록 자기개발 프로젝트를 준비하여 학습과 성장하는 과정을 기획해보았다.

전체 활동목적 및 목표 측정 가능한 내용으로 기술(예, 새로운 친구들과 친밀감을 형성한다. 분노를 비롯한 다양한 감정에 대해 안다). 즉 문학에 대한 관심을 넘어 정기적으로 모여 직접 습작하며 작품을 쓰고, 분야별 멘토와 만남을 통해 직접 코칭을 받음으로써 재능을 끌어올리고 성장한다.

- 〈대상〉 시와 소설 등 문학에 관심을 가진 청소년
- 〈참가인원〉 00명
- 〈전체 회기 수〉 4회
- 〈회기별 시간〉 3개월
- 〈각 회기별 목표〉 2번의 회기가 끝날 때마다 참가 대상자들의 시와 소설 작품을 엮어 문집으로 발행하고 소장한다.
- 〈각 회기별 진행 및 활동내용〉 '도입, 전개(활동1, 활동2), 정리'로 구분하여 제시하고, 다루고자 하는 내용을 간단히 기술
  Ⓐ 도입: 소집단 내에서 선호하는 문학의 종류로 구분하여 파트를 나누고, 작품 활동 목표와 선호하는 작가 멘토를 선정한다.
  Ⓑ 전개: 정기적으로 주제를 정해놓고 작품을 창작하는 활동을 하고, 서로 합평한 뒤 선정된 멘토를 통해 또 한 번 평가 받는다. 그리고 회기가 끝나는 분기에 멘토와의 만남을 통해 직접 코칭을 받는다.
  Ⓒ 정리: 2번의 회기가 끝나는 시점마다 완성된 작품을 모아 문집으로 엮어내 소장한다.

회기별 참고자료 및 회기별 준비물 청소년 프로그램 회기는 2회기 이상 구성하여야 하고, 전체 회기가 연결성이 있어야 한다. 그리고 회기별 준비물은

참여자마다 작품을 기록할 수 있는 노트와 펜, 전체 작품을 수집하여 기록하는 노트북, 모임 교실 등이 필요하다.

종합분석 자기개발 프로젝트는 문학뿐만 아니라 다양한 장르로 시도할 수 있는 재능개발 프로그램이다. 우려되는 문제가 있다면 참가자들의 성향에 따라 성과가 나지 않아 중도포기하거나 흥미를 잃고, 혹은 모임의 의도와는 다른 방향으로 흘러갈 수 있다는 것이다. 또한 해당 프로그램에 지나치게 몰입하여 학업 성취를 방해할 수 있다는 것, 자기개발의 과정에서 실패했을 경우 심각한 좌절을 겪을 수 있다는 것, 도중에 부모님의 반대나 학교생활에 문제를 일으키는 등 기타 환경의 요인으로 한계가 발생할 수 있다.

그렇기에 프로그램 기획자이자 지도자로서 초기 모집부터 상담, 운영목표와 실행에서 대상자가 방향을 찾을 수 있도록 돕고, 평가 과정에서 적절하게 조언하며, 각자 원하는 방향을 이끌어낼 수 있게 도와야 한다. 이러한 프로그램의 실행으로 앞서 말한 기대효과 외에도 자존감을 높일 수 있게 도우며 정서의 환기, 심리적 치유하는 치유의 효과도 나타날 수 있다. 결론적으로 자기개발 프로그램을 개발하는 과정에서 중요한 것은 우리 사회의 다양한 청소년들의 욕구를 충족해주기 위해서는 청소년이 원하는 것과 필요한 것이 무엇인지 프로그램 개발자는 청소년들의 특성을 반드시 이해하여야 한다. 말로 표현하지 못하는 것이 재능의 영역이라 생각하는데 청소년마다 관심을 가지는 분야도 저마다 다양하며, 독특한 특성을 통하여 각각의 특성에 적용할 수 있는 창의융합적인 프로그램을 개발하여 적용하는 것도 염두에 두어야 할 것이다, 이런 의미에서 재능을 개발시켜주고, 창의력을 길러줄 수 있는 프로그램의 개발이 중요한 정책적 과제라고 할 수 있다.

② 프로그램 개발 및 지도안

학습 주제	조별로 나무 한 그루씩 만들어서 초대형 숲을 만들어본다. (화합과 협동심 향상)		
학습 목표	1. 조별로 신문지나 골판지 등을 이용하여 크고 작은 나무 한그루씩 만들어 가는 과정을 통해 창의적인 사고와 협동심을 기르는 데 목표를 둔다. 2. 조별로 만든 나무들을 통합하여 숲을 만드는 과정을 거치면서 문제해결능력과 협동심을 또 다시 상기시킨다. 3. (1, 2) 학습목표를 통하여 개개인의 역할의 중요성을 일깨워주고, 소단위에서 대단위로 거쳐 가는 과정 속에서 다시 한 번 자신감과 화합, 협동심, 성취감을 길러주는 데 학습목표를 둔다.		
일시	2013년 5월 5일 (일요일)	프로그램 자료	현실성 있고 사회성을 길러줄 수 있는 각종 포트폴리오
장소	잔디가 있는 넓은 어린이 대공원 (대구 달성공원)	기자재 등	대형스크린(내용설명 및 음악) 스피커, 그늘막(쉼터용), 응급함, 청소년육성단체 배포용 전단지, 골판지, 색마분지 등
대상	대구시 북구에 위치한 남, 여 중학생	경비	(약 500만 원)
지도자	청소년 육성기관 종사자 및 보육기관 종사자	담당자	청소년 육성기관 종사자

단계	시간 배분	프로그램 내용 및 방법	담당자	기자재	유의점	평가
도입	20분	지도자는 대상 청소년들을 동심의 세계로 유도하기 위해 동요(음악)를 들려주면서 아동기의 기억을 떠오르게 한다. 참가자는 아동기 때의 어린이집, 유치원 등 수업을 떠올리면서 흥미를 가진다.	보육기관 종사자	신문지, 골판지, 의자, 사다리, 테이프 등	참가자들에게 신뢰감과 인격 존중에 유의	조별 참가자들의 경청자세 및 질서 등
전개	60분	지도자는 청소년들에게 각종 재료를 사용하여 크고 작은 나무를 만드는 방법을 설명하고, 완성된 작품들을 일괄 모아서 실제 숲처럼 꾸미기를 유도한다. 이러한 상황에서 서로 돕는 과정에서, 서로 화합과 협동심을 길러주는 데 목표가 있다는 것을 암시한다. 참가자는 나무와 숲을 어떤 방법으로 만들 것인지 생각하고, 화합과 협동을 통하여 여러 종의 나무를 만들어 본다.	보육기관 종사자	의자, 사다리, 테이프, 색마분지, 가위, 풀 등	유머 있는 언행으로 설명하고 강압과 억압적인 태도는 배제	(성실성, 창작성) 작품의 완성도 50% 의견 충돌 시 적절한 대처와 화합과 협동심 50%

심화 (발전)	80 분	지도자는 청소년들이 나무(숲)를 만드는 과정에서 어떤 마음으로 만들고 있는지? 낯선 사람들과 함께 작업을 하면서 어떤 생각이 들고 있는지? 파악하고, 또 나무(숲) 표현방법에 대해 질문과 답변을 주고받으면서 유머 있게 대화를 이끌어낸다. 참가자는 느낀 점과 해결과정에서 슬기롭게 대처하는 방법을 생각해 보고 성취감을 느껴본다.	청소년 육성기관 종사자	상동	개방적인 마음과 순조로운 이사소통을 유지	느낀 점과 문제해결능력 및 성취감 확인
정리	20 분	지도자는 완성한 작품과 만드는 과정 속에서 요구(화합과 협동심)했던 바를 설명하고 인지시켜주며 우리 청소년들이 낯선 사람들과의 대면, 즉 사회성을 길러주는 데 학습목표가 있었다는 것과 앞으로도 모든 일에 화합하고 협동하면 해낼 수 있다는 것을 전달한다. 참가자는 완성된 전체 작품들을 감상하며 어떤 방식으로 문제를 해결하고 협동했는지 재정리하고 앞으로 어떤 일이든 잘 해낼 수 있겠구나!하는 자신감을 갖는다.	청소년 육성단체 종사자 및 보육교사	음료수 및 간단한 간식	다소 부족한 부분이 있더 라도 좋은 방향으로 평가하고 성취의욕이 향상되도록 자신감과 응원을 아끼지 않는다.	청소년들의 책임감 및 배려심 그리고 결과물의 잠재력과 창의력 평가
합계	180 분	지도자는 참가자들을 격려하고 하루 일정을 마치면서 참가자들과 기념 촬영을 하며, 주변 정리 유도와 화합으로 마지막까지 문제해결과 성취감을 가질 수 있도록 지도한다. 마지막까지 지도자들은 환자 점검 및 안전한 귀가를 위한 교통지도에 최선을 다하는 모습을 보이며 청소년들이 질서 의식을 기를 수 있도록 도와준다(더불어 다양한 청소년 프로그램 설계를 통해 개발하고 홈페이지를 이용하여 청소년들의 다양한 아이디어와 창작 프로그램 공모도 주관해 보며, 자연스럽게 건전한 사고와 참여의식을 유발시켜 본다).				

앞서 설명하였듯이 결론적으로 청소년 프로그램 설계의 전제 조건은 먼저 프로그램 설계자의 청소년활동의 개념인식과 목적 및 목표의 분석을 통한 연계능력이 필요하다. 즉 청소년 프로그램을 제공하는 목적과 목표의 관계성이 중요하다는 것이다.

이를 위해 첫째, 프로그램 설계의 목적은 청소년들이 해야 할 행동에 대한 이해를 통해서 스스로의 삶에 긍정적 영향을 미치도록 해야 하며, 나아가서 균형 잡힌 삶을 유지하도록 하는 광의적 개념(Macro Approach)으로 의미로서 프로그램의 수행의미와 필요성을 포괄적으로 설명할 수 있는 접근이다.

둘째, 프로그램 설계의 목표는 청소년의 균형 잡힌 삶의 실현에 필요한 구체적인 행위나 행동 또는 청소년들이 스스로 가지고 있는 판단과 문제행동의 개선에 필요한 유발인자를 찾아 제거하거나 보완해 나가는 구체적인 행동을 말하는 것이다.

따라서 목표는 프로그램 설계과정에서 청소년들의 성장에 필요한 구체적인 요인을 미시적 접근(Micro Approach)으로 해결하도록 하는 것이다.

▶▶▶ 토의 및 연구 문제

1. 프로그램의 설계를 위한 목적과 목표설정을 설명하시오.
2. 프로그램의 설계 내용에 포함할 사항과 프로그램 설계 개념을 설명하시오.
3. 프로그램 학습자료 개발 및 자원배분에서 중요한 영역은 무엇인지 설명하시오.

청소년 프로그램 개발과 평가에 있어서 마케팅과 홍보는 기관의 가장 중요한 핵심 업무이다. 프로그램을 개발하고 개발된 프로그램을 수요자에게 어떻게 홍보할 것인지도 너무나 중요한 과제인 것이다. 마케팅과 홍보에 대해서 청소년기관의 경영자와 지도자는 최소의 비용으로 최대의 효과와 교육적 성과를 낼 수 있는 방법에 대해서 고민을 해야 할 것이다. 따라서 프로그램을 실행하기 위해선 마케팅과 홍보가 중요하다는 사실은 아무리 강조해도 지나침이 없을 것이다. 이 장에서는 마케팅이 왜 필요한지, 마케팅 전략을 세울 때 어떤 점들을 고려해야 하며, 어떤 점을 지양해야 하는지, 그리고 프로그램을 완성하고, 실행하기 위해선 가장 중요한 수요자 즉 청소년이 있어야 하는데, 여기서 마케팅과 홍보가 없다면 아무리 좋은 프로그램이라 할지라도 청소년들을 참여시킬 수 없을 것이다. 효율적인 프로그램을 잘 운영하기 위해서는 먼저 청소년들의 요구에 맞는 프로그램의 개발과 실행에 앞서 우선 마케팅과 홍보를 통하여 수요자들이 참여를 통해 프로그램이 수행되고 운영된다는 것을 인식하여야 할 것이다.

제 8 장

청소년 프로그램의 마케팅과 홍보전략

08

학습목표

1. 청소년 프로그램 마케팅의 개념에 대하여 이해하고 설명할 수 있다.
2. 청소년 프로그램 마케팅 전략을 이해하고 설명할 수 있다.
3. 청소년 프로그램 홍보전략을 이해하고 방법 및 전략을 설명할 수 있다.

학습키워드

마케팅, 홍보전략, 홍보방법

1 청소년 프로그램 마케팅의 이해

1) 프로그램 마케팅의 개념과 정의

프로그램 마케팅이란 청소년교육기관이 개발된 프로그램에 청소년들의 참여를 유도하기 위해 취해지는 여러 가지 조치를 포괄적으로 지칭하는 개념이다. 홍보, 진흥, 광고 등을 통해 청소년 프로그램을 잠재적 고객들에게 알리고 그들의 참여를 적극적으로 유도하고 촉진시키는 방법에 대해 연구하고, 분석하고, 판단하는 포괄적인 개념이다(Knox, 1989). 따라서 학습고객의 필요를 결정하고, 이러한 필요들을 충족시킬 수 있는 프로그램을 개발하고 실행하며, 또 그것의 성공 여부를 평가하는 모든 단계를 포함하는 매우 포괄적인 과정이라 할 수 있다.

한편, 마케팅이란 단순히 물건이나 용역의 판매에만 사용되는 개념이 아니라 보다 광의적인 상황에서도 적용될 수 있는 포괄적인 개념으로 이해된다. 소비자에게 상품과 용역을 파는 영리회사와 마찬가지로 많은 청소년 교육기관 역시 청소년교육 현장에서 프로그램을 잠재적 고객에게 알리고, 그들의 참여를 적극적으로 유도하고 촉진시키는 것은 매우 중요하다.

따라서 청소년 프로그램 마케팅을 이해하려면 먼저 청소년 프로그램의 속성에 대하여 2가지 측면을 고려하여야 할 것이다. 첫째, 서비스지향 프로그램(service oriented program)이다. 이는 프로그램에 참여한 청소년들에게 경제적 지출을 요구하지 않은 프로그램이며, 청소년들의 호응을 얻지 못하고, 그들의 참여가 이루어지지 않는다면, 그 기관은 지속적인 공적지원을 얻기 힘들게 되고, 결국 그 기관의 필요성에 문제가 제기될 수가 있다는 것이다. 마지막으로 시장지향 프로그램(market oriented program)이다. 이는 프로그램에 참여한 청소년들에게 경제적 비용지출을 요구하는 프로그램이며, 프로그램을 통해 경제적 보상을 받아야 하므로, 보다 많은 잠재적 학습고객의 참여를 고려해야만이 프로그램의 마케팅에서 효과를 볼 수 있다.

2) 프로그램 마케팅의 의미와 필요성

(1) 의미

마케팅이란 위에서 언급하였듯이 소비자의 요구와 욕구를 파악하여 그것을 충족시키기 위한 제품이나 서비스를 제공하는 것이다.

프로그램 마케팅(program marketing)이란 프로그램에 잠재적 고객(학습자)의 참여를 유도하고 촉진시키기 위해 취해지는 조치를 말하며, 프로그램 설계가 완료되면 프로그램 개발 전문가는 잠재적 고객들의 참여를 유도하고 촉진하는 데 관심을 기울여야 한다. 그리고 청소년기관들이 프로그램에 고객의 참여를 유도하기 위해 여러 가지 조치를 취하게 되는데 이것을 포괄적으로 지칭하는 것이 프로그램 마케팅이라 할 수 있다. 프로그램 마케팅과 유사한 용어로 협의적인 의미의 진흥(promotion)과 리크루팅(recruiting), 광고, 홍보 등이 있는데 이들의 공통점은 잠재적 학습자의 참여에 관심을 갖는다는 것이다.

따라서 프로그램 마케팅에는 [1] 잠재적 고객 분할, [2] 프로그램 마케팅 방법 및 기법 결정, [3] 프로그램 마케팅 자료 및 매체 제작, [4] 프로그램 마케팅 실행 등이 포함된다.

(2) 마케팅이 필요한 이유와 필요성

마케팅이 필요한 이유로는 첫째, 청소년에 대해서 사회적 관심과 지원이 높아졌기 때문이다. 청소년이 우리 사회의 미래 구성원으로서 중앙정부, 지방자치단체에서 다양한 측면에서 청소년과 관련된 프로그램을 확대하고 지원을 강화하고 있다. 그리고 청소년에 대한 국가적·사회적 관심과 지원이 급증현상이다. 이는 가정의 구성원으로서뿐만 아니라 사회의 예비 주체들로서 청소년의 위상이 강화되고 있고, 청소년을 위한 정부의 관심이 증가되고 있는 추세이므로 이에 따라 청소년기관들의 청소년들에 대한 적극적인 대처의 필요성이 증가하고 있다.

둘째, 학교 중심의 지식 위주 교육이 아닌 지역사회에서 체험활동을 강화할 수 있기 때문이다. 학교 밖 교육을 통해 창의적인 체험활동을 확대하고 창의성을 개발할 수 있다.

셋째, 청소년 프로그램에 대해서 요구가 증가했기 때문이다. 최근에는 청소년 개인의 요구에 초점을 맞추면서 만족도를 높이기 위한 노력들이 이루어지고 있다. 사회가 점차 다양화/다원화되면서 청소년들의 요구도 이와 비슷한 양상을 띠고 있다. 지금까지 청소년 프로그램에 대한 청소년들의 요구는 주로 프로그램 내용 중심의 단순한 것이었다. 그러나 최근에는 프로그램의 목적과 내용뿐만 아니라 운영방식, 시설, 강사, 주변 환경 등 다른 측면에 대한 요구도 매우 세부적이고 다양하게 나타나고 있다. 그러므로 청소년기관들도 이러한 청소년들이 요구에 부응하기 위해 보다 많은 노력을 기울이지 않을 수 없게 되었다.

넷째, 청소년기관과 청소년 프로그램을 제공하는 매체들의 급격한 증가 현상이다. 청소년들의 참여를 유도하기 위해 해당 기관들의 보다 적극적인 노력이 필요하다. 최근 사회복지 차원에서 중앙정부나 지방자치단체가 직·간접적으로 운영하는 비영리적 성격의 청소년기관은 물론, 지식산업의 팽창과 맥을 같이하는 영리적 성격의 기관들이 급증하고 있다. 이와 더불어 시민사회의 성숙과 더불어 시민단체나 복지기관 등에서 제공하는 청소년 프로그램들도 급격히 늘고 있다. 청소년기관들은 유사한 프로그램을 제공하는 다양한 유형의 청소년기관들과 청소년들의 참여를 확보하기 위한 전 방위적인 경쟁을 하게 되었다. 이에 따라 청소년기관들도 청소년의 요구에 부응하는 보다 적극적인 자세가 필요하게 되었다.

3) 청소년 프로그램 마케팅의 이론적 근거

일반적인 의미에서 마케팅이란 소비자의 요구와 욕구를 파악하여 그것을 충족시키기 위한 제품이나 서비스를 제공하는 경영 활동을 말한다. 즉 집단의 동질성, 이질성 등을 고려하여 분류함으로써 봉사 대상에 초점을 맞추어 집단에서 자기의 위치를 견고히 함과 동시에 소비자들의 필요를 충족시킬 수 있는 서비스를 개발 · 창조하는 것이다. 따라서 마케팅은 고객의 관점에서 출발하여 그들의 필요를 더 잘 충족시켜 줄 수 있기 위해 노력하는 것을 말한다. 따라서 마케팅의 관점에서 소비자는 '고객(customer)'으로 존중된다. 이런 마케팅 개념은 현재 '고객만족', 더 나아가 '고객감동'이라는 구호와 함께 일반화되고 있으며, 기업은 물론 비영리 기관과 정부의 경우에도 광범위하게 적용되고 있다. 마케팅 이론을 하나의 사회적 기술로 파악하고 영리를 목적으로 하는 활동 이외의 분야에도 적용하려는 노력이 계속되고 있다. 이러한 비영리 마케팅의 원리가 청소년기관에도 적용되는 것은 이러한 이론적 근거를 기반으로 한다.

아울러 코틀러의 보편적 마케팅의 네 가지 원리는 첫째, 마케팅은 사람들이 벌이는 활동이며, 둘째, 상대방으로부터 일정한 내용과 방식의 반응을 기대는 것이다. 셋째, 반응을 얻을 확률은 고정되어 있지 않으며 가변적이다. 마지막으로, 마케팅이란 반응을 얻을 확률을 높이기 위한 활동이 마케팅의 네 가지 원리이다.

2 프로그램 마케팅의 전략

1) 청소년 프로그램 마케팅의 기본 과정

비영리 마케팅에서 일반적인 절차로는 먼저 기관과 단체의 고유한 이념과 목적을 설정한 후 외부 환경을 분석한다. 그 후 조직의 강점과 약점에 대한 분석을 하고 마케팅의 목표를 설정한다. 설정 후에는 마케팅 전략을 형성하고 이를 실행할 계획을 형성하며 실행한다. 마지막으로는 피드백과 통제를 하게 된다.

마케팅 기법은 다양한데 광고와 홍보, 홈페이지, 이메일, 리플릿, 구두전달, SNS 등을 이용한 기법들이 있다.

청소년기관의 발전을 위해서는 청소년기관만의 고유한 특성에 맞는 마케팅의 원리를 개발해야 한다. 청소년 마케팅의 일반적 진행 과정은 ① 사명의 정립, ② 기회 및 위협의 분석, ③ 조직의 강점과 약점 분석, ④ 마케팅 목표의 설정, ⑤ 마케팅전략의 형성, ⑥ 실행계획 형성과 실행, ⑦ 피드백과 통제, 이 과정을 거치게 되는데 ②, ③의 과정은 'SWOT 분석'이라 한다. 이러한 마케팅의 일반적 진행과정을 구체적으로 다음과 같이 설명하고자 한다.

(1) 사명(mission)의 성립

미션은 비전을 가장 효과적으로 이루기 위한 방법을 의미한다. 미션을 선택하기 위해서는 프로그램에 대한 현재 가지고 있는 내·외적인 자원을 알아야 그것을 가장 효율적으로 활용할 수 있는 방법을 선택할 수 있다. 청소년들의 적성이나 성격에 대한 통찰, 성장환경, 교육환경, 가치관 같은 청소년들의 경험에 대해서도 잘 알아야 한다.

(2) 기회(opportunities) 및 위협(threats)의 분석

기회 및 위협의 분석으로 청소년기관을 둘러싼 거시적 환경을 분석하는 것이고, 청소년들의 주변 환경을 분석하여 청소년들의 장점과 단점을 확인하기 위한 도구로써 프로그램 마케팅을 위해 유용하게 활용할 수 있다.

(3) 조직의 강점(strengths)과 약점(weakness)의 분석

조직의 강/약점 분석은 청소년기관 내부에서 관리 및 동원 가능한 인적·물적 자원의 장단점을 분석하는 것이다. 즉, 기회 및 위협의 분석과 조직의 강/약점 분석을 통틀어 SWOT 분석이라고 칭한다.

(4) 마케팅 목표의 설정

이전까지의 분석을 바탕으로 청소년기관의 성장률, 청소년의 참여 증가율, 청소년의 만족도 증가율과 같이 성취해야 할 목표를 구체적인 수치로 설정하는 것이다.

(5) 마케팅 전략의 형성

마케팅 전략이란 마케팅 목표를 달성하기 위해 청소년 표적 집단을 어떻게 선정하고 어떤 수단을 활용할 것인가를 다루는 것이다. 마케팅 전략은 크게 'STP 전략'과 '마케팅 혼합전략(marketing mix strategy)'으로 구성되어 있다.

① STP 전략: 청소년집단을 '세분화(Segmentation)'하고, 거기서 특정 청소년기관이 주로 대상으로 삼고자 하는 청소년 집단을 '표적집단으로 설정(Targeting)'하고, 표적화된 청소년 세부집단을 만족시켜주기 위해 다른 청소년 관련 조직과 '차별된 위치(Positioning)'를 잡는 것을 'STP 전략'이라 한다. 먼저 집단세분화는 프로그램에 참여할 가능성이 있는 청소년집단을 세분화하는

것으로, 집단은 다양한 욕구와 상이한 구매능력을 가진 소비자들로 구성되어 있으며 이들의 needs를 모두 만족시키는 것은 불가능하다.

② 마케팅 혼합전략: 표적 집단으로부터 원하는 반응을 확보하기 위한 수단들을 결집시킨다.

(6) 실제 계획 형성과 실행

(7) 피드백과 통제

2) 청소년 프로그램 마케팅 전략의 내용

(1) 집단세분화의 의미와 필요성

① 집단세분화: 프로그램에 참여할 가능성이 있는 청소년집단의 세분화, 가능한 한 소비자를 욕구가 비슷한 동질적 집단으로 구분하여 이들에게 맞는 제품을 제공하는 것이 단일제품을 전체 집단에 제공하는 것보다 소비자의 만족도도 높이고 조직에게 더 큰 이익을 보장해 주는 것이다.

② 청소년집단의 세분화: 교육에 있어서 청소년의 특성에 맞는 개별화 전략과 일맥상통하는 내용이라 할 수 있다.

③ 청소년집단 세분화의 필요성: 우선 기관에 유리한 집단을 선택할 수 있다. 우리 기관이 가지고 있는 장점을 가장 선호하며, 우리의 약점에 대해 덜 민감한 집단을 선택할 수 있는 것이다. 따라서 첫째, 청소년기관의 자원을 효율적으로 배분할 수 있다. 그리고 해당 세분집단에 대한 성격을 파악함으로써 각 세분집단에게 가장 적합한 마케팅 자원을 적절히 투입함으로써 경영자원의 전체적인 효율성을 높일 수 있다. 둘째, 청소년 집단의 동향에 효율적으로 대처할 수 있다. 경제불황이라는 환경의 변화가 닥쳤을 때 특

정한 프로그램에 대해 성별, 연령별, 참여동기별로 어느 집단의 수요가 민감하게 변화하는지, 집단별로 각각 어떤 욕구를 가지고 있는지 미리 파악함으로써 환경 변화에 효율적으로 대처할 수 있는 것이다.

(2) 집단세분화의 요건(4가지 요건을 갖출 수 있을 때 실질적 효력을 발휘)

〈표 8-1〉 **집단세분화의 요건**

요건	내용
① 세분집단의 측정 가능성	세분화된 청소년 집단의 프로그램 참여 특성을 파악할 수 있어야 한다는 것
② 세분집단에 대한 접근 가능성	세분화된 특정 청소년 집단에게 프로그램을 전달할 수 있어야 한다는 것
③ 세분집단의 실질성	경제적인 관점에서 특별한 마케팅 활동을 해도 될 정도로 예산의 뒷받침이 충분히 보장되거나, 예산의 부족에도 불구하고 프로그램을 제공할 충분한 가치가 있는 의미 있는 청소년 세분집단이어야 한다.
④ 세분집단의 신뢰성	일정 기간에 걸쳐 일관성 있는 특성을 지녀야 한다.

(3) 청소년집단 세분화의 기준

집단세분화의 기준은 크게 두 가지, 즉 정량적 기준과 정성적 기준이 있다. 먼저 정량적 기준은 성(性), 연령, 소득, 직업, 교육 수준, 지역 등이고, 정성적 기준은 가치관, 감각, 구매 습관, 구매 동기, 취미 · 기호, 라이프스타일 등으로 구분할 수 있다.

〈표 8-2〉 **집단세분화의 기준**

구분	주요 내용
① 지리적 자료 (geographic data)	지리적 분석은 집단을 세분화하기 위한 첫 단계. 고려해야 할 점-일정한 지역 내 유사한 프로그램을 제공하는 경쟁 청소년기관의 수(경쟁기관에 접근하기 쉬운 청소년과 그렇지 못한 청소년은 평가기준이 서로 다르다고 가정할 수 있다.)
② 인구학적 자료 (demographic data)	청소년기관의 경우 청소년의 연령, 성별, 가정의 경제적 수준, 종교, 가족 수 등이 중요한 인구학적 자료에 해당
③ 심리적 자료 (psychographic data)	• 소비자를 그들의 활동, 관심, 의견, 라이프스타일을 통해 기술하는 것을 말함 • 인구학적 자료보다 좀 더 추상적이고 측정하기가 쉽지 않음에도 불구하고 집단에 대한 포괄적 접근을 개발하는 데 있어 인구학적 자료만큼 중요하다는 인식이 일반화 • 청소년 프로그램 마케팅을 위한 심리학적 자료와 밀접한 관계를 맺는 것-청소년의 성격유형, 청소년기관 참여동기, 자기 자신에 대한 태도, 가족관계의 안정성, 교우관계에 대한 만족도 등
④ 행동적 자료 (behavioristic data)	• 청소년 프로그램에 대한 참여 경향과 관련 • 청소년 프로그램 마케팅과 관련된 청소년의 행동적 자료-청소년이 참여하는 프로그램의 수, 참여하고 있는 프로그램 유형에 대한 청소년의 경험 정도

(4) 프로그램군 구성 전략

청소년기관이 택할 수 있는 프로그램군 구성방식의 유형은 제공 가능한 프로그램의 수나 대상으로 삼고자 하는 주요 청소년 집단의 범위 등에 의해 결정된다.

① 단일집중 방식

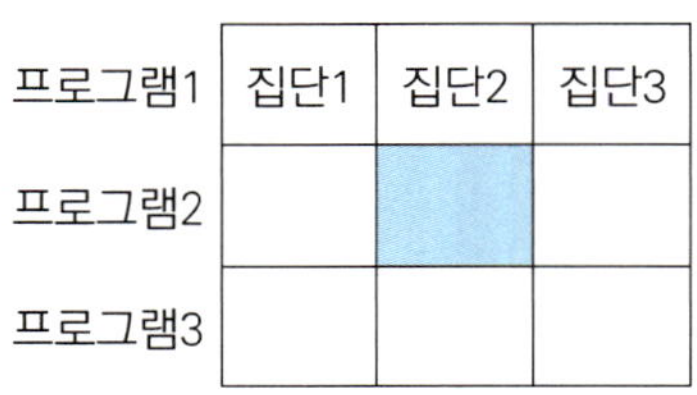

• 하나의 특정한 프로그램을 특정한 청소년 집단만을 대상으로 전문적으로 실시하는 방법
• 기관의 규모가 매우 영세한 경우나 설립 초기 단계에 실시하는 것이 바람직

② 프로그램 전문화 방식

프로그램1	집단1	집단2	집단3
프로그램2			
프로그램3			

- 특정한 프로그램을 다양한 청소년 집단을 대상으로 운영하는 방식
- 처음에는 특정한 프로그램을 가장 접근하기 쉬운 청소년 집단(특정 청소년 집단)에게 제공하다가 점차 프로그램에 대한 전문성과 노하우가 축적되면서 다른 집단(일반 청소년)에도 프로그램을 보급하는 방법

③ 집단 전문화 방식

프로그램1	집단1	집단2	집단3
프로그램2			
프로그램3			

- 특정한 청소년 집단을 대상으로 다양한 프로그램을 제공함으로써 프로그램의 폭을 확장시켜 나가는 방식
- 처음에는 가장 제공하기 쉬운 프로그램(교양교육)부터 제공하다가 전문성과 노하우가 축적되면 점차적으로 프로그램을 다양화(취미교실, 상담교육)하여 제공하는 것
- 특정 대상에 대한 전문성을 바탕으로 보다 프로그램을 심화·확장시켜 나가기에 유리한 방식

④ 다중 전문화 방식

프로그램1	집단1	집단2	집단3
프로그램2			
프로그램3			

- 특정한 프로그램의 내용과 특정한 청소년 집단에 얽매이지 않고 그 기관에서 가장 잘 다룰 수 있는 프로그램과 대상을 선별하는 방식
- 인터넷 중독 청소년을 대상으로 하는 치료교육을 실시하다가 상황에 따라 일반 청소년을 위한 진로지도 교육을 특화해서 실시하는 경우

- 장점: 순발력 있게 환경에 대처할 수 있다는 점
  단점: 자칫 그 기관의 정체성을 잃게 될 우려가 있다는 점

⑤ 전체 포괄 방식

	집단1	집단2	집단3
프로그램1			
프로그램2			
프로그램3			

- 다양한 종류의 프로그램을 집단유형에 관계없이 포괄적으로 제공하는 방식
- 모든 청소년 집단을 대상으로 모든 유형의 프로그램을 제공하는 방식
- 청소년시설기반이 약한 지역사회에 대규모의 청소년기관이 진출할 때 활용(청소년센터, 청소년수련관 등)

* 청소년 프로그램이 발전되어 감에 따라 점차 기관별로 특화되고 전문화되는 경향이 일반적

(5) 프로그램의 경쟁적 위치선정 전략

우리 기관에 참여할 잠재적 청소년 집단의 관점에서 우리 기관이 다른 기관과 비교해서 우월한 점과 열등한 점을 파악함으로써 우리 기관에 가장 적절한 접근방식을 찾아내는 전략이다.

구체적인 방법은 다음과 같다.

청소년 집단이 프로그램의 품질을 평가하고 선택하는 데 결정적인 영향을 미치는 중요한 준거들을 파악(수강료, 강사의 수준, 시설 등)

⬇

준거들 중 가장 중요한 것 두 가지를 선별, 각 준거들에 대해 청소년들이 우리 기관과 경쟁기관들에 대해 가지고 있는 만족도 또는 선호도 측정

프로그램의 경쟁적 위치선정 전략 적용 사례

구분	우리 기관	경쟁기관 A	경쟁기관 B
수강료 만족	4	6	3
강사능력 만족	5	3	6

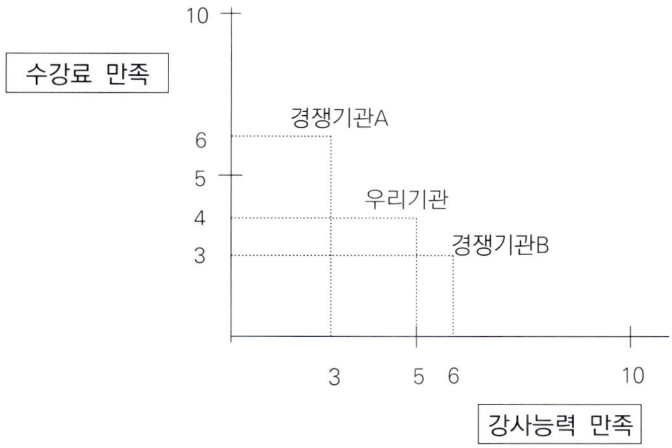

- 수강료 만족 측면에서 가장 경쟁력이 높은 위치에 있는 기관-경쟁기관 A
- 강사 능력 만족 측면에서 가장 경쟁력이 높은 기관-경쟁기관 B
- 두 측면에서 모두 중간쯤인 기관 - 우리 기관

어느 한쪽 경쟁기관에 대해서만이라도 확고한 경쟁력 우위를 확보한 후 순차적으로 다른 경쟁기관에 대해서도 상대적으로 경쟁력 우위를 확보하는 방안이 필요하다. 그리고 강사능력 측면에서 현상을 유지하면서 수강료 만족도를 끌어올리기 위한 투자를 집중적으로

⬇

수강료 만족을 보다 중시하는 청소년 집단은 우리 기관에 참여
(경쟁기관 A에 비해 경쟁력 우위)

⬇

수강료 만족도면에서 얻은 역량을 바탕으로 강사능력에 대한 만족도를 높이기 위한 노력

⬇

경쟁기관 A, B에 대해 절대적인 우위 차지

3) 청소년 프로그램 마케팅과 혼합요소의 종류와 지향점

(1) 청소년 프로그램 마케팅 혼합요소의 종류

마케팅 혼합이란 조직이 목표 고객들로부터 원하는 반응을 얻을 수 있도록 하기 위해 사용하는 통제 가능한 수단들의 집합을 의미한다. 마케팅 혼합의 목적은 최소의 마케팅 비용으로 최대의 마케팅 성과를 달성하는 것이다.

〈표 8-3〉 **마케팅 혼합 요소에 대한 연구**

연구	주요 내용
4P	제품(Product), 가격(Price), 유통(place), 촉진(Promotion)
서비스의 특수성 고려 7P 등장	4P+사람(Person), 물적 증거(Physical evidence), 과정(Process)
마케팅 혼합요소를 청소년기관의 맥락	제품=프로그램, 가격=수강료, 유통=프로그램의 시간 배정과 장소의 선정, 촉진=광고, 홍보 및 특전 제공으로 볼 수 있다.
이외 사람과 관련된 요인	강사, 직원 및 동료 청소년집단이 매우 중요한 요소로 인식되어야 한다. 또한 동료 청소년들을 어떻게 구성할 것인가라는 점도 매우 중요하다.

그리고 〈표 8-3〉과 같이 마케팅 혼합요소에 대한 연구를 통해 물적 증거, 즉 시설과 설비, 각종 편의시설 등이 포함된다. 각종 환경의 디자인과 분위기 또한 교재, 자료집도 청소년의 학습만족도와 관련하여 매우 중시되는 요소이다. 따라서 교재, 자료집의 제작과 활용도 별도 요소로 파악하여야 할 것이다. 즉 프로그램에 대한 안내에서부터 접수, 변경, 수료, 서류발급, 건의 등의 과정이 원활하고 신속하게 진행되는가에 대한 물적 증거의 중요한 요소가 된다.

(2) 청소년 프로그램 마케팅 혼합의 지향점

청소년기관의 경영자들은 이러한 마케팅 혼합요소들이 어떤 가치에 입각해 활용되어야 할 것인가를 고려해야 한다. 그런 면에서 각각의 마케팅 혼합요소들이 어떤 가치를 추구해야 하는가를 파악하는 것이 필요하다.

3 청소년 프로그램 홍보전략

1) 청소년기관 대외적 홍보 기획의 단계

(1) 기획의 기본 단계

수용자의 규명, 얻고자 하는 반응의 명시, 메시지의 개발, 매체의 선택, 전달자의 선정, 반응(feedback) 수집 등의 활동이 포함된다.

수용자의 규명	⟹	반응의 명시	⟹	메시지의 개발	⟹	매체의 선택	⟹	전달자 선정	⟹	반응의 수집

[그림 8-1] **홍보의 기본 단계**

(2) 수용자의 규명

청소년기관 의사소통의 잠재적인 수용자를 선정하는 활동이다.

(3) 메시지 개발

메시지는 수용자의 주목을 끌고, 관심을 유지시키며, 기대감을 유발시키고, 행동에 이르게 하는 것이다.

(4) 메시지의 종류

① 이성적 메시지: 정보를 전달하거나 청중의 개인적 이해를 충족시키고자 할 경우 사용하는 메시지로서 프로그램의 특질, 경제성, 가치를 논하는 메시

지이다.

② 감성적 메시지: 부정적 또는 긍정적 감정을 고양시키고자 할 경우 사용하는 메시지로서, 예를 들어 문자를 모르는 삶의 고충과 애환, 재취업 교육이 주는 희망 등을 표현하는 메시지 등을 들 수 있다.

③ 도덕적 메시지: 청중의 정의감에 호소할 경우 사용하는 메시지로서 여성의 권리, 고등교육에 대한 지원과 관련된 메시지가 그 구체적인 예가 될 수 있다. 먼저 메시지를 평가하고 선정할 때에는 바람직함, 독특성, 신뢰성 등의 기준에 의거하여 평가 및 선정을 해야 한다. 그리고 메시지 개발 후에는 매체를 선택해야 한다. 매체로는 크게 대인적 의사소통과 비대인적 의사소통 두 가지가 있다.

(5) 의사소통의 종류

① 대인적 의사소통: 인격적인 만남을 통한 직접적인 의사소통으로서 가장 설득력 있는 의사소통이다. 대인적 의사소통은 청소년의 프로그램 참여 결정이나 후원자의 기부 결정에 유력한 요인으로 작용한다.

② 비대인적 의사소통: 직접적인 대인 접촉을 수반하지 않는 모든 종류의 의사소통 채널들로서 신문, 잡지, 라디오, TV, 광고 게시판, 행사, 우편 등을 포함한다. 비대인적 의사소통은 대인적 의사소통을 증진하고 강화할 수 있다.

청소년기관들은 의사소통 대상에 따라 대인적, 비대인적 의사소통 채널을 조화시키기 위해 힘써야 한다. 또한 대상 청중들의 매체 습관, 전달 내용, 메시지, 비용 등을 고려하여 주로 매체 범주들에 주어진 재정을 어떻게 배분할 것인가를 결정해야 한다.

(6) 메시지 전달자의 선정

① 수용자에 대한 의사소통 효과는 수용자가 전달자에 대해 가지고 있는 인식에 의해 좌우된다.

② 전달자를 선택할 때에는 전달자의 신뢰성에 대해 신중히 검토한 후에 선정을 해야 한다.

③ 전달자 신뢰성의 세 가지 기초적 요소로는 전문성, 신용, 호감이 있다.

- 전문성은 전달자가 주장하는 내용에 요구되는 권위를 가졌다고 인식되는 정도이다.
- 신용은 전달자가 얼마나 객관적이고 정직한가하는 정도와 관련되어 있다.
- 호감은 전달자가 수용자에게 매력을 주는 정도와 관련 있다. 솔직함, 유머, 자연스러움과 같은 특질은 자원을 보다 호감 있게 만든다. 따라서 청소년기관은 이러한 조건을 갖춘 메시지의 전달자를 선정함으로써 의사소통의 효과를 높여야 한다.

(7) 반응 수집의 단계

홍보담당자는 홍보를 사전에 시험해 보아야 하며, 수용자에 대한 메시지의 효과를 연구해야 한다. 이것은 추가적인 정보의 요구, 접수된 지원서 또는 기부 약정원, 기타 관심의 적도들을 기록하는 일을 수반한다. 의사소통 담당자는 수용자를 조사하고 그들이 메시지를 인지하고 있는지, 어떻게 인지하고 있는지, 기관에 대한 사전-사후 태도, 그리고 그들의 등록 의사 및 후원 의사를 물어볼 수 있다.

2) 청소년기관 홍보 매체의 성격

(1) 매체의 유형

① 인쇄매체: 종이를 매개체로 한 의사전달매체를 의미하며, 신문, 잡지, 도서 등이 이에 속한다.

② 방송매체: 전파라는 매체를 사용하여 집중화된 전송과 개별적 수신의 한 형태를 특정 정보를 불특정 다수에게 전달하는 매스 커뮤니케이션의 한 형태이며, 라디오, TV 등이 이에 해당한다.

③ 뉴미디어 멀티미디어: 새로운 유형의 정보매체로서 정보-통신기술의 발달로 지금까지 독립적으로 기능해 온 여러 가지 미디어가 디지털화하여 복합적 기능을 가지게 된 것이다. 인터넷, PC통신, 케이블 텔레비전, 고품위 텔레비전 등이 이에 속한다.

〈표 8-4〉 **홍보매체의 성격과 청소년 프로그램과의 관계**

유형	자체의 성격		청소년 프로그램과의 관계	
	장점	단점	유리한 점	불리한 점
인쇄 매체	• 휴대가 쉽고 항상 이용이 가능하다. • 메시지의 심층성, 선택성, 재독성이 강하다. • 구입비 및 사용비가 저렴하다.	• 방송에 비해 배포과정이 복잡하여 신속성이 뒤진다. • 문자해독능력 및 일정 정도의 지적 능력을 필요로 한다.	• 청소년들의 문해율이 매우 높다.	• 인쇄매체에 대한 청소년들의 관심이 낮아지고 있다.
방송 매체	• 비문해 청소년도 사용 가능하다. • 많은 사람에게 많은 정보를 동시에 전달한다. • 현장을 사실감 있게 전달한다.	• 수용자가 어떻게 생각하는지 알기가 어렵다. 일방적이다. • 한번 결정된 프로그램은 고치기 어렵다.	• EBS를 비롯한 위성방송, 케이블 TV 등 교육채널의 수와 이용자 수가 늘고 있다.	• 제작비가 많이 든다. • 뉴미디어의 발달로 청소년의 방송매체 이용이 줄어든다.

유형	자체의 성격		청소년 프로그램과의 관계	
	장점	단점	유리한 점	불리한 점
뉴미디어	• 시간, 장소의 제약이 적다. • 손쉽고 빠르게 원하는 정보를 얻을 수 있다. • 획득 가능한 정보가 무한하다. • 쌍방향 의사소통이 가능하다.	• 정보의 빈익빈 부익부 현상이 나타날 수 있다.	• 기술 발달로 누구나 쉽게 사용할 수 있는 뉴미디어가 개발되고 있다.	• 청소년들을 위한 뉴미디어의 이용 비용이 비싸다.

3) 청소년 프로그램 홍보의 유형

(1) 공적 관계

공적 관계는 라디오, TV, 기타 매체에 의한 무료 출연의 기회를 얻거나 기관 자체의 활동이나 행사를 통하여 기관(또는 기관의 프로그램)에 대한 호의적인 관심을 얻고자 하는 홍보의 한 유형을 의미한다. 공적 관계도구의 종류로는 인쇄 자료, 시청각 자료와 소프트웨어, 기관을 특징화하는 매체, 뉴스 행사, 강연, 전화 정보 제공서비스, 개인적 접촉 등이 있다.

(2) 광고

광고는 대체적으로 유료의 형식을 취하며, 대중매체에 발표함으로써 어떤 상품이나 서비스를 사람들에게 칭찬하거나 소개하는 과정을 말한다. 광고를 통해 청소년기관은 기관, 특정 프로그램에 관한 장기적인 이미지와 명성을 확립할 수 있고 특정 프로그램이나 행사에 관한 정보를 제공할 수 있다.

광고매체의 종류로는 잡지, 신문, 라디오, TV, 포스터, 게시판, 공중 문자광고, 달력, 펜과 같은 홍보 물품, 버스/지하철 카드 등이 있다. 광고 프로그램을 개발하기 위해 관리자는 항상 표적으로 삼는 청소년집단의 상황과 동기를 파악해야 한다.

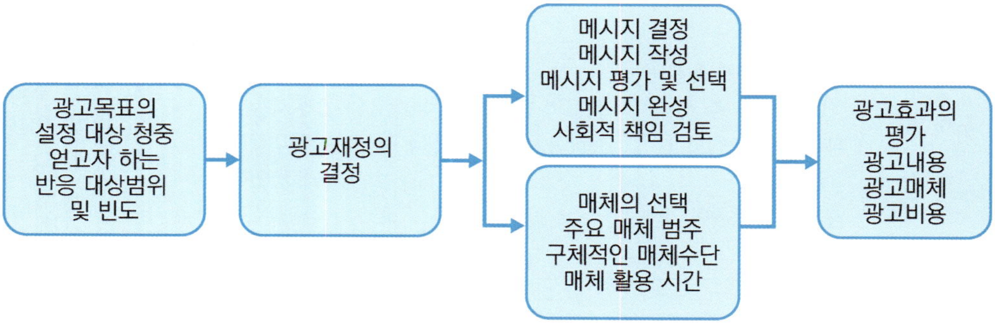

[그림 8-2] **효과적인 광고를 개발하기 위한 주요 결정 사항**

(3) 다이렉트 메일

다이렉트 메일은 잠재적인 청소년들 및 기부자들에게 직접 전달되는 우편물로서 이를 통해 기관은 수용자에게 정보를 제공할 수 있고 직접적인 반응을 타진할 수 있다. 다이렉트 메일의 종류로는 개괄적인 기관 소개 자료나 청소년의 요구와 반응을 알아보기 위한 반송용 엽서 등이 있다.

▶▶▶ 토의 및 연구 문제

1. 청소년 프로그램 마케팅의 개념과 마케팅의 중요성에 대하여 본인의 관점을 설명하시오.
2. 청소년 프로그램 마케팅의 전략을 설명하고 자신의 입장에서 중요한 전략이 무엇인지 설명하시오.
3. 청소년 프로그램 마케팅의 홍보전략이 왜 중요한지, 그리고 본인의 홍보 방법을 설명하시오.

청소년 프로그램 개발과 평가에 있어서 아무리 프로그램을 청소년 특성과 요구에 맞게 개발하였다고 하더라도 결국 프로그램을 적용하고 운영하는, 즉 청소년지도자가 그 프로그램의 지도방법이 서툴고 운영을 잘하지 못한다면 그 프로그램은 무용지물이 될 수밖에 없다고 본다. 사실 프로그램을 운영하는 지도자의 지도역량과 운영능력은 아무리 강조해도 지나침이 없을 것이다. 우선 운영이란 청소년기관의 프로그램을 관리하고 청소년들을 위해 프로그램을 사전에 검증과 청소년지도사로 하여금 시연을 통해 프로그램을 효율적으로 운영할 수 있도록 하여야 한다. 따라서 본 장에서는 먼저 청소년 프로그램의 운영에 대한 제반 이론을 살펴보고, 그리고 청소년 프로그램의 적용, 즉 실행의 중요성에 대한 내용을 알아보고자 한다. 마지막으로 실제 프로그램을 개발한 프로그램을 실제 적용한 결과, 즉 분석과 사례에 대하여 살펴보고자 한다.

제 9 장

청소년 프로그램 운영의 실제

09

학습목표

1. 청소년 프로그램 운영의 제반 절차를 이해하고 설명할 수 있다.
2. 청소년 프로그램의 실행에 대하여 이해하고 설명할 수 있다.
3. 청소년 프로그램의 다양한 운영 사례에 대하여 이해하고 설명할 수 있다.

학습키워드

청소년 프로그램의 운영, 청소년 프로그램의 실행, 청소년 프로그램 운영사례

1 청소년 프로그램 운영의 이해

1) 프로그램 실행의 개념

청소년 프로그램의 실행은 기획과 설계된 프로그램을 체계적인 실시를 통해 설정한 목표를 달성하게 되는 과정으로 프로그램의 진행자, 청소년이 목표를 달성하기 위해서 직접 만나게 되는 하나의 과정이다.

또한 프로그램 실행(program implementation)이란 완성된 프로그램을 실제 적용하고 전개하는 단계를 의미하며, 설계가 완료된 교육프로그램은 실행 및 운영과정을 거치지 아니하면 그 가치를 판단할 수 없다. 청소년 프로그램이 실행된다는 것은 컴퓨터 프로그램처럼 자동적으로 작동되는 것이 아니라 프로그램에 관련된 청소년, 청소년지도사, 운영요원 등 인간의 의도적인 노력에 의해 가능하다는 것이다.

한편, 청소년 프로그램의 실행이란 문자 그대로 청소년을 대상으로 프로그램을 전개하는 활동을 의미한다. 즉, 프로그램 기획(planning)과 설계(design)의 과정을 통해 만들어진 프로그램을 청소년지도자가 프로그램 참여자인 청소년들을 대상으로 체계적으로 실시하여, 의도한 목표를 달성해 나가는 과정을 말하며, 프로그램 실행은 계획되고 조직화된 프로그램을 실제 행동으로 옮기는 것이다. 따라서 프로그램 실행단계는 프로그램 개발 과정에서 프로그램을 매개로 하여 지도자와 청소년 참가자가 만나는 접점이자, 프로그램의 매력성, 효과성, 효율성을 결정짓는 데 있어서 가장 중요한 과정이다.

따라서 프로그램 실행과 운영이 정상적으로 추진되기 위해서는 프로그램 참여자인 청소년의 확보와 관리, 지도자의 확보와 관리, 프로그램 자원의 확보와 관리 등이 필요하며, 이러한 맥락에서 청소년 프로그램의 실행은 "청소년의 프로그램 활동을 지원 · 촉진 · 안내하고, 나아가서 그와 관련된 환경을 조성해 주는 전략"으로 개념화되기도 한다는 것이다. 따라서 청소년 프로그램은 컴퓨터 프로그램처럼 자동적으로 작동되는 것이 아니라, 프로그램과 관련된 지도자의 지도행위, 청소년의 참여행위, 운영요원의 운영 및 관리행위의 통합된 인위적 노력에 의해 전개된다.

2) 청소년 프로그램 실행의 단계

실제 청소년지도 현장에서 프로그램 실행은 청소년지도사의 행위와 청소년의 활동참여, 그리고 운영요원의 운영 및 관리행위가 있어야 가능하며, 프로그램 실행 단계에는 다음 [그림 9-1]과 같이 ① 청소년 관리(등록 · 학습 · 참여), ② 지도자 관리(섭외 · 지도 · 촉진), ③ 활동자료 관리(교재 · 매뉴얼 · 매체), ④ 자원확보 및 관리(물적자원과 시설관리) 등이 포함된다.

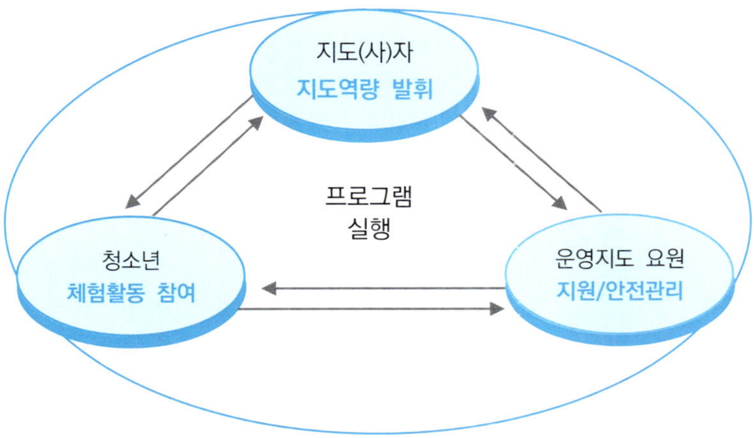

[그림 9-1] 프로그램 실행 과정

3) 프로그램 실행에 미치는 관련 요인

하임리히와 노랜드(Heimlich & Norland)는 프로그램 실행에 영향을 미치는 요인으로서 1차적으로는 내용, 환경, 지도자, 참여집단, 개별 참여자의 5가지 요인을 적시하였으며, 2차적으로는 이들 요소에 문화와 조직을 더하여 언급하였다. 일반적으로 프로그램 활동은 개인적 요인 및 환경요인에 영향을 받지만, 그 역의 관계도 성립한다는 것이다. 즉, 프로그램 활동에 의해 개인적 요인과 환경요인도 변화가 가능하다는 것이다.

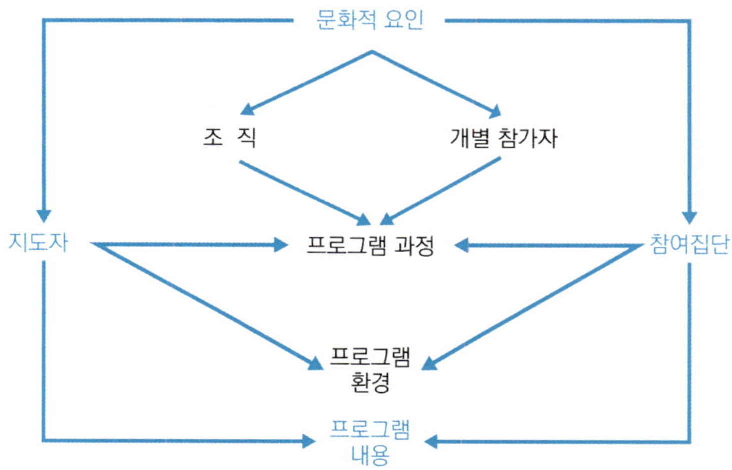

[그림 9-2] **프로그램 실행에 미치는 요인**

먼저 개인적 요인은 성별, 연령 등 개인적 속성 요인이며, 능력, 학력, 경험수준 등과 같은 요인을 말하며, 개인의 신념 및 요구, 개인의 생활양식이나 생활주기도 포함된다. 환경적 요인은 청소년이나 지도자가 속한 집단의 특성과 조직풍토 사회문화적 요인도 포함된다. 예를 들면 프로그램이 행해지고 있는 지역 및 사회의 산업 · 경제 · 기술 · 교육 · 프로그램 환경의 정비 상황 등도 환경적 요인이라 할 수 있다. 한편, 청소년 프로그램 실행에 영향을 미치는 주요 요인들의 특성을 보면 첫째, 프로그램 실행에 영향을 미치는 모든 요인들은 어떠한 프로그램 실행과정에 있어서도 현재적이며, 적극적인 영향을 미치게 된다. 둘째, 모든 요인들은 상호 관련성이 내포되어 있다. 마지막으로 이들 기본적인 요인들은 이와 관련된 외부의 사회체제와 관련된 문화적 맥락에 따라 기능한다고 본다.

그리고 청소년 프로그램 실행은 기본적으로 일정한 청소년들을 대상으로 청소년 프로그램 지도자(전문가)가 특정한 프로그램을 특정 조직 내에서 실시하는 것으로 인식되며, 이것은 청소년 프로그램 실행이 청소년, 프로그램 지도자(전문가), 프로그램, 그리고 조직 등과 같은 요인들의 결합에 의하여 이루어지는 활동이라는 것을 의미한다. 그러나 프로그램 실행과 관련되는 요인들을 직·간접적으로 언급한 학자들의 제반 견해를 살펴보면 부분적으로는 다소간에 차이가 있는 것으로 나타나고 있다.

특히 노울즈(Knowles, 1998)는 교육에서의 교육자의 역할과 임무가 개인의 요구와 목표, 기관의 요구와 목표, 사회의 요구와 목표에 부응하는 데 있다고 강조하고 있으며, 프로그램의 목표를 설정하고자 하는 경우에는 개인, 조직, 그리고 지역사회의 요구를 반영하면서 기관의 요구와 실현가능성, 그리고 청소년의 흥미와 같은 요인을 반영해야 한다고 주장하고 있는 것을 볼 때 결국 노울즈는 프로그램 실행에 영향을 미치는 변인으로서 개별 참가자, 조직풍토, 사회적 환경, 기관, 지도자의 능력 등과 같은 요인들을 강조하고 있으며, 무엇보다 청소년 프로그램의 핵심은 청소년지도사(자), 운영기관, 청소년이 핵심이다. 여기서 가장 중요한 것은 프로그램을 개발하고 실행 및 운영하는 기관의 운영 능력과 지도자의 지도역량이 가장 중요한 만큼 기관의 운영 책임자와 프로그램을 지도 및 수행하는 지도자의 사명감과 역량 발휘가 중요할 것이다.

2 청소년 프로그램의 실행과 운영

1) 프로그램 실행과 운영과정

청소년 프로그램 실행과 운영이란 청소년 프로그램 활동을 지원, 촉진, 안내하고 나아가서 그와 관련된 환경을 조성하여 의도한 프로그램의 목표를 달성해 나가는 과정이다. 청소년 프로그램이 실행되기 위한 기본적 요소 즉 프로그램, 프로그램 지도자, 운영기관, 청소년이다. 이러한 프로그램 운영에 있어서 실행 과정은 먼저 도입 단계가 있다. 도입 단계에서는 친밀감을 조성하기 위한 활동, 오리엔테이션, 프로그램 목표의 공유, 선수학습과 경험 확인, 동기 및 흥미를 유발한다. 두 번째로는 전개 단계이며 교수자와 프로그램을 적용 및 전개하게 된다. 이때 프로그램 방향의 제시와 청소년들이 주제에 대해서 방향을 설정할 수 있도록 도우며 청소년의 질문 등을 활용하게 된다. 또한 청소년들이 참여하여 학습활동이 이루어지도록 하는 것이 중요하며 청소년들이 프로그램 체험 및 실시 중 이해를 도울 수 있도록 하는 학습활동 점검이 이루어진다. 마지막은 정리 단계로 평가를 통해서 프로그램 내용을 내면화하고 피드백과 청소년이 자기주도적인 정리활동을 할 수 있도록 최종 정리를 한다.

2) 도입 단계에서의 지도 전략

(1) 도입 단계

도입 단계에서는 참가자들에게 프로그램에 대한 전반적인 이해를 도모하고, 참가의욕을 형성하는 시기이며, 프로그램의 목표가 무엇인가를 명확히 환기시키고, 그것을 달성하기 위해서는 어떻게 해야 할 것인가를 인식시킴과 동시에 그것이 청소년들에게 있어서 어떠한 의미를 지니는가를 확인할 수 있도록 하는 단계를 말한다. 여기서 포함사항은 동기유발의 단계, 프로그램 개시의 단계, 오리엔테이션의 단계 등이 포함되며, 도입 단계는 프로그램이 효과적으로 실행될 수 있는 풍토와 여건 조성의 기능을 수행하는 단계로 중요한 기능을 한다. 따라서 도입 단계에서의 주요 과업과 지도 전략은 다음과 같이 제시할 수 있다.

① 도입 단계에서의 주요 과업

① 프로그램 활동을 지도하는 자에 대한 적극적인 태도의 형성
② 과제 및 프로그램 상황
③ 프로그램에 대한 청소년의 적극적인 자아개념 개발
④ 프로그램 참여를 통해 얻게 되는 성공에 대한 기대 제공
⑤ 프로그램 활동이 프로그 참여자의 요구에 부응한다는 것에 대한 확신
⑥ 프로그램 과정을 청소년의 심리적 요구와 결합
⑦ 프로그램 참가자의 안전 · 소속 · 존경 · 자아실현욕구의 적절한 충족 예감 등

② 도입 단계에서의 지도 전략

① 프로그램 활동 전반을 체계적으로 소개할 수 있도록 만반의 준비
② 프로그램 관리 및 운영요원 소개를 통해 전체적인 프로그램 분위기 형성
③ 참가자들이 자기소개를 할 수 있는 기회 제공
④ 활동과 관련 없는 사무처리는 프로그램 시작 전에 마무리해야 함
⑤ 프로그램의 전체 과정을 간단하게 소개함으로써 프로그램 전반에 대한 참가자의 이해 증진, 학습의욕, 참여의지 고취
⑥ 형식적 활동은 지양하고, 참가자들의 불안 · 걱정을 제거하는 방법으로 프로그램 전개해야 함 (프로그램 시작 전의 의례적인 행사는 가급적 지양-국기 의례 등 최근 입소식 생략)
⑦ 청소년들에게 프로그램의 전반적 일정과 운영 방향을 체계적으로 제시

(2) 도입 단계에서의 지도 전략 및 과제

도입 단계에서의 지도 전략 및 과제를 두 가지 요인, 즉 태도와 요구 차원에서 목표설정과 지도 전략 및 과제를 다음 〈표 9-1〉과 같이 제시할 수 있다.

〈표 9-1〉 **도입 단계에서의 지도 전략 및 과제**

요인	목표	지도 전략 및 과제
태도	• 지도자에 대한 적극적인 태도의 형성 • 과제 및 프로그램 상황에 대한 적극적인 태도 형성 • 프로그램에 대한 청소년의 적극적인 자아개념 개발 • 성공에 대한 기대 제공	1. 참가자와 특정한 가치를 공유하라. 2. 프로그램 과정을 돕기 위한 협조적인 의향을 밝혀라. 3. 참가자의 언어 · 관점 · 태도 등을 어느 정도 반영하라. 4. 과제 제시와 요구사항을 표명함에 있어서는 합리적 이유를 제시하라. 5. 도입 부문을 설정하여라. 6. 과제와 관련된 부정적인 상황을 제거 · 극소화시켜라. 7. 성공적인 참여를 확신시켜라. 8. 첫 번째 경험을 가능하면 적극적인 것으로 만들어라. 9. 참여 활동에 대하여 부정적인 태도 · 신념을 지닌 자들을 가능하면 적극적으로 직면하게 하여라. 10. 참가자를 그 주제에 대하여 열성적인 자와 연결시켜라. 11. 참가자를 격려하라. 12. 전체과정에 대한 참가자의 개인적인 통제력을 촉진시켜라. 13. 프로그램 목표를 분명하게 제시하라. 14. 평가준거를 명백하게 제시하라. 15. 성공적 프로그램을 하는 데 소요되는 시간을 제시하라. 16. 결과에 대한 시범적인 모델을 제시하라.
요구	• 지도과정이 참가자의 요구에 부응한다는 것에 대한 확신 • 지도과정을 참가자의 심리적 요구와 결합 • 참가자의 단계별 요구 충족	17. 지도과정에 있어서 참가자의 요구수준을 찾아낼 수 있는 사정 기법을 사용하라. 18. 지도과정에 있어서 참가자의 규범적인 요구를 찾아낼 수 있는 사정 기법을 사용하라. 19. 참가자의 심리적 요구에 적합한 내용 · 예제를 제시하라. 20. 지도할 지식 · 기술에 적합한 특정 과제 및 문제를 기억하도록 상상적인 기법을 동원하라. 21. 실패 · 두려움을 유발할 수 있는 프로그램 환경을 제거하라. 22. 안전 · 소속감 · 존경 · 자아실현 등을 기할 수 있는 적절한 프로그램 기회를 제공하라.

3) 프로그램 전개 및 심화 단계에서의 지도전략

(1) 전개 및 심화 단계

프로그램 지도안에 의해 지도활동을 진행해 나가는 프로그램 지도의 중심적 부분이 전개 및 심화 단계이며, 지도활동의 과정에서 가장 많은 활동이 이루어지는 시기이다. 따라서 작업 단계, 통합 단계, 실천 단계, 역할수행의 단계 등으로 불리기도 한다.

그리고 지도활동의 내용과 특성에 따라 강의, 관찰, 토의, 실험, 조사, 견학 등 다양한 방식으로 전개가 가능하며, 모든 활동은 기본적으로 계획에 기초하여 진행되어야 하지만, 반드시 계획대로 진행되어야 하는 것은 아니다. 그 이유는 프로그램의 진행과정에 따라 계획수정의 필요성이 발생되기 때문이다. 따라서 계획된 프로그램의 조정이 필요할 경우, 수정된 프로그램 활동의 전개가 가능하다.

한편, 청소년 프로그램 실행 활동에 있어서 최대한의 성과를 거두기 위해, 지도자는 항상 지도방법의 기준이 될만한 여러 원리를 염두에 두고 참가자의 프로그램 활동을 지도해야 하며, 상황에 따라 수시로 변화를 도모할 수 있는 준비와 대안을 모색하여야 한다.

(2) 청소년들과의 래포 형성을 위한 전략

래포(rapport: 상호 신뢰감)는 효과적인 프로그램 지도를 위해 매우 중요한 요소이다. 먼저 긍정적인 래포 형성을 위해 지도자가 유쾌하고 사교적인 것을 의미하는 것은 아니며, 청소년에게 인기가 있는 것만을 의미하는 것도 아니며, 결국 청소년들과 함께 프로그램을 지도 운영하는 과정에서 서로 공감대가 형성되며, 상호작용이 될 수 있는 프로그램을 지도하고 청소년들에게 만족도를 높일 수 있는 프로그램을 운영하여야 한다.

그리고 래포가 높다는 것은 지도자가 프로그램에 관심이 있고, 청소년들을 각각의 개성을 가진 존재로 인식하고 있다는 것을 청소년들이 지각하는 정도가 높다는 것을 의미하며, 지도자가 청소년들을 프로그램에 열심히 참여하려는 개인으로 인식한다는 느낌은 청소년들로 하여금 두려움 없이 배우고자 하는 동기가 생기도록 하여야 한다.

(3) 청소년과의 래포형성을 위한 구체적인 전략

프로그램 첫째 날에 개방적인 분위기를 조성하여야 하며, 지도자가 앉거나서 있는 위치에 대해서 생각해 보아야 한다. 그리고 지도자의 위치는 청소년과의 어울림을 원하는 정도를 나타내는 메시지라 생각하고 가급적 친밀한 거리를 유지하여야 한다. 그리고 가급적이면 청소년들의 이름을 부르도록 하며, 호명은 청소년들로 하여금 그들이 학습공동체의 일원으로 인정받았다는 느낌을 주는 데 효과적이라 할 수 있다. 또한 대단위 프로그램에서 청소년들의 이름을 익힐 수 있는 전략들 사용하여야 하는데, 예를 들면 좌석표 사용, 이름을 마음속에 되새기기, 이름표 사용, 사진 이용, 이름 말하기 등을 적절하게 잘 사용하여야 한다.

4) 종결 단계에서의 프로그램 지도전략

전개 및 심화 단계에서 실시한 프로그램 내용을 총괄하고, 결론짓는 총결산의 단계가 종결 단계이며, 프로그램 활동의 최고 정점(culmination), 결과의 단계이다. 즉 지금까지의 활동을 정리 · 발표하고, 비판하고, 반성하는 단계를 말한다. 따라서 종결 단계의 주요한 목적은 첫째, 프로그램 참가자들이 개인적으로 또는 공동으로 연구하고 활동한 결과를 심리적으로는 자기만족의 정서를 갖게 하고, 둘째, 사회적으로는 이러한 개인적인 경험을 서로 교환하고 통합하는 기회를 갖게 함으로써 관계가 형성되며, 마지막으로 프로그램 활동 전체에 관련된 것을 이해하는 데 있다.

따라서 이 단계에서는 지금까지의 프로그램 참가에 대한 확신감을 갖게 하고 그 결과를 강화할 수 있는 제반 활동을 강구하여야 한다. 이를 위해서는 필요하다면, 구술방법이나 기술방법 등을 통하여 개인이나 그룹별로 발표하고, 그에 대한 논의를 전개할 수 있는 기회를 보장할 수 있어야 한다.

한편, 정리 단계는 이미 실시한 프로그램 활동의 과정 및 결과에 대하여 기록 · 정리하고, 평가 · 보고하는 것을 주로 하는 시기이며, 흔히 프로그램을 실시하면 그것으로 프로그램이 종료된 것으로 생각하기가 쉽고, 이는 계획과 실시만으로 프로그램을 완결시켜 버린다는 것을 의미하는 것이다. 그러나 이와 같은 생각은 프로그램의 성과와 의미에 대한 판단 결여의 문제를 야기할 수도 있다. 따라서 실시한 내용을 정확하게 기록 · 정리하고, 그를 통하여 체계적인 평가를 위한 자료로 활용할 수 있도록 관련 조치를 취할 필요가 반드시 있다.

아울러 청소년기관이나 단체에서 실시하고 있는 정리방법들을 크게 두 가지 측면에서 정리해 보면 "양적 처리형" 정리방법과 "내용 나열형" 정리방법으로 구분하여 제시하고자 한다.

(1) "양적 처리형" 정리방법

실적 보고서 등에 필요한 형식으로 사업명, 대상 인원, 실시 횟수 및 시간 수, 강사 · 자문가 · 자원봉사자의 수, 내용 항목, 경비 등을 중심으로 정리하는 방식이며, 주로 실적 정리를 위하여 많이 사용하는 방법이다. 이는 대부분의 기관에서 가장 빈번하게 활용하는 방법 중 하나이다.

(2) "내용 나열형" 정리방법

강사의 지도내용, 참여자의 감상문, 질문지 조사결과표 등을 중심으로 정리하는 방식이며, 해당 기관의 연도별 정리 및 평가, 다음 연도의 사업 프로그램을 실시하기 위한 기초 자료로서 활용하는 데 주로 활용되고 있으며, 참가자의 목표달성에 어느 정도 공헌하였는가를 중심으로 정리하는 경우도 있고, 주최자 측 사업 실시의 타당성 여부를 판단하기 위한 자료로 활용하기 위하여 정리하는 경우도 종종 볼 수 있다.

5) 프로그램 실행의 결과 평가

프로그램의 전개와 관련된 평가는 그것이 지향하는 목적에 따라 다르게 규정되고 있으며, 프로그램의 가치나 장점을 판단하거나 결정하는 것, 프로그램의 효과와 영향을 파악하고 판단하는 것, 프로그램의 목적달성 정도를 확인하는 것, 프로그램과 관련된 의사결정의 보조 기능을 하는 것 등으로 구분할 수 있다.

프로그램 전개과정 전반에 대한 평가가 어떤 기능을 해주기를 기대하느냐에 따라 다양한 형태로 분류되는데, 예를 들면 진단적, 형성적, 총합적, 의사결정 보조, 심리·사회적 기능, 행정적 기능 등이 대표적인 것이다.

결과적으로 평가는 다양하고 복합적인 의미를 지닌 역동적인 활동이며, 특정 평가목적만을 강조하거나 어떤 평가기능만을 중시하여 어느 한 차원만을 강조한다면 평가의 본질적인 의미를 제대로 파악할 수 없다는 것이다. 따라서 프로그램의 결과에 대한 평가에 있어 평가자는 어디에 중점을 두고 평가를 할 것이며, 주로 어떤 면을 평가할 것인가 등에 대한 구체적인 전략을 지니고 있어야 평가 결과에 대한 신뢰성과 청소년들에 대한 욕구를 충족시켜 줄 수 있다. 특히, 공식적인 평가는 청소년의 프로그램에 대한 동기화에 강력한 영향을 줄 수 있으며, 지도자의 코멘트, 점수, 평점, 그리고 리포트 등은 청소년의 프로그램에 대한 현재와 미래의 동기 정도에 상당한 영향을 미칠 수 있다. 따라서 청소년들의 내적 동기화를 위해 평가는 신뢰성 및 효율성이 반드시 있어야 프로그램 운영의 목표를 달성할 수 있다고 본다.

3 청소년기관 유형별 다양한 프로그램 운영(사례/예시)

1) 시대 흐름과 수요자 중심의 프로그램 운영(예시)

다음의 청소년활동기관의 유형과 성격에 따라 다양한 프로그램을 개발하여 적용할 수가 있다. 중요한 것은 기관의 특성과 환경을 잘 분석하여 프로그램을 개발하여 실행하여야 한다. 다음 〈표 9-2〉의 프로그램은 시대상황과 흐름을 고려하여 프로그램을 실행하는 예시프로그램이다. 기관의 여건과 청소년들의 특성에 따라 선택적으로 적용하여 프로그램을 실행 및 운영할 수 있다.

〈표 9-2〉 **시대의 흐름과 수요자 중심의 프로그램 운영(안)**

활동분야	프로그램명	영역	대상	내용	비고
의식 행사	여는 마당 (만남의 시간)	공동체의식 활동	초, 중, 고	공동체 의식 및 친구 간의 소중함 함양	
	맺는 마당 (약속의 시간)				
	모닥불놀이				
	촛불의식				
자연 체험	모험활동	도전활동	중, 고	도전의식 함양	
	추적활동			목표의식 및 자연관찰을 통해 자신을 발견	
	O.L활동				

활동분야	프로그램명	영역	대상	내용	비고
자아 개발	영상활동	공동체활동	중, 고	친구 간 공동체 의식 함양	신설 프로그램
	팀워크게임			단합 및 협동 함양	
	불평, 불만 노래 가사			청소년기에 불평, 불만을 노래 개사	
	나의 자화상			자신을 돌아보고 미래의 자신을 발견	
봉사 활동	수화노래 배우기	봉사활동	초, 중	청각장애인 어려움과 부모님의 소중함을 느끼는 시간	
	시각장애아 체험			시각장애인 어려움과 부모님의 소중함을 느끼는 시간	
과학 체험	천체 관측	과학활동	초	별자리 관측 활동 (영어마을천문대 협조)	신설 프로그램
	도미노/카프라			협동심, 인내력, 창의력 배양	
체육 활동	요가	심신 및 신체활동	초, 중, 고	성장 발달을 위한 스트레칭 및 심신 수양	
	레크리에이션 댄스				
예능 활동	폴리머클레이	창의력 활동	초, 중, 고	선물 및 열쇠, 핸드폰고리 등 다양한 작품 및 창의력 배양	신설 프로그램
	리본아트				
	모둠북			공동체 의식 및 협동의식 배양	
	두드리				
	문화 발표				
전통문화 체험	국궁	전통체험활동	초, 중, 고	전통문화 체험으로 학생들의 동기 유발과 성취감 고취	
기타 체험	영어마을체험	생태학습관 유적지 탐방	초, 중, 고	다양한 문화 견학 후 국제청소년 육성	
	민물고기생태 학습관			자연의 아름다움과 생태환경 소중함 체험	
	○○산탐방			지역의 문화 탐방과 유적지 탐방	

2) 다양한 수련 활동과 민족성 함양을 위한 프로그램(운영 예시)

(1) 운영 개요

전통놀이 체험활동을 위한 여건을 조성하여 전통문화에 대한 이해와 관심을 갖게 한다. 그리고 청소년들의 전통놀이를 수련 활동 프로그램에 접목시켜 또래와 어울려 즐기는 프로그램과 사라져가는 전통문화를 자연스럽게 접근할 수 있도록 체험활동 여건을 조성하는 데 있다(예: 국궁, 하강, 모둠북, 가마솥체험활동 등).

(2) 주요 내용

① 수련 활동을 통한 국궁, 하강 체험활동: 수련참가 학생들에게 우리 전통문화인 국궁 체험함으로써 우리 문화의 우수성을 알고 하강을 체함으로써 인내심과 극기심을 배양할 수 있는 활동

② 신명나는 전통놀이 한마당: 레크리에이션을 시간에 모둠북활동 발표함으로써 창의적인 활동과 공동체 의식을 함양하고 우리 민족의 전통문화를 체험하는 활동

③ 가마솥 체험: 우리 문화에 자부심을 느끼고 부모님의 고마움을 새삼 느끼게 할 수 있는 활동이며 남을 배려할 수 있도록 해주는 활동

(3) 프로그램 운영 및 발전방안

① 수련교육 기간 중 전통놀이 시간 부여 운영: 레크리에이션 시간 시작 전 1시간 이용하여 또래와의 전통놀이를 통해 건전한 놀이 문화를 할 수 있도록 프로그램 계발 및 시간 운영계획 수립

② 학생들의 전통문화 계승을 위해 전통놀이 겨루기 장 운영: 레크리에이션 및 문화발표 시 우리 문화의 전통놀이 겨루기 대회를 통하여 전통놀이 학

습에 대한 흥미 및 관심을 유발하고 전통 놀이에 대한 인식을 제고

③ 전통놀이 악기 확보 및 신명 나는 전통놀이 한마당: 다양한 전통놀이 장비를 확보함으로써 야영수련 참가학생들이 함께하는 전통놀이 한마당을 계획

3) 학교 현장으로 찾아가는 수련 활동 프로그램 운영

(1) 운영 개요

수련교육을 활성화하고 수련교육에 긍정적 인식을 확산하기 위한 방안으로 학교 현장으로 직접 방문하여 “찾아가는 수련 활동”을 실시하며, 소규모 단위 학교 및 수련 활동 기회가 없는 학교를 대상으로 직접 찾아가 수련 활동을 제공하는 “찾아가는 수련 활동” 운영함으로써 공동체 의식 함양과 수련교육 참여율 높이고자 함.

“찾아가는 수련 활동”, “찾아가는 홍보 활동” 함께 운영

(2) 주요 내용

① 수련 활동을 통한 다양한 체험활동을 주로 수련교육 비수기와 수련교육이 없는 기회를 이용해 전문적인 지도사가 교사 · 학생 · 학부모를 대상으로 하는 연수 및 회의 등에 홍보팀이 직접 찾아가 영상자료를 제공하고 홍보자료를 배부하며 시설 · 교육과정 · 프로그램 등을 안내

② 학교 내의 소집단(학급, 동아리, 청소년단체 등) 수련 활동을 지도하고 적당한 수련교육 프로그램을 추천하고 제공하는 등 수련교육 서비스를 제공하며, 학교 수련 활동 관련 컨설팅도 병행 실시

(3) 프로그램 운영 및 발전방안

① 사전 수련교육 신청에 따라 관련 기관 및 학교의 요청에 따라 연중 실시될 예정

② 수련기관의 전문적인 지도사와 양평지역 지역주민을 활용하여 청소년지도사 자격증과 전공자와 청소년지도 경험이 많은 팀으로 구성하여 운영할 계획

③ 다양한 체험활동을 할 수 있는 프로그램 기자재 확보하여 수요자가 만족할 수 있는 프로그램 운영계획

※ 목표에 대한 성취감, 자신감, 긍정적 자아정체성을 획득하며 또래 친구 간의 신뢰와 배려를 즐겁고 행복한 학교생활을 영위하고 꿈을 향해 도전하는 호연지기 기상을 함양하는 데 있음.

4) 영어마을(권역별) 관람체험과 테마 프로그램 체험

(1) 운영 개요

영어수업과 영어마을 관람체험 운영으로 수련 학생들에게 다양한 체험과 동시에 볼거리 제공과 원어민 강사 활용 등 교육과 연계하며, 영어수업과 각종 상황에 맞는 테마별 영어체험을 체험함으로써 영어에 대한 흥미 및 수련 학생들에게 체험을 동시에 실시 수련 활동의 만족도를 극대화할 수 있음.

(2) 운영 시간(기관의 실정 고려 운영)

초등학교	중 · 고등학교
* 1박2일 중(둘째날) * 시간: 10:00~12:00(2시간)	* 2박3일 중(둘째날) 오후 편성 * 시간: 15:30~17:00(1시간 30분)
	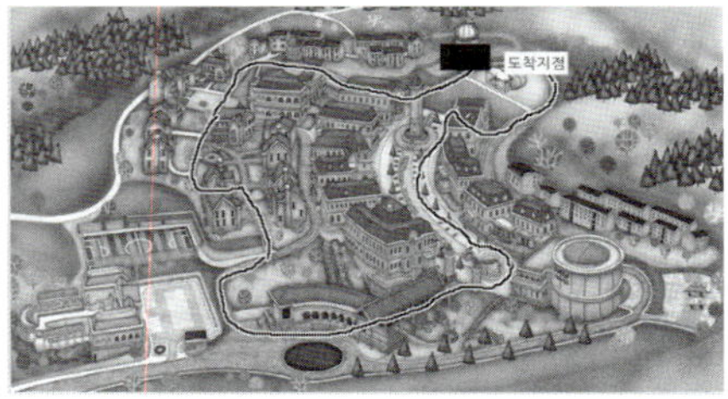
영어수업	영어마을 체험코스(3,5Km)

(3) 테마프로그램(5가지) 운영

Theme Class		
① COOKING *학생들에게 가장 인기가 좋은 프로그램		버터쿠키, 영국식 팬 케이크 또는 베이글 등을 스스로 만들면서 자연스럽게 재료와 조리 도구에 관한 어휘를 배우면서 쉽고 재밌게 영어로 말하고 체험하는 프로그램이다.
② EGG DROP	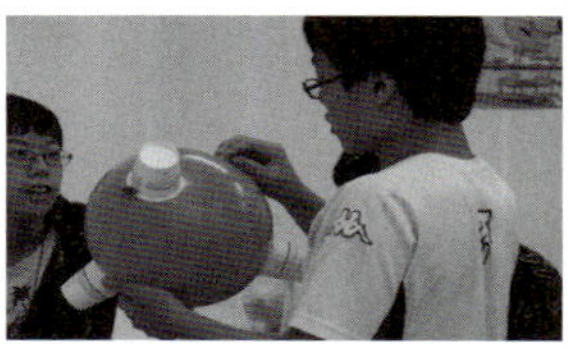	물리의 기초 원리뿐만 아니라 우리 주변에서 쉽게 접할 수 있는 과학의 원리를 배울 수 있는 프로그램으로 함께 만들어보고, 실습을 할 수 있는 체험 프로그램이다.
③ CATAPULTS		중세시대에 사용되었던 투석기를 스스로 만들어 보는 시간이다. 폭약 등을 사용하지 않고도 물건을 멀리 던질 수 있는 투석기를 만들면서 그 방법과 원리들을 배워가면서 영어를 익히는 체험 프로그램이다.

Theme Class		
④ INSECTS		여러 다른 종류의 곤충에 관해서 배우고 귀여운 곤충 액세서리를 만들어 보고, 직접 만든 액세서리를 가져갈 수 있는 체험 프로그램이다.
⑤ MUSIC		여러 종류의 음악에 관한 영어 단어들을 배우면서 재밌는 영어 노래와 함께 영어를 배우고 함께 즐길 수 있는 체험 프로그램이다.

(4) 다양한 영역의 운영프로그램(안)

프로그램 유형	프로그램 내용
영어 골든벨	영어로 출제되는 도전 골든벨 시간. 자신의 영어 상식을 확인하고 도전해 보는 시간
명랑 운동회	추억의 소운동회를 개최하여 반별 또는 팀별로 여러 가지 재미있는 경기를 진행
뮤직 빙고	곡목 리스트 중 팝송, 가요 제목을 골라 적고 5빙고를 완성하는 음악상식 퀴즈시간
팀빌딩/장기자랑	팀별 장기자랑 및 단체훈련을 통하여 소속감을 키움
물풍선 게임	물풍선을 이용한 단체 및 개인 게임
협동 도미노	팀별로 주어진 주제를 가지고 협심하여 만들어 보는 협동 도미노 시간
협동 훌라우프	팀별로 원을 만들고 훌라후프를 통과시키는 협동게임
애드벌룬	애드벌룬을 이용한 신나는 게임
거미줄 통과하기	양막대 사이에 거미줄과 같이 사람의 몸이 통과 가능한 크기로 줄을 연결하고 한 사람이 들어 그 줄에 닿지 않게 통화하는 집중력 게임
에어바운스	5~10m 높이에서 미끄럼틀을 타거나, 에어바운스 캐슬에서 뛰어노는 신나는 시간
캠프파이어	영어마을 야외에서 즐기는 이벤트 프로그램의 하이라이트로 캠프파이어와 함께 즐거운 노래와 함께 춤과 게임을 즐기며 영어마을의 추억을 만드는 시간

(5) 기대효과

① 영어체험을 통해 학생들이 공동체의식 함양과 민족의 정체성을 바르게 인식하고 국가와 민족에 대한 자긍심을 느끼도록 함과 동시에 국제적 안목과 자질을 갖춘 미래의 지도자를 육성하는 데 있음.

② 수련 활동 이외의 인성교육, 생활교육, 교과체험학습 등을 전개하고, 학력신장의 기반이 되는 모험심, 성취동기, 자기관리 능력 등 정의적 능력을 신장하는 데 있음.

③ 각각의 수련기관과는 차별화되는 모험심, 극기심 등의 다양한 체험활동 중심의 캠프와 영어캠프를 함께 실시함으로 인해 인성교육의 범주를 넘어서 교과 체험학습의 실시로 사고력 · 문제해결력 · 창의력 등의 지적 능력까지 향상시켜 진정한 의미의 학력 신장에 직접적으로 기여할 것으로 판단됨.

④ 성숙한 성인으로 성장하는 데 절대적으로 요구되는 신뢰와 우애, 희생정신과 용기, 공동체 의식과 인내심 길러줄 것으로 사료됨.

5) 글로벌리더십 배양(함양)과정(간부 청소년)

(1) 운영 개요

미래의 나라를 이끌 글로벌 인재의 꿈을 갖게 하고, 학교의 간부 청소년들 대상으로 실시함으로써 간부로서 리더십과 학업의 성취도를 높이며, 수련 활동과 영어 수업과 병행 애국심을 키워 건강하고 높은 비전을 가진 창의 · 융합적 인재 양성을 육성하는 데 있음.

(2) 프로그램 운영

일자 시간	제 1일(하자 해보자)	제 2일(할 수 있다)
06:00	☞ 학교 출발 및 수련기관 도착	☞ 기상, 조회, 체조, 세면
07:00 ~ 09:30		☞ 아침 취사 활동
09:30 10:00	☞ 집합, 인원, 장비점검, 여는 마당 준비 ☞ 교사 협의회	
10:00 11:00	☞ 여는 마당 ☞ 수련교육 안내 및 안전교육	☞ 영어마을 체험 (영어수업 및 테마별 프로그램 진행)
11:00 12:00	☞ 숙소 배정 및 개인 짐 정리 	☞ 수련기관 출발 * 선택사항 1) 000영어마을(00캠프) 견학 2) 00소방서 소방안전교육 실시 3) 가마솥 체험 4) 텐트야영 체험(소규모) 5) 민물고기 생태학습관 견학 * 프로그램 활동 1) 모둠북 / 두드리 2) 레크댄스, 수화노래 배우기, 핸드벨 3) 팀워크게임 4) 도미노/카프라 5) 천체관측(00영어마을과 협조)
12:00 13:00	☞ 점심식사	
13:00 15:00	☞ 특성화 프로그램 - 폴리머클레이, 리본아트	
15:00 ~ 17:00	☞ 모험활동(7개소) 및 국궁체험활동	
17:00 ~ 19:00	☞ 저녁 취사활동	
19:00 ~ 22:00	대인관계역량 ☞ 장기자랑/팀별 게임 ☞ 레크리에이션 ☞ 모닥불 점화 ☞ 촛불의식	
22:00 22:30	☞ 천체관측	

(3) 기대효과

① 글로벌리더가 갖추어야 할 건전한 인격과 기본적 소양을 익히는 것에 초점을 맞추고 있으며, 세계화 시대에 어떻게 발전적으로 사고를 전환할 것인가? 글로벌리더가 되기 위해 어떠한 목표를 설정할 것인가? 등에 대하여 배우며, 회의 진행법을 공부하여 다른 사람의 의견을 존중하고 배려하는 마음을 키우기 위함.

② 전통문화 체험과정을 통하여 나라를 사랑하고, 민족문화에 대한 긍지를 갖게 한다. 3일째 되는 날은 영어마을과 연계한 전문적 리더십 교육을 통해 세계 시민으로서의 자질을 함양에 기여함.

6) 원어민과 함께하는 "가족생활영어" 체험기회(가족 캠프)

(1) 운영 개요

학생과 학부모는 1박2일 동안 교육을 받는데, 부모와 함께하는 체험활동을 통하여 부모와 자녀 간 상호 이해의 폭을 넓히고, 가정의 교육적 기능을 제고시키는 데 있음.

(2) 운영 프로그램

국제사회에서 영어의 기본적 의사소통 능력을 배양하며 가급적 모든활동의 의사소통은 영어로 하며 교육과정은 학생들의 의사 소통 능력을 개선하도록 편성하며 지도교사는 원어민교사와 초, 중 · 고등학교 co-teacher 교사를 중심으로 구성

(3) 기대효과

가족과 함께하는 프로그램 위주로 원어민 영어보조교사가 영어학습에 흥미

를 높일 수 있는 수업내용으로 진행하였으며, 골든벨 퀴즈, 역할극 등 생활영어 지도능력 향상도 같이 도모하는 계기 마련 가능

7) 학교 밖 청소년 프로그램 운영(사례)

(1) 상담지원 프로그램

① 운영 개요

학교 밖 청소년의 변화를 촉진해 나가는 상담과정을 기반으로 욕구를 파악하여 호소 욕구를 토대로 청소년의 개인별 목표 설정에 따른 서비스 개입계획을 수립, 지원하며, 또한 센터로 정보가 연계되었으나 연락두절, 서비스 거부 등의 사유로 미지원된 청소년에 대해서는 지역 내 청소년 동반자와 협력하여 방문상담, 아웃리치 등을 통해 발굴 · 지원함.

② 대상: 학교 밖 청소년

③ 일시: 연중 시행(기관의 특성 고려)

④ 사업내용

- 개인상담: 초기상담, 진로상담, 심리검사, 전화 · 온라인상담, 미연결 청소년 발굴상담, 찾아가는 상담(아웃리치), 심층심리상담 연계
- 집단상담: 심리검사, 집단(상담)프로그램
- 아웃리치: 학교 밖 청소년 발굴 및 학교 밖 청소년에 대한 지역사회 인식 개선을 위한 아웃리치 진행
- 사후관리: 사례종결한 청소년이 원활하게 사회에 적응할 수 있도록 일정 기간 상담, 현장방문, 정보제공, 프로그램지원 등의 사후서비스 제공(3~12개월, 사례종결 청소년 대상 맞춤형 사후관리)

- 학업중단숙려제: 학교, 교육지원청 Wee센터 등으로부터 학업중단 숙려대상 청소년에 대한 학업중단숙려제 상담의뢰 시 2회기 이상 숙려제 상담을 통해 학업복귀 지원

⑤ 기대효과

- 초기상담을 통한 개인별 욕구 파악 및 목표설정을 통해 지원 서비스 계획을 수립하여 맞춤형 사례관리 진행
- 학교밖청소년대상 심리검사 진행을 통해 호소문제의 객관적 파악
- 집단프로그램을 통해 자연스러운 환경 속에서 또래관계 형성을 기대
- 학업중단숙려제를 통한 위기청소년의 학교 재적응 독려
- 찾아가는 방문상담을 통한 학교 밖 청소년 발굴체계 강화
- 아웃리치를 통한 지역 내 학교 밖 청소년 발굴 활성화 및 인식개선 효과
- 사후관리를 통해 서비스 종료 후에도 청소년이 원활히 사회에 적응할 수 있도록 지원

서비스 지원 흐름도

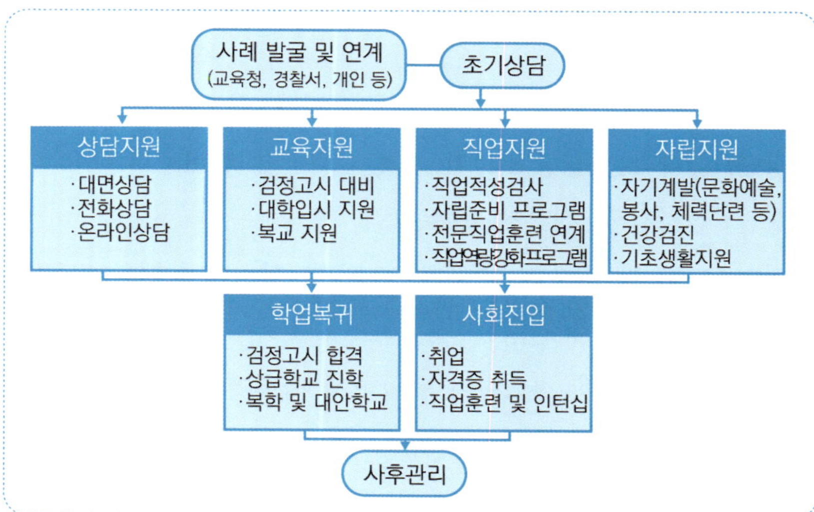

구분	내용	비고
상담지원	개인상담	상담지원(숙려제, 초기상담, 전화, 온라인, 찾아가는 상담, 미연계 청소년발굴상담, 아웃리치, 심층상담 연계)
	집단상담	심리검사, 집단(상담) 프로그램
교육지원	학습지원	찾아가는 1대1 멘토링(검정고시, 수능대비, 예체능, 대학, 정서), 스마트교실, 기초학습대비반 운영
	집단 프로그램	나내매, 학습클리닉, 복교 프로그램
	대학입시 지원	수능대비반, 대학입시설명회, 원서접수지원, 입시정보 제공
취업지원	집단 프로그램	자립동기강화 프로그램(두드림)
	진로 · 취업지원	취업성공패키지 연계지원, 내일이룸학교 연계, 직업역량강화 프로그램 운영, 경제원리교육, 진로탐색 프로그램
자립지원	건강지원	건강검진 지원
	자기계발 등	자기계발 프로그램 운영, 동행카드 지원, 청소년증 발급
직접지원	직접(자립)지원	지식 · 기술 및 기능 습득, 자격취득 지원
지역특성화 프로그램	청소년 자치활동	꿈드림 자치회의, 학교밖청소년 동아리
	문화체험	학교 밖 청소년 문화체험 프로그램 지원
	도연합사업	체육대회, 예술제, 꿈드림멘토단, 꿈드림 청소년단
프로그램 지원	홍보 등	홍보물 제작, 청소년활동 안전공제보험, 직원역량강화 등

(2) 직업체험 및 취업지원 프로그램

① 운영개요: 학교 밖 청소년의 사회진입을 돕기 위해 다양한 직업에 대한 정보를 제공하여 주고 진로 및 직업탐색의 기회를 마련하여 적성에 맞는 직업을 찾고 안정적인 사회진입을 할 수 있도록 지원하기 위함

② 기간: 연중(기관의 특성 고려)

③ 사업내용

- 직업적성 발견을 위한 직업탐색 프로그램, 직업체험 프로그램 제공
- 사회 진입을 원하는 학교밖청소년에게 취업관련 프로그램 연계(내일배움학교, 직업역량강화 프로그램, 전문직업훈련, 취업성공 패키지)
- 학교밖청소년의 진로 및 직업탐색의 기회 제공
- 자립준비 동기강화(두드림) 집단 프로그램을 통한 학교밖청소년의 자립 준비도 향상

④ 기대효과

- 학교밖청소년들이 진로에 대한 동기 부여와 직업을 간접적으로 체험을 통해 건전한 근로의식의 형성에 기여
- 직업의 의미와 중요성을 되새기고, 다양한 직업의 세계를 탐색함으로써 자신에게 적합한 직업분야를 찾아보는 성과에 기여
- 기본 경제의 개념을 이해하고 금융 관리의 중요성을 깨달아 올바른 경제 마인드를 형성함으로써, 사회진출에 대한 자신감에 기여하게 됨
- 미래의 꿈과 비전에 대한 강한 동기와 성공에 대한 열망에 기여하게 됨

(3) 지역특성화 프로그램 운영

① 운영개요

관할구역 내 학교밖청소년을 대상으로 한 자치활동과 문화체험 프로그램 등을 진행함으로써 소속감 및 사회성 증진을 도모하고, 활동 결과물을 통해 성취감 제공으로 인한 동기부여 도모와 지역 내 학교밖청소년지원센터의 연합사업 참여를 통한 지역 내 네트워크 활성화 및 학교 밖 청소년 간 교류 증진을 도모하기 위함.

② 기간: 연중(기관의 여건 고려 운영)

③ 사업내용

- 문화체험: 문화활동 체험기회가 적은 학교밖청소년을 대상으로 다양한 문화체험활동을 진행
- 동아리활동: 학교밖청소년 대상 공통 관심분야에 대한 동아리활동 구성 및 진행, 동아리활동 결과물(발표회)을 통해 활동에 대한 성과를 확인함
- 꿈드림 자치회의: 학교밖청소년 자치회의 실시를 통해 학교밖청소년 의견 수렴의 장 마련, 청소년 간 소통의 기회와 소속감 제공
- 연합사업 학교밖청소년 예술제 참여를 통해 청소년 개개인의 재능을 반영한 결과물 발표 및 공연참여와 실물경제활동 체험을 통한 경제개념 습득
- ○○도 연합 꿈드림 청소년단 참여를 통한 학교밖청소년 정책에 대한 의견 제시, 지역 내 학교밖청소년 정보 공유
- 도 연합 꿈드림 멘토단 참여를 통한 정기적 활동내용 공유를 통한 정보공유, 자원봉사자 간 네트워크 구축

④ 기대효과

- 문화체험을 통해 학교밖청소년의 여가생활을 선용하고 올바른 또래 관계를 형성하는 데에 도움
- 동아리 활동을 통한 또래와의 친밀감 형성 및 사회성 향상
- 자치회의를 통해 자발성을 토대로 자율적 및 능동적 삶의 태도 함양
- ○○○도 연합 꿈드림 청소년단 참여를 통한 지역 내 학교 밖 청소년의 정책 제언 발판 마련
- 꿈드림 멘토단 참여를 통한 지역 내 멘토링 활동 정보 공유

따라서 청소년 프로그램 관리 및 운영을 위해서는 모니터링 매뉴얼 작성도 반드시 필요한 영역이다. 그리고 프로그램의 성공적인 운영을 위해 담당자가 작성하여야 할 업무의 영역을 제시하면 다음과 같다. 먼저 프로그램 시작 전 담당자의 역할은 프로그램 운영계획서 등의 서류 전달 및 회신, 홍보 매체를 활용한 청소년 모집, 청소년·자원봉사자 출석 확인 및 안전교육, 프로그램 운영, 강의 장소, 기자재, 준비물 점검·확인, 만족도 조사를 위한 설문지 작성도 기관의 상황에 따라 필요한 부분이다.

그리고 프로그램 진행 시 역할은 사진 촬영, 실시간 모니터링, 청소년지도사의 청소년의 요청사항 접수 및 해결, 프로그램 진행 사항 홈페이지에 게재, 설문지 작성 확인 등이 있다.

마지막으로 프로그램 종료 시 역할은 프로그램 운영에 대한 감사 인사, 청소년들의 설문지 작성요청, 프로그램 운영 장소 및 기자재 정리, 기관 자체평가서 작성 등의 업무를 통해 프로그램의 효율적인 관리와 기관 실정에 부합하는 운영의 묘를 살려야 한다.

▶▶▶ 토의 및 연구 문제

1. 청소년 프로그램 운영의 제반 절차에 대하여 살펴보고 운영 시 가장 중요한 것이 무엇인지 설명하시오.
2. 청소년 프로그램 운영의 실행에서 본인의 관점에서 실행에 대한 절차를 설명하시오.
3. 청소년 프로그램 운영의 사례 중 본인이 경험 또는 기관의 운영 사례에 대하여 설명하시오.

일반적으로 평가란 평가대상의 장점과 가치를 결정하는 과정을 말한다. 그리고 평가는 학생의 수행 혹은 교수전략에 대하여 양적, 질적 측정과 가치판단을 포함하는 의사결정이다. 이에 청소년 프로그램 개발과 평가에 있어서 청소년 프로그램 운영 결과에 대한 평가는 매우 중요한 단계이다. 청소년지도자가 청소년 프로그램 운영 결과 분석 및 평가를 통하여 문제점을 개선하여 차시에 새롭게 프로그램을 수정 및 보완하여야 프로그램의 효과가 나타 날 것이다. 따라서 평가를 통해 미흡한 분야는 지속적으로 수정 및 보완하면서 발전방안을 모색하는 것은 프로그램을 운영하는 청소년지도사의 책무라 할 수 있다. 본 장에서는 청소년 프로그램 평가의 개념적 이해와 청소년 프로그램 평가의 주요 모형, 그리고 프로그램 평가 절차와 방법을 이해하는 내용을 살펴보게 될 것이다. 아울러 청소년 프로그램을 운영하는 기관장과 청소년지도사에게는 필수적으로 수행하는 업무인 만큼 평가의 중요성을 인식하여야 할 것이다.

제 10 장

청소년 프로그램의 평가

10

학습목표

1. 청소년 프로그램 평가의 개념과 의미를 이해하고 설명할 수 있다.
2. 청소년 프로그램 평가의 주요 모형에 대하여 이해하고 설명할 수 있다.
3. 청소년 프로그램 평가 절차와 방법을 이해하고 설명할 수 있다.

학습키워드

청소년 프로그램 평가, 주요 모형, 평가 절차와 방법

1 청소년 프로그램 평가의 개념과 기준 및 원리

1) 평가의 개념과 기준

청소년 프로그램 평가는 목적과 목표달성 정도를 판단하는 단계로 일정한 기준으로 효율성과 결과에 대한 가치 평가가 이루어진다. 또한 학습자의 행동 변화, 프로그램 과정의 제반 정보수집과 이용을 통해 교육적 의사결정에 도움을 주거나 의사결정을 하게 되는 과정이라고 할 수 있다.

청소년 프로그램 평가는 참여자인 청소년들의 성취 정도를 정확히 이해하게 해줌으로써 평가를 통해 얻은 결과는 청소년교육의 구성요소들을 질적으로 개선시키는 데 유효한 영향이 미치며, 특히 청소년들의 적극적인 프로그램 참여 동기를 고취시키고, 평가결과가 청소년의 행동 변화 또는 학습효과 판정에 국한하지 않고 이를 통해 생활지도나 상담에 필요한 유용한 정보를 얻게 되어 결국 청소년을 있는 그대로 정확히 이해가 가능하며, 평가결과를 통하여 새로운 프로그램 개발과 적용에 반영하는 계기가 주어진다.

따라서 청소년 프로그램 평가의 개념을 교육활동이나 프로그램과 관련해서 다음의 4가지 방식으로 평가가 정의되고 있다. 첫째, 프로그램의 가치나 장점을 판단하거나 결정하는 일이며, 둘째, 프로그램의 효과 및 영향을 파악하고 판단하는 일이며, 셋째는 프로그램의 목적달성 정도를 확인하는 일이다. 마지막으로 프로그램에 대한 의사결정을 보조하는 일이 4가지의 프로그램을 평가라 할 수 있다.

평가의 기준으로는 프로그램 목표의 달성 정도를 나타내는 효과성, 비용 대비 산출의 정도인 효율성, 만족의 여부와 불만, 해결 정도를 포함하는 만족도, 청소년 집단의 요구 및 부합의 정도인 적합성, 프로그램 제공 과정, 프로그램 활동의 양인 노력성, 프로그램 전문성인 품질, 지리적, 심리적인 접근성, 공평성 등을 기준으로 평가하게 된다. 다른 한편으론 프로그램 평가의 기준은 크게 유용성, 실행가능성, 정당성, 정확성의 4가지 측면에서 살펴보면, 먼저 유용성은 평가가 정보적이고, 시기적절하고, 영향을 줄 수 있어야 할 것을 의미하며, 실행 가능성은 평가가 현실적이고, 신중하고, 외교적이며, 경제적일 것을 보장하는 것이다. 그리고 정당성은 평가결과에 의해 영향받게 될 사람뿐만 아니라 평가에 포함된 사람들의 복지에 관한 합법적, 윤리적 책임 수행을 의미하며, 정확성은 가치나 장점을 결정하려는 연구대상의 특성에 대해 기술적으로 충분한 정보를 찾아내고, 전달할 수 있도록 수행되어야 함을 의미한다.

2) 청소년지도 프로그램 평가의 기능과 원리

(1) 청소년 프로그램 평가의 기능

청소년평가의 기능은 먼저 대상에 대한 이해, 진단, 치료의 기능이 있으며, 청소년지도의 구성요소들을 개선시켜 주는 기능과 청소년들의 지도 및 학습행위를 촉진시키기 위해 필요한 학습동기를 유발해 주는 심리학적 기능이 있다. 그리고 청소년의 생활지도나 상담의 자료로 활용, 청소년지도의 질적 수준이 유지될 수 있도록 하는 기능인데, 현재 청소년수련관이나 문화센터 등에서 청소년 프로그램에 대한 평가가 체계적으로 이루어지고 있지 않는 원인을 분석해 보면 다양한 원인이 있지만 핵심요인은 크게 두 가지 차원에서 분석해 볼 수 있다. 첫째는 평가에 대한 본질적인 이해 부족이며, 둘째는 평가를 제대로 수행할 수 있는 전문가의 부족한 원인으로 발생하는 것이다.

(2) 청소년 프로그램 평가의 원리

청소년 지도의 과정 속에서 여러 가지 다양한 현상, 조건, 상황들에 대한 바람직한 절차와 방법을 통하여 필연적으로 평가를 하여야 하며, 먼저 프로그램의 운영과정 즉 지도가 전개되고 있는 "실제 상황 속"에서 이루어지는 평가도 고려해야 하며, 의사결정 또는 정책 수립을 촉진하기 위한 필수 불가결의 평가와 프로그램 평가는 계속해서 종합적으로 전개되는 가운데 본래의 평가 목적을 성취할 수 있을 것이다.

2 청소년 프로그램 평가의 주요 모형 관련 이해

1) 프로그램 평가의 모형과 영역

프로그램 평가의 모형은 평가의 목적을 어디에 초점을 두느냐에 따라 다르게 분류할 수 있다.

첫째, 목표중심 평가이다. 이것은 평가의 기능이 프로그램의 목표나 목적을 어느 정도 성취했느냐를 판단하는 것에 초점을 두고 있다.

둘째, 의사결정중심 평가이다. 평가를 의사결정자에게 필요한 정보를 제공하여 의사결정을 돕는 과정으로 이해하며, 아울러 정보처리모형 혹은 과정 모형이라 부르기도 한다. 따라서 장점을 보면 프로그램 참여자에게 유용한 정보를 제공하게 되며, 단점으로는 평가 자료가 사장될 우려가 있고 실제의 교육상황 개선에 활용될 소지가 적다는 것이다.

셋째, 판단중심 평가이다. 목표나 관련 인사의 의사결정과는 무관하게 프로그램이 지닌 장점과 가치를 파악하는 평가 모형이라 할 수 있다.

넷째, 전문성중심 평가이다. 평가대상 프로그램과 관련된 분야의 전문가들이 전문성을 이용하여 프로그램의 진가를 평가하는 모형이다. 따라서 인정모형, 즉 예를 들면 대학종합평가, 학교종합평가, 청소년 프로그램인증제 평가가 대표적이다. 그리고 전문가 심사모형이라고 해서 졸업사정제, 인사위원회, 프로그램공모제의 최우수 프로그램 선정 등이 대표적인 평가방법이다.

마지막으로 참여-반응중심 평가이다. 프로그램에 참여하거나 영향을 받은 인사들의 다양한 반응에 입각, 프로그램의 역동적인 측면을 중시하여 그 장점과 가치를 파악하는 모형이라 할 수 있다.

한편, 프로그램 평가의 영역은 [그림 10-1]과 같이 프로그램의 목적, 프로그램 내용, 참여자 반응, 프로그램 운영의 4가지 영역으로 구분할 수 있다.

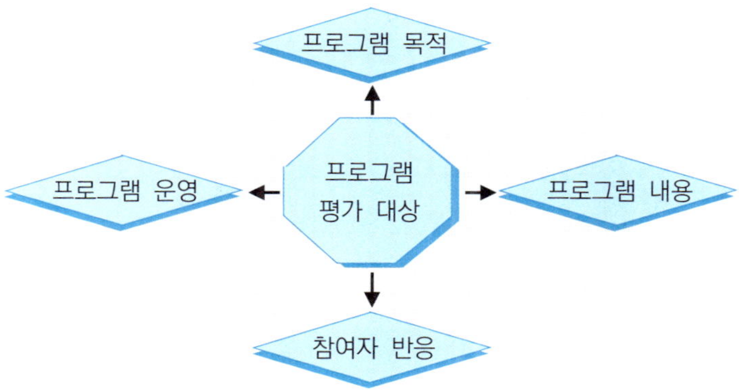

[그림 10-1] **프로그램 평가의 영역**

출처: 권일남 외(2010), p.235.

2) 청소년지도 프로그램 평가자의 능력과 역할

평가의 주체는 청소년지도자, 외부 전문가, 참여자(청소년), 기타 프로그램 관련자들로 구성할 수 있으며, 특히 평가자의 평가능력은 ① 관리 및 운영기술, ② 전문적 기술, ③ 개념적 기술, ④ 전문적 지식이 대표적으로 평가자의 능력이라 할 수 있다. 아울러 평가자의 역할은 첫째, 전문적 역할이다. 평가방법론을 중심으로 한 전문적인 기능이 필요하다. 둘째, 대인관계적인 역할이다. 셋째, 행정적인 역할도 중요한 요소이다. 이는 평가의 수행 및 관리에 관한 기능이라 할 수 있으며, 마지막으로 사회·정치적 역할이다. 이는 사회적 정치적 맥락과 조직적 상황을 고려하여 그에 적합하도록 평가를 수행하는 평가자의 역할이라 할 수 있다.

3) 청소년 프로그램 평가 절차와 방법

(1) 프로그램 평가 절차

먼저 프로그램 평가의 절차는 평가의 세부목표를 설정하여야 하며, 평가될 내용과 행동, 그 대상과 방법에 대한 윤곽이 평가 목표에 포함되거나 암시, 평가 후의 활용에 대한 지침이 포함되어야 한다. 따라서 평가내용과 방법의 결정에 있어서 평가내용은 프로그램에서 다룬 내용으로 행동의 변화, 지식과 기능의 습득, 태도의 변화 등을 포함하며, 평가방법은 특히 고사(필답 또는 구술)와 통신충실검사, 즉 지식이나 정보의 전달이 주요 내용이다. 아울러 설문형 반응, 교육 전후의 태도 및 의식조사, 의견청취, 관찰 및 태도의 변화나 정신 및 의식을 다루는 것이며, 또한 감정진단의 문항에 응답 및 실기검사 등이 있다.

한편 평가도구의 제작은 청소년지도자에게 평가도구 제작과 관련된 보다 전문적인 소양과 기능이 요구되며, 평가를 위해 사용할 도구들이 갖추어야 할 중요한 요건은 타당성, 신뢰성, 객관성, 실용성이라 할 수 있다.

(2) 프로그램 평가의 실시

고사 또는 시험, 설문응답, 심사분석, 관찰, 집단협의 등의 방법을 사용하여 평가를 실시하며, 청소년지도에 평가는 간단한 설문 응답, 집단협의의 방법을 주로 사용하며, 프로그램 개정이나 지속 여부를 결정하기 위한 기초 자료로 쓰는 데 그치지 않고 어떤 보상이나 진급을 위한 자료로 쓴다면 평가 과정에 과장이나 허구성 등으로 인한 프로그램 자체가 왜곡, 변질될 수 있음을 염두에 두어야 한다.

따라서 평가결과의 처리와 분석은 먼저 데이터의 편집이다. 이는 평가 자료 검토, 보완 수정을 하며, 부호 붙이기는 부호화 또는 계량화와 표 만들기는 해석이 용이하도록 단순집계표를 작성한다. 아울러 통계분석은 각 집단의 특성 파악에 중점을 두고 통계분석을 실시한다. 이에 프로그램 평가의 활용은 프로그램 개정과 평가 자료는 프로그램 개정이나 마케팅에 활용되며, 또한 교육 및 프로그램을 개선하는 데 기여해야 함이 무엇보다 중요하다.

[그림 10-2] **프로그램의 평가 절차와 단계**

따라서 프로그램의 평가절차와 단계는 [그림 10-2]과 같이 ① 프로그램 평가 목적설정, ② 프로그램 평가 영역 및 준거 설정, ③ 프로그램 평가 지표 및 도구개발, ④ 프로그램 평가 자료수집 및 분석, ⑤ 프로그램 보고 및 개정 등이 포함된다.

이와 같이 프로그램 평가(program evaluation)란 일정 기간 동안 실시된 청소년 프로그램을 대상으로 하여 그것이 의도한 대로 제대로 잘 수행되었는지를 판단하는 과정을 말하며, 설계된 프로그램을 실행한 후에는 반드시 평가 과정을 거쳐 프로그램의 가치와 효과를 판단하고 프로그램을 개선하는 것은 청소년지도사의 중요한 책무이다. 그리고 설계된 프로그램이 사전에 의도대로 실행되고 운영되었는지를 과학적이고 체계적으로 평가할 수 있는 전문 능력이 프로그램 개발 전문가(PDS)에게 요청된다. 따라서 프로그램 개발 전문가는 프로그램을 완성한 후에 그것을 실행한 결과에 근거하여 지속적으로 프로그램을 개선해 나가야 한다.

3 청소년 프로그램 운영결과 평가보고서 사례(예시)

1) 서론

청소년은 우리의 미래로서 학교에서 학생의 신분에 맞게 열심히 공부를 해야 하는 이념으로 우리들은 생각하고 있다. 하지만 현실에서 드러나고 있는 실제 문화에서는 이와 상반되는 경우가 많이 있다. 청소년들은 어린 시절부터 부모님의 관심과 노력에서 벗어나 과거와는 다른 성장과 발달을 하고 있다. 이러한 과정 속에서 청소년들은 좋은 대학을 가기 위해서 유행처럼 사교육을 받고 있다. 가정형편이 좋지 못하여 사교육을 받지 않는 경우를 빼고는 대부분 사교육을 받고 있는데, 이러한 상황에서 청소년들은 점점 정신적으로, 그리고 신체적으로 지치게 되어 여러 문제를 발생시키고 있다. 너무 과도한 사교육으로 인하여 정서적으로 올바른 성장과 발달을 하지 못하고, 욕구 불만으로 인하여 학교폭력이나 왕따 문제를 만들고, 정신적으로 너무 힘이 들어서 자살을 하는 등의 여러 문제점을 발생시키고 있다. 현재 우리나라는 청소년들의 교육에 많은 시간과 비용을 투자하고 있다. 하지만 이러한 교육열에 비해서 청소년들의 만족도는 낮은 편이라고 봐야 한다. 이러한 교육은 청소년들이 공부하고 싶은 마음을 키우는 것이 아니라 강제적인 교육을 하고 있기 때문이다.

청소년들이 공부에 흥미를 일으키게 하기 위해서는 무조건적인 교육이 아닌 창의력이나 교육적인 흥미를 유발시켜야 한다. 청소년들이 하루의 대부분을 보내는 학교라는 공간이 즐거운 공간이 아닌, 괴로운 공간으로 인식되고 있는 지금 청소년의 문제는 계속해서 발생할 수 있다. 학교가 즐거운 공간이 된다면 학교폭력, 왕따, 게임중독 현상이 줄어들 것이라고 생각한다.

본문에서는 앞에서 언급하고 있는 내용과 관련하여 청소년활동에 대해서, 청소년활동현장 프로그램 종합평가서와 청소년활동 프로그램 활동보고서를 살펴보고자 한다.

2) 본론

(1) 운영목적

○○시 청소년상담복지센터는 전문상담복지 서비스 구현으로 청소년의 건강한 성장을 돕기 위한 상담활동, 위기청소년에게 능동적이고 적극적으로 긴급개입하는 긴급구조 및 여러 가지 지원활동 등을 실시하고 있다.

(2) 연혁

○○시 청소년상담복지센터는 「청소년복지지원법」 제29조에 근거하여 1995년 4월 29일에 설립된 청소년상담 전문기관으로 ○○시청소년재단이 ○○시로부터 위탁운영하고 있다.

(3) 청소년 활동현장 프로그램 종합평가서

① 프로그램 일정과 운영에 대해서(개선 및 건의사항, 긍정적인 면, 어려웠던 점 등): 청소년들에게 1:1 맞춤 상담서비스를 전문적이고 통합적으로 신속하게 제공하여 위기 청소년을 예방하고 위기 청소년이 사회에 잘 적응할 수 있도록 하는 성남시청소년통합지원체계(CYS-Net) 운영, 청소년전화 1388 운영, 찾아가는 상담인 길거리 이동상담과 청소년동반자, 부모교육, 지도자 양성, 연구 및 프로그램 개발 등을 운영하고 있다. 청소년 상담프로그램은 정기적으로 실시하고 있다. 상담 프로그램을 야외에서도 진행하는 점이 인상적이었고 긍정적으로 생각한다. 부족했던 점은 자원봉사자가 많이 부족하다는 생각을 하게 되었다. 자원봉사자의 수를 늘려서 다양한 학생들을 상담하는 게 좋다고 생각한다. 학생들이 기다리지 않고 바로 상담을 받을 수 있다면 이 프로그램은 더욱 좋아질 것이라 생각한다.

② 프로그램 목표 성취에 대해서 상담 프로그램을 통해서 우리 아이들이 가지고 있는 내면적인 모습을 살펴보고 아이들의 문제에 대해서 파악하여 아이들이 긍정적인 방향으로 나아갈 수 있도록 도울 수 있다고 생각한다.

③ 프로그램 전과 프로그램이 끝난 지금 청소년 활동에 대한 생각의 변화는 본인은 프로그램 전에는 청소년활동이 필요하다는 막연한 생각을 가지고 있었는데 프로그램이 시작하고 나서는 청소년활동을 위해서 우리들이 더 많은 지원을 하고 청소년의 눈높이에 맞춘 프로그램을 진행해야 한다는 생각을 하게 되었다.

④ 프로그램을 마치며(소감문)

학교 밖 청소년 전문상담 프로그램

- 집단 프로그램: 학업복귀, 직업능력향상, 정서조절, 심리치료 등의 서비스를 제공
- 문화체험 프로그램: 다양한 문화체험을 통해 건강한 청소년으로서의 소양을 갖추고, 자기 계발을 위한 경험의 기회 제공

○○시 청소년 상담복지센터의 특성은 학교밖청소년 전문상담 프로그램을 진행하고 있다는 것이다. 우리 청소년들을 찾아가면서 문제를 해결하기 위해서 다양한 프로그램을 진행하고 우리 청소년들의 개선을 위해서 노력하고 있다. 앞으로도 다양한 프로그램을 개발하여 우리 청소년들이 프로그램에 적극적으로 참여할 수 있도록 노력하여야 할 것이다. 즉, 청소년들에게 거부감이 들지 않는 프로그램을, 청소년의 호기심을 자극할 수 있는, 청소년의 개인정보를 보호해 줄 수 있는 프로그램을 개발해야 한다고 생각한다.

3) 청소년 활동 프로그램 활동보고서

(1) 활동주제

이 기관에서는 청소년의 학교폭력 및 왕따 문제에 대한 상담 프로그램도 진행하고 있다.

(2) 활동내용

이 프로그램의 목표는 학교폭력과 왕따를 줄이기 위해서는 사전예방교육을 통해서 학생들이 그러한 문제가 잘못된 것이라고 생각할 수 있도록 만들어 주어야 하며 학생 스스로 의사를 결정할 수 있는 능력을 키워주어야 한다. 이 프로그램의 목표는 교육을 통해 학교 폭력을 근절하고 건강한 사회구성원으로서

기능을 할 수 있도록 돕고자 하는 데 있다.

(3) 청소년 인터뷰

청소년들을 대상으로 이 문제에 대해서 인터뷰를 하였는데 많은 청소년들이 현재 학교에서 폭력과 왕따 문제로 어려움을 겪고 있다는 사실을 알게 되었다. 폭력 경험이 있으며, 이때 어떻게 해야 할지 모른다는 것이 가장 큰 문제라는 것을 알게 되었다. 그렇기 때문에 예방도 중요하지만 그 사후에 어떻게 대처해야 하는지에 대해서 알려주는 것도 아주 중요한 것이라는 것을 알게 되었다.

(4) 평가

학교폭력 및 왕따 프로그램은 청소년들에게 학교폭력의 심각성에 대해서 일깨워주고 자신을 소중하게 생각하듯이 친구들도 소중하게 생각하는, 존중을 해줘야 한다는 것을 느끼게 해주었다고 생각한다. 이 프로그램의 문제점으로는 일회성에 그쳤다는 것이다. 정기적인 프로그램 구성을 통해서 청소년들에게 이러한 사실에 대해서 자세하게 교육을 시켰다면 더욱더 좋은 효과를 얻을 수 있었을텐데 일회성에 그친 프로그램이라서 아쉬움이 남았다.

4) 결론

우리 사회의 청소년은 매우 힘든 모습이다. 공부, 사회적인 문제, 폭력 등에 의해서 우리 청소년들은 정신적·육체적으로 매우 지쳐가고 있는 것이다. 청소년복지는 이러한 청소년들의 문제를 해결해 줄 수 있는 복지를 말한다. 청소년들이 어려움을 겪을 때 복지를 통해서 그 어려움을 해결해 주어야 한다. 이러한 복지를 제공해 줄 때 마음만으로는 할 수 없다. 이 분야에 관련된 전문적인 지식이 필요하고 역량이 필요하다. 전문적인 지식과 역량을 통해서 복지를 원하는 청소년들을 좋은 방향으로 도울 수가 있는 것이다. 내 자신이 지금 이 분야에 대해서 공부하는 이유가 바로 여기에 있는 것이다. 전문적인 지식과 역량을 통해서 우리 청소년들을 돕기 위해서 지금 공부를 하고 있는 것이다.

결론적으로 청소년 프로그램 평가에 대한 정리를 하면 첫째, 평가는 프로그램의 가치나 장점을 판단하거나 결정하는 일이며, 이것은 기본적이고 핵심적인 평가의 의미이다. 그리고 평가대상의 장점이나 가치를 체계적으로 판단하는 일이며, 또한 실행된 특정 청소년 지도 프로그램을 확대보급, 추가투자, 특정 목적 및 상황에 적용 여부를 결정하기 위한 평가이기도 하다.

둘째, 프로그램의 효과 및 영향을 파악하고 판단하는 일이다. 이것은 프로그램 실시로 인한 효과나 영향을 사정 및 판단하는 데 초점을 두어야 하며, 특히 국가 수준에서 연구개발 시범 및 실천하기 위하여 청소년 프로그램을 전국적으로 확신시키기 전에 그 효과 및 영향을 파악하기 위해 실시하여야 한다. 예를 들면 진로 탐색 사전·사후 평가 등이 이에 해당된다고 볼 수 있다.

셋째, 프로그램의 목적 달성 정도를 확인하는 일이다. 즉 프로그램이 의도하고 있는 바를 어느 정도 달성했는가를 확인하고 점검하는 평가활동이다. 그리고 청소년 교육 활동은 추구하는 목표에 따라 교육활동이 끝나면 목표가 얼마나 성취되었는가를 필연적으로 판단해야 하는 것이 평가라고 할 수 있다.

마지막으로 프로그램에 대한 의사결정을 보조하는 일이다. 따라서 평가 결과를 합리적인 의사결정(프로그램의 지속, 확대, 축소, 재실시, 수정 실시, 폐지 여부)을 위한 목적으로 평가를 실시하는 것이다. 결국 청소년 프로그램의 평가는 프로그램의 기획부터 일련의 과정을 통해 실행 후의 평가를 통해 반드시 평가 결과는 차기 프로그램 운영 시 평가 결과를 반영하여 수정·보완되어야 청소년들의 교육적 가치와 성과 및 만족도가 증대될 것이다.

▶▶▶ 토의 및 연구 문제

1. 청소년 프로그램 평가의 개념과 의미, 그리고 평가의 중요성을 설명하시오.
2. 청소년 프로그램 평가의 주요 모형과 본인이 생각하는 최적의 모형에 대하여 설명하시오.
3. 청소년 프로그램 평가의 절차와 방법을 설명하고 평가 시 가장 중요한 요인이 무엇인지 설명하시오.

제11장 청소년 프로그램의 인증과 효율적 관리 및 운영

제12장 4차 산업혁명시대와 청소년 프로그램 운영의 발전전략

Part

03

청소년 프로그램의 사후관리와 미래지향적 과제

청소년수련활동인증제도의 도입 배경은 체험학습 및 수련활동 현장에서의 청소년들이 위험에 노출되고 각종 안전사고가 빈번하게 발생함으로 인해 국가에서 제도적으로 프로그램에 대한 안전성, 즉 인증기준(프로그램, 지도력, 활동환경)에 대하여 사전에 인증을 위한 심사를 통하여 안전한 프로그램을 운영하기 위해서이다. 이에 청소년들이 안전한 수련활동 보장과 각종 안전사고를 미연에 방지하기 위하여 국가에서 시행하는 제도이다. 따라서 본 장에서는 청소년수련활동의 인증제도에 대한 전반적 내용의 이해, 청소년활동 인증 프로그램의 개발과 인증 프로그램의 대표적 운영 사례, 그리고 청소년들이 수련활동을 통한 프로그램의 효과를 얻기 위해서는 무엇보다 프로그램을 운영하는 청소년지도자의 지도역량이 매우 중요하다. 이를 위해 지도역량을 발휘하기 위한 청소년지도자의 역량증진에 대하여 살펴보고자 한다.

제 11 장

청소년 프로그램의 인증과 효율적 관리 및 운영

11

학습목표

1. 청소년수련활동인증제도에 대하여 이해하고 설명할 수 있다.
2. 청소년활동 프로그램의 안전성과 안전관리에 대하여 설명할 수 있다.
3. 프로그램의 효과를 위한 청소년지도자의 역량증진의 개념과 방법을 설명할 수 있다.

학습키워드

청소년수련활동, 인증제도, 프로그램의 안전성, 역량증진

1 청소년수련활동 인증제도의 이해

1) 추진배경

청소년수련활동 인증제도는 「청소년활동 진흥법」 제35조 내지 제38조에 따라 시행된 제도로서, 청소년수련활동이 청소년의 균형 있는 성장에 기여할 수 있도록 국가 및 지방자치단체 또는 개인 · 법인 · 단체 등이 실시하고자 하는 청소년수련활동을 인증하고, 인증된 수련 활동에 참여한 청소년의 활동 기록을 유지 · 관리 · 제공하는 청소년수련활동 프로그램에 대한 국가인증제도이다.

청소년수련활동 인증제는 글로벌 · 다문화 시대의 흐름에 발맞추어 청소년의 활동 환경을 조성하고 지원하는 제도로 청소년의 다양한 요구에 부응하고, 사회문화적 역량을 개발 · 강화하는 것을 목적으로 한다. 청소년활동 기반 확립과 학교 교육과 연계한 활동 지원의 확대 요구에 대한 사회적 공감대가 형성되면서 2004년 2월 「청소년활동 진흥법」 제35조에 근거 규정을 마련하여 2006년부터 운영하고 있다.

청소년수련활동인증제는 청소년활동 프로그램에 대한 사전인증으로 양질의 활동기회 및 프로그램을 제공할 수 있게 하고, 수요자인 청소년의 욕구가 반영된 활동 프로그램을 제공함으로써 '유용성', '공공성', '안정성'을 강조한다. 또한, 인증 받은 활동에 참여한 청소년의 활동실적을 기록 · 관리함으로써 청소년들의 자기계발과 진로탐색에 필요한 자료로 활용될 수 있도록 지원하고 있다.

청소년수련활동인증제도는 2006년 3월부터 시작되어, 당해 연도에 청소년수련활동 인증위원 15인을 위촉하고, 인증심사원 192명을 선발하여, 5월 인증접수를 시작으로 79건의 청소년 수련활동을 인증하였다.

특히 2017년에는 제도의 실효성 제고를 위해 학교단체 숙박형 활동유형을 신설, 별도의 인증기준과 사후관리체계를 도입하였다. 또한 개별단위 프로그램의 인증 도입, 지도자 배치기준의 현실화, 수시 점검 확대 운영 등 안전한 활동환경을 기반으로 한 현장 중심의 제도 개선을 추진하였다.

2018년에는 집라인, 래프팅 등 위험도가 높은 수련활동과 드론 등 안전 고려 활동을 자체적으로 점검하고 관리할 수 있는 안전점검 체크리스트를 개발하고 보급하는 등 프로그램의 안전성을 높이고자 노력하였다. 또한 인증신청자의 편의성을 증진하고자 간편 인증신청시스템을 도입하여 현장에서 제출되는 중복 서류를 최소화하고, 기존 제출하였던 31개의 증빙서류를 수련시설 종합평가 결과 반영 및 갈음 등을 통해 19개로 행정서류를 간소화하였다.

2019년에는 참여 학부모와 교사가 직접 참여하는 현장점검단을 운영하여 수요자가 제도를 인지하고 필요성을 느끼는 등 실효성 있는 제도를 운영하도록 하였으며, 보급형 프로그램을 현장에 개발 및 보급하고 찾아가는 현장 맞춤형 컨설팅을 지원하여 인증신청자가 신청의 어려움을 해소할 수 있도록 하였다.

2020년에는 비대면방식 청소년활동 인증기준을 개발하여 청소년활동의 패러다임을 전환해 시대 변화에 맞게 청소년활동의 혁신을 도모하였으며, 코로나19와 같은 재난 등의 사유로 인해 인증수련활동 운영이 원활하지 못한 기관에 대하여 인증수련활동을 중지할 수 있는 제도적 보완장치를 마련하였다(청소년백서, 2020).

2) 청소년수련활동 인증제도의 운영(청소년활동 진흥법 제35조)

① 국가는 청소년수련활동이 청소년의 균형 있는 성장에 기여할 수 있도록 그 내용과 수준을 향상시키기 위하여 청소년수련활동인증제도를 운영하여야 한다.

② 국가는 청소년수련활동인증제도를 운영하기 위하여 청소년수련활동 인증위원회(이하 "인증위원회")를 활동진흥원에 설치·운영하여야 한다.

③ 인증위원회는 위원장과 부위원장 각 1명을 포함한 15명 이내의 위원으로 구성한다.

④ 인증위원회의 위원은 다음 각 호에 해당하는 사람으로 한다. 이 경우 제3호에 해당하는 사람이 1명 이상 포함되어야 한다.

1. 여성가족부와 교육부의 고위공무원단에 속하는 일반직공무원 또는 이에 상당하는 특정직공무원 중에서 기관의 장이 각각 지명하는 사람
2. 활동진흥원의 이사장
3. 청소년활동의 안전에 관한 전문자격이나 전문지식을 가진 사람 중에서 여성가족부장관이 위촉하는 사람
4. 그 밖에 청소년활동에 관한 지식과 경험이 풍부한 사람 중에서 여성가족부장관이 위촉하는 사람

⑤ 국가는 제36조에 따라 인증을 받은 청소년수련활동을 공개하여야 하며, 청소년수련활동에 참여한 청소년의 활동기록을 유지·관리하고, 청소년이 요청하는 경우에는 이를 공개하여야 한다.

⑥ 인증위원회의 구성·운영, 청소년의 활동기록 유지 및 관리 등에 필요한 사항은 대통령령으로 정한다.

3) 청소년수련활동인증제

(1) 개념

청소년수련활동인증제는 「청소년활동 진흥법」 제35조에 따라 시행되고 있는 제도이다. 청소년활동에서 수련활동이 가지고 있는 일정한 기준 이상의 형식적

요건, 질적 특성을 가지고 있는 청소년활동이 정당한 절차로 성립되었다는 것을 공적 기관에서 증명하는 제도이다.

(2) 목적

청소년수련활동인증제의 목적으로는 먼저 청소년이 안전하고 유익한 활동의 선택을 통해 참여할 수 있도록 양질의 프로그램을 제공하는 것이다. 두 번째는 청소년에게 안전하고 질적인 수준이 담보되어 있는 다양한 청소년활동에 대한 정보를 제공하는 것이다. 세 번째는 참여한 활동내용을 국가에서 기록과 유지·관리를 통해 자기 계발 및 진로 모색에서 이를 활용할 수 있도록 자료를 제공하기 위한 것을 목적으로 한다. 네 번째는 건전한 청소년 선택의 장을 만들어 청소년활동 전반에서 국민적인 신뢰를 확보하는 것에 있다.

(3) 운영 특징

첫 번째로 사전 인증으로 프로그램을 실시하기 전이나 참가자를 모집하기 전 인증을 신청하여 인증 여부를 결정한다. 두 번째는 서면 인증으로 인증을 신청하려고 하는 사람은 관련된 자료를 서면으로 작성하여 제출한다. 세 번째는 프로그램 인증을 운영하려고 하는 수련활동에 대해서 개별 인증과 관리를 한다.

(4) 인증 기준

① 프로그램: 청소년 발달 특성과 욕구의 반영을 통해 프로그램의 개발과 평가체계를 마련하여 자원의 효율적 운영계획을 수립한다.

② 지도력: 프로그램의 운영과 관리에 적합한 사람을 선정하여 청소년 참여인원수 대비 지도자 배치와 위험도가 높은 청소년수련활동의 경우 유자격자 등을 배치한다.

③ 활동환경: 청소년들에게 안전하면서 적합한 활동환경의 제공이 가능하도록 공간, 설비, 사용여건, 보험가입 등의 계획을 철저히 수립한다.

2 청소년수련활동 인증제도 절차 및 법적 요건

1) 인증절차

인증절차는 먼저 인증 신청 후 형식 요건의 검사, 인증 신청 접수, 인증심사원 배정, 필요시에 제3심사원을 배정하고 현장 방문을 실시한 후 인증심사 결과의 분석, 인증위원회 심의, 의결, 인증 여부 공고순으로 진행된다. 이때 불인증된 경우에는 재심사를 요청하거나 인증심사 자료를 보완하여 차기 회차 인증 신청을 할 수 있다. 인증이 되면 청소년수련활동인증서를 발급하고 프로그램을 운영하게 된다.

2) 법적 요건

(1) 청소년수련활동인증제(청소년활동 진흥법 제35조)

국가에서는 청소년수련활동이 청소년의 균형 있는 성장에 이바지할 수 있게 내용과 수준의 향상을 위해 인증제도를 운영해야 하며 인증제도 운영을 위해 인증위원회를 활동진흥원에 설치 · 운영한다. 또한 제36조에 따라서 인증 받은 청소년수련활동 공개와 활동기록의 유지 및 관리를 하며 청소년이 정보를 요청하면 제공해야 한다.

(2) 청소년수련활동의 인증 절차(청소년활동 진흥법 제36조)

국가, 지방자치단체, 개인, 법인, 단체 등은 프로그램 개발과 실시할 때 관련 내용 작성을 인증위원회에 제출할 수 있으며 참가 인원, 위험도에 따라서 관련 내용을 미리 작성해서 제출해야 한다. 또한 청소년지도자, 안전에 대한 전문인력을 갖추어야 한다.

(3) 인증신청 및 절차 방법 등(청소년활동 진흥법 시행령 제21조)

인증을 받으려고 하는 사람은 모집이나 활동을 실시 시작 전 45일 이전에 인증을 요청하며 필요 자료를 제출해야 한다. 또한 보완이나 개선의 요구는 10일 이내에 관련 사항을 제출하고 응시하지 않으면 인증요청서를 반려할 수 있다.

(4) 인증수련활등의 운영(청소년활동 진흥법 제39조, 동법 시행규칙 제8조의3)

청소년수련활동 위탁은 신고, 등록, 인가, 허가를 받은 법인과 단체, 개인에게 위탁할 수 있고 이때 청소년활동의 전부 또는 여성가족부령으로 정하고 있는 프로그램은 위탁할 수 없다. 또한 참여 청소년에게는 안전교육을 실시해야 한다.

(5) 인증수련활동의 결과통보 등(청소년활동 진흥법 제37조)

인증수련활동을 실시하면 활동종료 후 인증위원회에 결과를 통보해야 하며 인증위원회에서는 활동 결과를 유지하고 관리할 수 있도록 기록한다.

(6) 인증수련활동의 사후관리(청소년활동 진흥법 제36조의2, 시행규칙 제15조의5)

인증위원회에서는 인증 유효기간을 4년 이내로 설정할 수 있고 연장이 필요하면 인증위원회를 거쳐서 기간의 연장이 가능하다. 인증수련활동 실시에 대해 인증사항 이행 여부 확인을 할 수 있고 활동 내용과 실제 내용에서 차이가 발생하면 이를 시정하도록 요구할 수 있다.

(7) 참여청소년의 활동기록 유지관리(청소년활동 진흥법 제35조 제3항, 시행령 제20조, 제23조)

국가는 인증수련에 참여하는 청소년 활동기록의 유지 및 관리와 청소년이 요청하면 이를 제공하고 효율적 제공을 위해 종합관리체계를 구축해야 한다. 실시한 곳에서는 청소년 인적사항, 일자, 시간, 장소, 활동 내용 등을 15일 이내에 기록하고 활동기록 확인 등의 절차를 통해 끝나고 20일이 지난 날부터 기록을 제공한다.

(8) 인증의 취소 등 행정처분(청소년활동 진흥법 시행규칙 제15조의6, 제15조의7)

인증위원회에서는 청소년수련활동을 인증받은 사람이 부정한 방법으로 인증받은 경우, 정당한 사유 없이 인증수련활동을 1년 이상 시행하지 않은 경우, 인증 내용과 실제 활동 내용에서 중요한 차이가 있는 경우에는 취소 또는 6개월 이내 기간을 정해 인증 정지를 명할 수 있다. 또한 인증활동 시행 결과를 거짓으로 통보할 경우, 인증이 축소된 경우, 인증받은 사항이 아닌 다른 청소년활동을 시행하면 5년 이내 청소년수련활동 인증을 신청할 수 없다. 또한 인증이 취소되거나 인증위원회 인증을 받지 않은 경우에는 인증수련활동 또는 인증 받았다는 표시를 하거나 유사한 표시를 해서는 안 된다.

3) 인증기준 및 인증수련활동현황

수련활동 인증신청은 상시적으로 청소년활동정보서비스를 통하여 이루어지며, 접수된 청소년수련 활동은 1개 프로그램당 2명의 인증심사원이 심사를 하고, 인증위원회가 최종심의를 하게 된다.

인증기준은 국내 청소년활동과 국제 청소년활동 영역으로 구분되어 있으며, 각 영역별 인증기준은 공통 기준과 개별 기준 및 특별 기준을 갖는다. 공통기준은 활동 프로그램, 지도력, 활동환경 등 3가지 영역, 개별 기준은 숙박형과 이동형으로 구성되어 있으며 반드시 인증을 받아야 하는 프로그램과 학교단체 숙박형 활동, 비대면방식 청소년활동은 특별 기준을 추가로 적용한다.

〈표 11-1〉 **청소년수련활동 인증 기준**

영역/유형			인증 기준	확인요소
공통 기준	1. 활동 프로그램		1. 프로그램 구성	9
			2. 프로그램 자원 운영	
	2. 지도력		3. 지도자 전문성 확보 계획	8
			4. 지도자 역할 및 배치	
	3. 활동환경		5. 공간과 설비의 확보 및 관리	7
			6. 안전관리 계획	
개별 기준	활동 유형	숙박형	1. 숙박관리, 2. 안전관리인력 확보, 3. 영양관리자 자격	5
		이동형	1. 숙박관리, 2. 안전관리인력 확보, 3. 영양관리자 자격, 4. 휴식관리, 5. 이동관리	7
특별 기준	위험도가 높은 활동		1. 전문지도자의 배치, 2. 공간과 설비, 안전관리	4
	학교단체숙박형		1. 교단체 숙박형 활동 관리	3
	비대면방식 실시간 쌍방향		1. 실시간 쌍방향 활동 운영 및 관리	5
	비대면방식 콘텐츠 활용중심		1. 콘텐츠 활용중심 활동 운영 및 관리	6
	비대면방식 과제수행중심		1. 과제수행중심 활동 운영 및 관리	5

주: 1) 프로그램: 청소년의 발달 특성과 욕구를 반영한 프로그램의 기획 여부와 내용 구성, 평가·환류체계의 포함 유무, 프로그램 운영을 위한 예산 및자원의 적정성 등을 확인
2) 지도력: 프로그램 운영 및 관리에 적합한 자가 해당 프로그램을 운영하는지 여부, 프로그램 내용 및 청소년 참여 인원 수 대비 지도자 배치 수의 적정성, 안전고려활동 운영 시 유자격자 등 배치 여부를 확인
3) 활동환경: 청소년에게 안전하고 적합한 활동환경이 제공될 수 있는가를 공간과 설비, 사용 여건, 보험 가입 등으로 확인

출처: 한국청소년활동진흥원(2020).

〈표 11-2〉 **청소년수련활동인증제 활동유형 구분**

활동유형	내용
기본형	전체 프로그램 운영 시간이 3시간 이상으로서, 실시한 날에 끝나거나 1일 1시간 이상의 각 회기로 숙박 없이 수일에 걸쳐 이루어지는 활동
숙박형	숙박에 적합한 장소에서 일정기간 숙박하며 이루어지는 활동
이동형	활동 내용에 따라 선정된 활동장을 이동하여 숙박하며 이루어지는 활동
학교단체 숙박형	학교의 장이 참가를 승인한 활동으로 숙박에 적합한 장소에서 일정 기간 숙박하며 이루어지는 활동 * 개별 단위 프로그램: 학교단체 숙박형 활동을 구성하는 각각의 프로그램

현재까지 인증된 수련활동은 11,882건이며, 이 중 27건은 인증사항 이행 여부 확인 등을 통해 취소되고, 8,302건은 인증유효기간이 종료되었으며, 48건은 철회되어 2022년 12월 말까지 총 3,505건의 인증수련활동이 유지되고 있다(청소년백서, 2022).

3 청소년수련활동 인증 프로그램의 개발 및 운영사례

1) 서론

청소년수련활동 인증 프로그램 중 해운대청소년수련관에서 개발한 리더십 공동체 활동인 '모두 1인'이라는 사례 프로그램의 구성과 목적 등을 알아보고 '모두 1인'이라는 프로그램은 어떤 프로그램 개발의 접근원리로 접근하였는지 알아보고자 한다. 또한 그러한 원리를 사용한 판단 근거는 무엇인지 살펴보고자 한다. 청소년수련활동 인증 프로그램이란 청소년수련활동을 국가가 인증한 프로그램으로서 청소년수련활동인증제란 「청소년활동 진흥법」 제35조에 따라 국가 및 지방자치단체 또는 개인·법인·단체 등이 실시하고자 하는 청소년수련

활동을 인증하고, 인증수련활동에 참여한 청소년의 활동 기록을 유지·관리·제공하는 국가인증제도이다. 청소년인증수련활동의 특징은 청소년의 성장발달과 욕구를 바탕으로 프로그램을 운영하며 전문성을 갖춘 전문가가 함께하는 프로그램이다. 또한 위험요소를 최소화하는 프로그램으로서 활동환경이 적절한지, 안전한지 그리고 안전관리 계획이나 교육, 비상조치계획, 보험가입 등 안전에 대한 엄격한 심사기준을 가지고 위험요소를 최소화하는 특징을 가지고 있는 프로그램이다.

2) 본론

(1) 프로그램 추진 배경 및 필요성

① 시대적 배경

입시지시교육으로 지연되는 청소년 발달 요소 대부분의 청소년들은 대학 진학만을 목표를 가지고 치열한 입시교육 체제 속에서 실제로 내가 누구인지, 왜 공부를 해야 하는지, 왜 학교에 다녀야 하는지, 심지어 왜 살아야 하는지에 대한 자신에 대한 깊은 성찰과 평가를 하지 못하고 자신의 삶의 목표를 실제적으로 세우기 위한 기회를 충분히 갖지 못한다. 또한 입시 위주의 교육은 사회생활에 필요한 커뮤니케이션 기술, 의사결정 기술, 인간관계 기술, 학습능력 기술, 자기이해 기술, 그룹활동 기술, 조직관기 기술, 스트레스 관리과 자기통제 기술과 같은 생활기술을 길러주는 데 관심을 두지 못했다.

현 시대 진정한 리더의 부재로 인한 새로운 리더 갈망 최근 한국을 비롯한 세계 여러 나라가 정치, 경제, 사회, 문화적인 측면에서 급격한 변화와 어려운 상황에 직면해 있다. 이로 인해 다양한 문제를 해결하고 혼란스러운 현실을 지혜롭게 극복할 수 있는 참신한 지도자와 새로운 리더십이 필요한 이때에 리더십 기술을 습득하게 함으로써 자기 자신에 대한 정확한 이해 능력을 신장시키고, 사회적으로 다른 사람들과 더불어 살아가기 위한 커뮤니케이션 능력과 원만한 인간관계를 유지할 수 있는 능력을 함양할 수 있으며, 조직 속에서는 합리적인 의사결정 능력, 조직관리 기술 및 조직에 순조롭게 적응하여 살아갈 수 있는 능력을 기를 수 있다.

② 청소년 리더십교육의 필요성

청소년기에 리더십을 개발하는 것이 청소년들의 자신에 대한 이해를 높이고, 원만하고 진취적인 생활을 이루어갈 수 있다. 또한 위험행동을 예방하며 성공적인 성인기를 보낼 수 있는 계기가 될 수 있다. 리더십생활기술이 적극적으로 자신의 삶을 개척하고 스스로 진로를 결정하는 데 도움을 줄 수 있다. 그런 의미에서 리더십생활기술이 청소년의 진로발달 및 성장에 영향을 미치는 중요한 변인이라 할 수 있다. 청소년 개인의 바람직한 삶과 그들이 속한 사회나 국가 및 세계적으로 경쟁력 있는 글로벌 인재로 육성하려면 현실 사안에 대해 바르게 판단하고 문제해결에 필요한 유연한 사고 및 리더십에 대한 끊임없는 교육과 훈련이 필요하다고 하겠다.

③ 활동 프로그램의 필요성

활동 프로그램의 효과 수련활동은 청소년들에게 자신에 대한 올바른 성찰의 시간을 가질 수 있도록 돕는다. 가정생활이나 다른 수련환경을 통해 수련활동은 자신감을 향상시키는 계기를 제공하며, 자신이 속한 집단의 성격을 파악하여 적재적소에 맞는 적응법을 키움으로써 인간관계 능력을 향상시키고 커뮤니케이션 능력을 증진시키게 된다. 특히 프로그램 중에 실시되는 팀 활동 등을 통하여 리더십이 개발되며 스스로 스트레스를 조절하고 긍정적인 태도를 갖게 된다.

리더십 프로그램 수 부재 2015년 3월 15일 기준 청소년수련활동인증정보시스템에 등록된 4,254개의 프로그램 중 리더십 프로그램은 143개로 불과 3.3%에 불과하다. 그리고 부산지역 리더십 프로그램은 단 3개뿐인 것으로 조사되었다. 최근 몇 곳의 리더십 개발 전문기관에서 어린이와 청소년을 대상으로 리더십 훈련 프로그램을 실시하고는 있지만 고액의 참가비로 인해 극소수의 청소년들에게만 그 혜택이 돌아가고 있어 대책이 시급한 실정이다.

(2) 프로그램 계획

① 프로그램 목적

리더십생활기술 체험활동을 통해 기존의 강의식 리더십 프로그램에서 벗어나 리더십을 체득, 체화할 수 있도록 한다. 리더십 하위항목 중 가장 중요한 의사결정, 의사소통 능력을 함양하는 데 도움을 주도록 한다.

② 프로그램 목표

- 청소년들의 적극적인 활동 참여를 통해 리더십에 대해 이해하고 체화할 수 있도록 한다.
- 자율적인 활동 참여를 통해 의사결정과 의사소통 능력을 함양할 수 있다.

③ 프로그램 일정

일정	단위프로그램명	내용	
09:00~09:10	OT	• 출석확인 및 지도사 소개 • 수련관 소개, 일정 안내 • 활동 규칙 및 안전교육 실시	
9:10~9:20	생존신고	• 모의상황 제시	• 자신을 나타내는 명찰 제작
9:20~9:30	최후의 생존자 I	• 조 편성하기 • 리더의 유형 알아보기	• 각 조의 리더 선정하기 • 리더십의 특징

일정	단위프로그램명	내용
9:30~10:10	생존경쟁	• 공동체 게임(난파선 타기) • 공동체 게임(올가미 던지기) • 공동체 게임(정글늪 경주) • 공동체 게임(누가누가 멀리 보나)
10:10~11:40	최후의 생존자 II	• 생존물품 제시 • 생존물품의 우선순위 정하기 • 생존물품 사고팔기
11:40~11:50	구조선 안에서	• 생존을 위해 소통하면서 느낀 점 나누기 • 각 리더십 유형의 장단점 나누기
11:50~12:00	마무리	• 활동 우수팀 시상 • 활동 마무리하기

(3) 프로그램 자원 운영

① 사업비 현황

▌사업비 총괄표

(단위: 원)

구분		금액	산출내역	비율
사업비	총사업비	420,000	420,000 x 1회	100%
	자체부담액	100,000	100,000 x 1회	23.8%
	후원 및 지원액	-	-	0
	참가자 부담액	320,000	320,000 x 1회	76.2%
	기타	-	-	0

사업비 산출내역

(단위: 원)

<table>
<tr><th colspan="2" rowspan="2">지출항목</th><th>사업비</th><th rowspan="2">산출내역</th></tr>
<tr><th>총계</th></tr>
<tr><td colspan="2">총 계</td><td>420,000</td><td></td></tr>
<tr><td rowspan="3">인건비</td><td>소 계</td><td>210,000</td><td></td></tr>
<tr><td>강사비</td><td>110,000</td><td>1명 x 1회 x 110,000원</td></tr>
<tr><td>보조지도자</td><td>100,000</td><td>2명 x 1회 x 50,000원</td></tr>
<tr><td rowspan="3">운영비</td><td>소 계</td><td>210,000</td><td></td></tr>
<tr><td>활동재료비</td><td>170,000</td><td>40명 x 1회 x 4,250원</td></tr>
<tr><td>간식비</td><td>40,000</td><td>40명 x 1회 x 1,000원</td></tr>
</table>

② 단위 프로그램별 기자재 및 장비 내역

<table>
<tr><th>연번</th><th>단위 프로그램</th><th>품목</th><th>수량</th><th>보유 · 임대 · 구입 여부</th></tr>
<tr><td rowspan="4">1</td><td rowspan="4">OT 및 생존신고</td><td>노트북</td><td>1</td><td>보유</td></tr>
<tr><td>빔 프로젝트</td><td>1</td><td>보유</td></tr>
<tr><td>검사지</td><td>40</td><td>보유</td></tr>
<tr><td>필기구</td><td>40</td><td>보유</td></tr>
<tr><td rowspan="4">2</td><td rowspan="4">최후의 생존자 I</td><td>노트북</td><td>1</td><td>보유</td></tr>
<tr><td>빔 프로젝트</td><td>1</td><td>보유</td></tr>
<tr><td>활동지</td><td>8</td><td>보유</td></tr>
<tr><td>필기구</td><td>40</td><td>보유</td></tr>
<tr><td rowspan="2">3</td><td rowspan="2">생존경쟁</td><td>노트북</td><td>1</td><td>보유</td></tr>
<tr><td>빔 프로젝트</td><td>1</td><td>보유</td></tr>
<tr><td rowspan="4">4</td><td rowspan="4">최후의 생존자 II</td><td>필기구</td><td>40</td><td>보유</td></tr>
<tr><td>노트북</td><td>40</td><td>보유</td></tr>
<tr><td>활동지</td><td>8</td><td>보유</td></tr>
<tr><td>필기구</td><td>40</td><td>보유</td></tr>
</table>

연번	단위 프로그램	품목	수량	보유 · 임대 · 구입 여부
5	구조선 안에서 및 마무리	검사지	40	보유
		노트북	1	보유
		빔 프로젝트	1	보유
		필기구	40	보유

(4) 유사 시 대처방안

본 프로그램은 모두 실내에서 진행되므로 대처방안과 무관함

(5) 프로그램 평가계획 및 평가대상

① 프로그램 평가계획

- 과정평가(면담, 피드백), 실행평가를 통하여 프로그램 보완 및 관리 실시
- 사후 만족도 조사(프로그램 내용, 강사, 청소년 참여도) 등 총괄평가를 통해 프로그램 성과 및 추진 방향 결정

프로그램 효과성/만족도	만족도 조사 실시 결과 평점 4점(5점 만점) 이상 도출함.
의사소통/의사결정 능력 함양	리더십(의사소통) 척도 사전/사후 설문지 검사 결과 향상됨.

② 평가대상: 참여 청소년(13~15세)

(6) 프로그램 환류 계획

① 평가결과(만족도 조사)를 토대로 프로그램 운영에 대해 보완해야 할 방향과 우선 추진과제 제안

② 조사결과와 문제점 탐색을 통해 향후 구체적 발전방안 모색

③ 조사 결과는 추후 프로그램 운영에 보완/반영함

사전평가		결과반영 및 개선
활동 대상 및 인원 확인 프로그램 구성도 및 장소, 준비물 확인	⇨	활동계획서 미비점 분석 · 보완 · 완성

과정평가		결과반영 및 개선
설문조사 및 지도자 평가회의 통해 목표달성도, 청소년만족도, 개선사항 파악	⇨	활동 설문지 통계 · 분석, 대상자의 만족도 및 개선사항을 파악 · 반영

종결평가		결과반영 및 개선
참가자 설문조사에 의한 결과 분석	⇨	활동의 미비점 확인, 수련활동 개발 및 진행 시 보완 및 참고자료 활용

(7) 지도자의 역할

구분	역할
운영담당자	• 활동설명 및 인증제 설명 • 참여청소년 관리 및 안전교육 • 지도자 안전교육 • 안전 대응체계 구축, 비상연락망 숙지, 활동장소 특징 파악 • 사전 · 사후 검사지 배포 및 수거 • 설문지 분석 및 프로그램 개선 • 인증정보시스템 활동기록 등록 및 포트폴리오 관리 • 인증 프로그램 사후관리
(안전)전문인력	• 청소년 응급처치 및 안전지도
보조지도자(유자격)	• 단위(공동체) 프로그램 실시 • 청소년활동 보조지도

3) 결론

이렇게 볼 때 '모두 1인' 리더십 공동체활동 프로그램은 프로그램 개발 접근원리 중 선형적 모형을 채택하여 개발된 프로그램이며 선형적 모형으로 접근하여 개발되었다는 판단근거를 위와 같이 제시하였다. 청소년 프로그램을 개발하는 데 가장 중요한 것은 프로그램 대상자인 청소년에게 필요한 프로그램이 무엇이며, 왜 이 프로그램 내용이 청소년들에게 필요한가? 청소년들은 개발된 프로그램을 통해 무엇을 배우게 되는가? 그것을 배워야 하는 이유가 무엇인가?에 대한 대답이 분명해야 한다.

4 프로그램의 효과를 위한 청소년지도자의 역량증진

1) 청소년지도사의 정체성 확립

4차 산업혁명시대를 맞이하여 급격한 사회 변화에 따라 심각해지고 있는 청소년 문제를 적극적으로 해결하고 체계적인 청소년활동을 위해서는 청소년수련활동과 청소년 프로그램에 대한 전문지식과 프로그램 개발과 운영 능력, 그리고 지도기법 및 자질을 갖춘 누군가가 필요한데 이러한 역할을 하는 것이 바로 청소년지도사이다. 「청소년기본법」에서는 청소년지도사의 양성 및 배치에 관한 내용을 규정하여 1993년부터 국가공인 청소년지도사를 양성해오고 있으며, 검정에 합격하고 연수를 마친 자에게는 국가의 자격을 부여한다.

따라서 청소년지도사는 청소년활동(수련활동, 문화활동, 교류활동)을 위한 프로그램 개발과 운영을 전담하여 학생, 근로, 복무, 무직 청소년 등 전체 청소년의 신체단련, 정서함양, 자연체험, 예절 수양, 사회봉사, 전통문화활동 등을 프로그램 등을 통해서 청소년들의 교과 영역 외의 가장 중요한 정의적 영역의 수련활동 프로그램을 운영하고 청소년들을 지도하게 된다. 이처럼 청소년수련시설 및 단체, 사회복지시설 및 단체, 학교 등 청소년 관련 모든 활동 현장에서 청소년활동과 프로그램 지원과 청소년 복지증진과 청소년보호와 관련된 직무를 수행하는 사람이 바로 청소년지도사이다. 이러한 중요한 업무을 맡고 있는 청소년지도사는 무엇보다 지도역량을 발휘하여 청소년들의 정의적 영역의 가치관과 인성 및 체험적인 교육활동을 책임지고 활동을 하는 것은 학교교사 이상으로 청소년들에게는 꼭 필요한 사람이다.

2) 청소년지도사에게 필요한 역량

역량(力量)이란 특정한 상황이나 직무에서 준거에 따른 효과적이고 우수한 수행의 원인이 되는 개인의 내재적인 특성으로 개인이 성공적인 수행을 위하여 개별적으로 결합해서 사용하는 어떤 특징들이다. 여기에는 지식, 기능, 사고유형, 정신자세, 사고방식 등이 포함된다. 또 역량을 조직환경 속에서 탁월하고 효과적으로 업무를 수행해 낼 수 있는 조직원의 행동 특성이나, 효과적 수행자와 비효과적 수행자를 분별하는 특별하고 일관된 행동동기, 특질, 기능, 심지어는 우수한 인재의 벤치마크(Bench mark)로 보기도 한다.

이와 같은 여러 가지 의견을 종합해 볼 때, 역량 정의에는 몇 가지 공통점이 있다. 첫째, 성공적 수행과 성과에 기여하는 인적 필요능력이란 의미, 둘째, 행동으로부터 지식, 기능, 태도, 가치관, 자아의식 등 개인의 행동적, 심리적 요인을 망라한다는 의미, 셋째, 성공적 인물에게서 안정적이고 일관되게 나타난다는 의미이다. 이러한 3가지 의미를 이해하는 것은 역량모형 개발과정에서 역량을 구별해 내는 데 중요한 역할을 한다(네이버 지식백과, 2021).

따라서 청소년지도사에게 필요한 역량은 여러 관점에서 보면 다양한 기준이 적용될 수 있지만 우선 여기서는 실질적인 정보를 통해 현장에서 청소년지도사로 업무를 수행하고 있는 지도사를 대상으로 조사한 결과를 토대로 청소년지도사에게 필요한 역량 best 9가지를 종합해 보고자 한다.

〈표 11-3〉 **청소년지도사에게 필요한 역량 9가지**

역량	내용
문서작업능력	각종 공문서에 대한 이해와 이를 바탕으로 문서를 기획하고 생산하는 능력과 문서에 사용하는 단어와 문장의 어휘력이 그 문서의 완성도를 높여준다.
대인관계능력	청소년지도사는 프로그램을 기획, 설계, 개발, 홍보, 실행, 평가를 통해 기관을 대표해서 지도능력을 발휘한다는 것은 곧 인간관계, 즉 폭넓은 대인관계를 통해서 청소년들을 대변하는 역할 수행도 필요하다.
청소년을 위하는 마음	역지사지의 마음자세로 오로지 청소년을 위한 소통의 마음자세가 중요하다.
체력	청소년들의 활동을 뒷받침할 수 있는 튼튼한 체력
추진력	주어진 업무 및 프로그램 운영에 대한 수행능력과 적극성
친화력	청소년들과의 관계를 맺어 나가는 데 필요하다.
열정	오로지 청소년들과 함께 모범을 보이고, 열정 없이는 청소년계에 발전이 없기 때문이다.
창의력	프로그램을 기획부터 실행 평가에 이르기까지 독창적인 아이디어를 통해 창의력을 개발하여야 한다.
프로그램 운영능력	현장에서 프로그램을 실행(교육)하고 지도하는 지도능력은 청소년지도사라면 핵심역량이라고 할 수 있다.

위의 표에서 제시한 역량 외에도 자신감, 즐기는 마음, 사명감, 진심, 인내심, 청소년 욕구 파악, 공감 등 다양한 역량이 필요하다고 본다.

▶▶▶ 토의 및 연구 문제

1. 청소년수련활동인증제도의 취지 및 도입배경과 절차에 대하여 설명하시오.
2. 청소년 프로그램의 안전성과 안전관리의 중요성에 대하여 설명하시오.
3. 프로그램의 효과를 위한 청소년지도자의 역량증진의 개념과 방법을 설명하시오.

4차 산업혁명은 정보통신기술(ICT)의 융합으로 이루어지는 차세대 산업혁명이다. 18세기 초기 산업혁명 이후 네 번째로 중요한 산업 시대이다. 가상세계에서의 빅데이터, 인공지능의 분석을 통해 현실세계에 적용하는 다양한 방안 모색도 필요하다고 본다. 따라서 오늘날 4차 산업혁명시대에 청소년 프로그램 운영을 통해 시대상황에 적용할 수 있는 다양한 프로그램 운영의 발전방안 모색은 매우 중요하다고 본다. 이에 본 장에서는 4차 산업혁명시대의 개념적 이해, 그리고 미래교육환경 변화와 청소년 프로그램 운영에 따른 외국의 프로그램 운영 간 안전관리 분석사례를 알아보는 것도 의미 있는 일이다. 아울러 프로그램 운영의 안전 및 세계적인 대재앙이라 할 수 있는 코로나19에 따른 비대면 프로그램 운영의 합리적인 방안 모색을 통하여 청소년지도자들의 프로그램 운영의 새로운 대안을 모색하는 방법을 살펴보고자 한다.

제 12 장

4차 산업혁명시대와 청소년 프로그램 운영의 발전전략

12

학습목표

1. 청소년 역량증진을 위한 창의적 발상 전략의 개념과 내용을 설명할 수 있다.
2. 프로그램 평가결과 성과중심 평가방법 · 적용방법을 이해하고 설명할 수 있다.
3. 청소년 프로그램 운영 활성화를 위한 미래지향적 과제에 대하여 이해하고 설명할 수 있다.

학습키워드

4차 산업혁명시대, 청소년 역량증진, 창의적 발상 전략, 성과중심 평가

1 4차 산업혁명시대의 이해

1) 4차 산업혁명의 개념과 학교교육

사람은 각자 태어난 시기와 환경에 맞추어 삶을 살아간다고 할 수 있다. 특히 2016년부터 시작된 4차 산업혁명에 대하여 많은 전문가들이 삶이 더욱 안락해질 것이라고 생각하면서도, 또 다른 한편으로는 혁명에 대한 부작용들로 인하여, 많은 사람들이 대량실업을 일으킬 수 있으며, 이는 결국 인간의 삶의 질을 떨어뜨릴 뿐만 아니라, 인간과 로봇의 전쟁이 일어날 수도 있지 않을까 하는 다양한 의견들을 제시하고 있다.

다보스포럼의 2016 직업의 미래 보고서에서는 21세기 대학생들에게 필요한 역량으로 비판적 사고력, 문제해결능력, 창의력, 소통능력, 협업능력을 들었다. 이러한 역량을 바탕으로 지식과 기술을 학습한다고 본 것이다. 특히 창의성의 요구가 현격히 증가되며 이를 어떤 방식으로 교육할 것인지의 중요성을 강조하고 있다. 단순한 지식과 기술이 아니라 변화하는 세상에서 생산되는 많은 정보와 지식 가운데 자신의 흥미 분야를 선별 · 분류 · 재구성하여 스스로 진로를 찾아가는 역량이 필요한 것이다(김정욱 외, 2016).

4차 산업혁명이란 '기술의 퀀텀점프'를 총칭하면서 사물인터넷, 빅데이터, 인공지능, 로봇이 핵심이 되면서 많은 변화를 가져오고 있다. 독일은 스마트 팩토리를 중심으로 제조업의 변화를 가져오고 있고, 미국은 디지털 기술을 새로운 비즈니스 프로세스와 문화를 경험하는 것을 창출하는 디지털 전환으로 미래를 선도하고 있다.

디지털 패러다임이 변화하는 시대에 초등학생의 장래희망도 유튜버 중심의 크리에이터의 선호도가 높아지고 있고 '워라밸'을 중시하는 직장인들의 변화도 일어나고 있다. 2016년 구글의 알파고와 바둑기사 이세돌의 대국을 통하여 알려진 인공지능에 대한 관심도는 이제는 일반화가 되어 모든 분야에서 활용되는 범용기술이 되면서 각국의 인공지능(AI) 중심의 국가전략과 인재양성 전쟁은 점점 치열해지고 있다.

이런 이유로 2016년 미국은 초·중등 컴퓨터 교육에 4조 4,000억을 투자했고, 미국의 스탠포드대학에서는 전 신입생이 C++ 프로그램을 배우고 있다. 이스라엘의 고교 이과생들은 3년간 450시간의 의무 코딩교육을 하고, 중국은 중·고교 정규교과에 코딩을 필수 교육으로, 일본은 2009년부터 고교 필수과목으로, 인도는 2013년부터 코딩을 초·중등 필수과목으로 지정하였다. 영국의 코딩교육은 어릴 때부터 유명한데, 만 5세부터 매주 1시간 코딩교육을 해서 6학년까지의 누적수업이 252시간에 달하고, 방과후 코딩프로그램을 2,000개 이상 운영할 정도다. 우리나라도 올해부터 중·고등학교에서, 2019년에는 초등학교부터 SW 코딩을 의무교육으로 지정했다.

그런데 여기서 경계해야 할 것이 있다. 바로 또 다른 사교육 열풍 조장이다. SW 코딩 교육이 의무화되면 사교육 시장에서도 새로운 사업 분야로 자리 잡을 것이다. 그렇게 되면 가계 지출도 높아질 뿐만 아니라 빈부에 따른 교육 기회 격차도 커질 수 있다. 이런 점에서 SW 코딩 교육은 공교육 기반에서 이뤄져야 한다.

그리고 SW 코딩 교육은 세대를 구분하지 않고 전 연령대로 대중적 보급이 이뤄져야 한다. 학생만 참여하는 것이 아닌 학부모도 함께 참여할 때 교육 효과는 더 높아질 뿐만 아니라 세대 간 정보 격차 문제도 해결될 수 있다. 다행히 최근 많은 정부기관들이 SW 코딩 교육에 관련된 다양한 프로그램을 운영하고 있다.

SW 코딩 교육은 컴퓨터 관련 전공생들에게만 필요한 것이 아니라, 현존하는 모든 분야에 적용 가능한, 문제점에 대한 해결책을 도출할 수 있는 새로운 도구이다. 이 시대가 요구하는 인공지능, 빅데이터 등에서 필요한 핵심 기술이다. 따라서 사교육시장에서 일부 선택받은 청소년에게만 행해지는 교육이 아닌, 대한민국의 미래를 짊어질 우리나라의 모든 청소년들이 급변하는 4차 산업혁명시대에 필수적으로 갖춰야 하는 기본 소양으로 제공되어야 한다. 이것이 국가, 지자체, 학교에서 SW 코딩 공교육이 이루어져야 하는 이유이다.

하지만 공교육에서 SW 교육에 대한 갈증을 해결하지 않으면 수요가 사교육으로 이어질 수 있다. 사교육을 중심으로 SW 교육이 이뤄지면 학생들의 교육 기회가 박탈될 수 있다. 지역별 SW 교육 격차가 없도록 인프라와 프로그램을 확충하는 문제해결도 시급하다.

또한 담당하는 교사들은 다양한 기자재를 이용해 자신들의 교육 활동에 대해 자긍심을 갖고 학생들은 책상에 앉아 이론으로만 하는 수업이 아니라 다양한 도구를 활용해 상상한 것을 직접 제작해 보면서 한 명의 방관자도 없이 주도적으로 활동하는 자세가 필요하다. 학생과 교사의 자발성을 바탕으로 4차 산업교육 확산을 위해 교사학습공동체, 학생 동아리 활동을 확대 지원하고 학생이 중심이 되는 교육 한마당이 될 수 있다면 4차 산업혁명시대의 인재로 키워질 수 있지 않을까 기대해 본다.

결론적으로 4차 산업혁명은 정보통신기술이 융합되어 이루어지고 있는 혁명시대라고 할 수 있다. 18세기 초에 발생한 산업혁명 이후 4번째로 중요한 산업시대라고 할 수 있으며, 이 시대에서는 새로운 기술혁신 등이 나타나고 있는데, 이는 인공지능과 사물인터넷, 무인운송수단 및 로봇공학과 나노기술, 3차원(3D) 인쇄물, 물리적 및 생물학적 디지털적인 세계를 빅데이터에 입각하여 통합시키며 경제와 산업 등에 모든 분야에 영향을 미칠 것으로 전망하고 있다.

2) 4차 산업혁명시대의 직업과 글로벌화

(1) 변화하는 직업의 이해

4차 산업혁명에서는 인공지능과 빅데이터, 사물인터넷 및 클라우드, 3D 프린팅과 자율주행자동차 등의 급격한 소프트웨어 및 데이터 기반 지능 디지털 기술의 변환에 의하여 발생하는 혁명을 뜻한다.

① 직업환경의 변화

청소년들이 직업인으로 처음 사회에 진출할 미래의 직업세계는 과거에는 물론이고 현재 직업세계와도 전혀 다를 것이다. 직업세계에서 빠르게 변화하는 요인은 직업환경 자체가 변화하고 있다는 것이며, 이 환경은 정보화사회로의 진입과 직업시장의 세계화, 평생직장의 붕괴, 평생직업 개념으로서의 대체 등은 미래에 더욱 가속화될 것으로 예상되고 있다.

2016년 개최된 다보스포럼에서 인사 담당 임원들은 4차 산업혁명으로 인해 일반사무직을 중심으로 제조 · 예술 · 미디어 분야 등에서 약 710만 개의 일자리가 사라지고, 컴퓨터 · 수학 · 건축 관련 일자리는 약 200만 개가 창출되어 결과적으로 약 500만 개의 일자리가 없어질 것으로 예측했다. 4차 산업혁명 이전의 산업혁명에서는 주로 생산직과 일부 서비스업종을 중심으로 일자리 변화가 있었다면, 4차 산업혁명이 본격적으로 이루어지면 의사, 약사, 은행원 등의 사무직 종사자와 전문직 종사자까지도 일자리가 줄어들 가능성이 크다.

그러나 이러한 우려는 과거 산업혁명 과정에서 많은 일자리가 없어진 반면 새로운 일자리가 더 많이 창출되었다는 점을 보아, 오히려 4차 산업혁명 과정에서 없어지는 일자리 이상으로 새로운 일자리가 늘어나고, 일자리 자체가 없어지기보다는 그 일자리가 수행하는 직무의 변화가 일어날 가능성도 있다.

그 대표적인 특성을 정의해 보자면 다음과 같다.

첫째, 연구개발 관련 일자리가 폭발적으로 증가할 것으로 보인다. 지식을 바탕으로 하는 비교적 단순한 업무들은 인공지능에 의해 거의 대체되고, 이를 대신하여 다양한 분야의 연구개발 관련 일자리는 폭발적으로 증가할 가능성이 크다.

둘째, 선진국을 중심으로 불어오는 노동시간 단축과 여가시간 증가의 바람에 따라 문화, 오락, 스포츠 등과 관련된 서비스업의 일자리 증가를 예상할 수 있다.

셋째, 일자리 질 자체의 변화는 다양한 형태의 기본적 데이터 생산을 통한 빅데이터 구축과 인공지능이 감당하기 어려운 인간적 감수성과 관련된 서비스로의 변화, 업무 프로세스의 점검을 중심으로 재정립될 것이다.

② 산업구조의 고도화

미래에는 서비스 산업 비중이 높아질 것으로 보이지만, 농림과 어업 등의 비중은 지속적으로 하락할 것으로 예상되고 있다. 소득 수준의 향상에서는 서비스질에 대하여 국민들의 요구가 높아지고 있으며, 제조업을 지원하고 있는 서비스 산업이 비약적 발전할 것이 예상되고 있다. 서비스 산업 중에서 취업자 수가 빠르게 증가할 업종은 통신업과 정보처리 및 기타 컴퓨터 운영 관련업 그리고 사회복지사업과 사회지원 서비스업, 창고 및 운송 관련 서비스업, 항공운송업, 영화 및 방송, 공연 등의 산업 등을 들 수 있다.

③ 정보화사회로의 진입

산업사회에서는 자본 및 노동 등과 같이 유형자산이 기업의 가치로 중시되었다. 하지만 정보화사회에서는 사람들의 지적활동에 대하여 창출되는 브랜드와 디자인, 기술 등의 무형자산이 기업의 가치로 각광받고 있다. 그렇다면 정보화사회에서 기업 경쟁력의 근원은 자본 및 개인의 노동력이 아닌, 새롭게 고부가가치를 창출할 수 있는 개인의 지식 및 능력 활용과 생산능력에 있다고 볼 수 있다.

(2) 세계화의 가속화

정보화 및 교통수단이 급속하게 발전함에 따라서 전 세계를 하나의 생활권으로 묶고 있다고 할 수 있다. 이는 경제권을 통하여 통합시키는 세계화를 가속시키고 있다.

① 국제화

국제화는 국가와 국가 사이의 규제를 전체적으로 이루는 국가 간의 상호교류를 의미하고 있다.

② 세계화

세계화의 경우 국가와 국가 사이의 규제가 완화되면서 전 세계라는 단일 시장을 중심으로 광범위한 경제활동 등이 이루어지는 것을 의미한다.

③ 녹색성장

미래에는 에너지 고갈 및 이상기후의 현상이 빈번하게 발생할 것으로 예측되고 있다. 인류는 100년간 석유 및 석탄가스와 화학에너지 등에서 지나치게 의존하였는데, 이는 결국 기후변화를 유발하여 전례 없는 폭풍우가 몰아치고, 가뭄 및 한파 등이 몰아치고 있다. 녹색성장을 통하여 전 세계는 친환경적인 경제생활을 하며, 화학에너지에 덜 의존하기 위하여 대체에너지를 개발 및 산업, 일상생활 등에 이용하고 있다. 예를 들면 태양광 에너지와 풍력 발전, 지열과 조력을 이용한 전기생산, 전기자동차 등을 들 수 있다.

④ 앞으로 10년 산업과 직업 전망

향후 10년간 증가할 일자리를 살펴보면, 첫째로, 사업시설의 관리 및 조경서비스업이라고 할 수 있으며, 그 다음 사회복지서비스, 통신업과 사업지원서비스, 금융 및 보험 관련 서비스, 건축기술과 엔지니어링, 기타 과학기술 서비스,

전문서비스 등이라고 할 수 있다. 오늘날 신기술을 보며, 2030년 미래 직업의 대표적인 직업을 보면 첫째로 인공지능(AI)이다. AI로 업무가 자동화되면서 대량실업이 문제가 되고 있으며, 둘째, 휴머노이드 로봇이다. 학교 교실마다 수업을 보조하는 로봇 선생님이 1대씩 비치되면서 교수학습을 지원하고 있다. 셋째, 자율주행차이다. 버스, 택시에 자율주행 시스템이 탑재되어 운전자가 필요 없게 되며, 최근 자동차 시장에 큰 화두로 떠오르고 있다. 넷째, 드론이다. 거의 모든 쇼핑몰에서 드론 택배로 물건을 배송하는 시대가 열렸으며, 최근 우크라이나 전쟁에서도 드론이 막강한 전투력을 과시한 적이 있다. 마지막으로 3D 프린팅이다. 3D프린터로 집을 하루만에 건축하면서 집값의 안정에도 일조하고 있다고 보여지며, 이 외에도 새롭게 탄생하는 직업들(증강현실전문가, 생활코치, 미디어콘텐츠창작자, 주거복지사, 빅데이터전문가, 인공지능전문가, 주변환경정리전문가, 사물인터넷전문가, 자동차튜닝엔지니어)이 다양하게 많이 나타나고 있는 현실 속에서 미래 삶과 직업에 대비하여야 할 것이다.

2 미래교육환경 변화와 청소년 프로그램 운영 관련 외국의 안전관리 분석

1) 미래 교육환경 변화

미래교육의 주요 이슈를 살펴보면, 표준화된 학위 및 시험의 경우 유효하지만, 이것은 유일한 학습 솔루션은 아니라는 것이다. 과거 부정적인 이미지였던 자퇴, 대안적 학습 경험에 대하여 선택이 증가함에 따라서 더 다양한 방식으로 학습하며, 그 성과를 인정받을 수 있는 기회들이 증가할 것이다. 두 번째로는, 학교 졸업장이 필수적으로 요구되지 않을 것이다. 그 대신 자격증 프로그램과 직무교육 등의 프로그램 등 학습자가 필요로 하는 역량 개발에 초점을 맞추어 학습 솔루션이 다양하게 제공될 것이다. 온라인 학교 및 비전통적 학교들이 제공하는 프로그램이 더욱 활성화될 전망이다. 이는 평생교육과도 밀접한 관련이 있으며, 학교에서의 학습 일터에서의 학급 사이의 관계를 재구조해야 함을 시사하고 있다. 맞춤형보다 보편화됨에 따라서 개인의 욕구에 유연하게 대처할 수 있도록 해야 한다. 그리고 하나의 학교에만 등록하지는 않을 것이며, 교수자인 교사와 교수의 역할에 다양한 변화를 통한 미래교육 환경에의 적응과 대응방식에 새로운 고민과 교수학습 전략을 모색하여야 한다.

2) 청소년 프로그램 운영에 따른 청소년활동의 이해

먼저 청소년 프로그램 운영의 상위 개념인 청소년활동이란 청소년들의 전인적인 성장발달을 돕는 조직적인 활동의 총체로서 청소년들이 실생활 속에서 자발적으로 참여하여 직접 체험하는 과정에서 이루어지는 모든 활동을 의미하는 것이며, 유네스코한국위원회(1997)는 청소년활동이란 청소년들을 여러 가지 활동에 참여하게 함으로써 자신들의 경험을 통하여 생활세계를 구축하며 인간성을 형성하게 하고, 나아가 미래의 건전한 시민으로서 인격적인 자아성장을 도모하도록 지도하는 일과, 그들이 살아가고자 하는 미래 국가사회 속에서 올바른 삶을 영위할 수 있도록 하는 것이라고 정의하였다.

또한 전국재(1993)는 청소년활동이란 학교, 가정, 그리고 사회의 삶의 현장에서 필요한 여러 가지 활동에 자발적으로 참여하는 과정에서 연속적으로 이루어지는 체험중심의 집단활동으로 정의하면서 청소년활동을 구성하는 요소로서 청소년, 지도자, 자발성, 연속성, 체험중심, 집단활동을 제시하고 있다.

이러한 청소년활동에 대하여 「청소년기본법」(제11조)에서는 9세부터 24세 이하의 모든 청소년을 대상으로 이루어지는 것으로 보고, 청소년활동을 크게 3가지 영역으로 나누고 있다. 즉, 고유활동영역으로 학교·직장·복무처를 중심으로 이루어지는 학업·근로·복무 활동영역과 둘째, 임의활동영역으로 가정이나 거처를 중심으로 이루어지는 수면·식사·통학·신변잡일 등을 일컫는 자유활동영역에 이어 셋째, 수련활동영역으로 일반사회의 생활권이나 자연권에서 배움을 실천하는 체험활동 영역으로 심신단련, 자질향상, 취미개발, 정서함양, 사회봉사활동 등이 그것이다. 이러한 청소년활동은 매우 다양하기 때문에 일률적으로 영역화하기 어려우며 몇 가지 분류의 준거나 기준에 따라 활동의 성격을 구분하거나 분류할 수 있다. 따라서 청소년 프로그램을 개발하고 운영하기 위해서는 기본적으로 청소년수련활동에 대한 기본적인 개념의 이해를 토대로 청소년지도자는 청소년 프로그램의 개발절차를 통해 청소년들의 요구에 맞는 프로그램을 개발하고 적용하여야 할 것이다.

청소년 프로그램을 운영하는 청소년수련기관은 무엇보다 청소년들이 지역사회나 생활환경 속에서 이루어지는 다양한 여가, 문화 활동이나 일상생활 공간으로서의 기능을 수행한다. 특히 청소년수련기관에서는 문화 활동, 생활체육, 레크리에이션, 체험학습 등 실제 활동이 영위되기 때문에 청소년 건전 육성의 차원에서 매우 중요한 의미를 갖는다. 그러나 사회의 국민의식 성숙과 교육문화의 질적 향상이 청소년수련기관의 양적 성장을 뒷받침해주지 못하는 현실은 청소년수련기관에 대한 제도적 보완 및 환경 개선을 필요로 하고 있다.

3) 우리나라와 외국 주요국의 청소년시설 및 프로그램의 안전관리

외국의 청소년수련시설 현황을 살펴보면, 먼저 일본의 경우 청소년시설은 정부 주무부서에 따라 다양한 종류가 있으나 가장 대표적인 청소년전용시설로는

'청년의 집'과 '소년자연의 집'이 있다.

프랑스에는 청소년들만을 위한 별도의 수련시설이 존재하지는 않는다. 다만 많은 지역에 문화센터 및 체육시설들이 산재되어 있어 청소년뿐만 아니라 일반인들도 함께 이용할 수 있으며, 이러한 시설들에는 청소년들을 위한 전문적인 프로그램과 시간이 할애되어 활발히 운영되고 있다. 이러한 시설들은 실시할 활동내용, 즉 프로그램과 그 프로그램을 운영할 지도자의 수에 따라 청소년들이 활용할 수 있는 장소로서의 등급판정을 받게 되며, 대부분 지방자치단체로부터의 보조금과 더불어 수익자 부담에 의해 운영된다. 예를 들어, 프랑스 청소년관련 시설은 '청소년정보센터(Centre d information et documentation delajeunesse)', '놀이센터(Centreanimation)'와 '문화의 집(Centre culturel)', '여가시설(Centre loisir)', '야외활동시설(Centre aerer)', '체육센터(Centre sportives)', 그리고 '바캉스 센터(Centre vacance/Placementdevacances)' 등의 시설들이 운영되고 있다.

미국의 경우는 연방정부나 주정부에서 직접 청소년시설을 관리·운영하지 않고 민간단체 중심의 청소년활동으로 육성하고 있으며, 다만 정부는 우수한 프로그램을 선정하는 지원하는 역할을 담당한다. 청소년시설의 유형은 지역사회의 복지 차원으로 마련된 지역주민회관(Community Center)과 특정 기관 부속 레크리에이션센터(Recreation Center)의 성격을 띤 청소년센터(Youth Center), 특별한 프로그램 위주로 운영하는 회원제 사업형 청소년센ㅋ, 그리고 그 외 청소년회원제 프로그램을 운용하는 박물관(Museum) 등으로 크게 구분된다.

특히 미국의 경우는 이러한 공공놀이터(publicplaygrounds)에 모두 적용되는 단일기준(Soft Contained Play Equipment)을 가지고 있다는 특징을 가지는데, 예를 들어 모든 놀이터의 바닥재는 ASTM 1292 법령에 의거 '충격 감소기준'이 정해져 있다. 미국소비제품안전위원회(US Consumer Product Safety Commission)에서는 공공시설 등에 설치된 난간 살 간격까지도 미취학아동, 취학아동 등 이용자의 수준에 맞게 규정하고 있으며 유럽 등의 경우도 이와 유사하다. 또한 미국안전협의회는 수영장 등을 갖추고 있는 공공시설의 경우 바닥 미끄러짐 사고로 인한 부상자가 1일 평균 3만여 명에 이르고 사고 보상금만도 1년 평균 2억 5천만 달러라고 전제하고 반드시 계단부에 미끄럼방지 'Non-Slip'의 설치를 의무화하도록 규정하고 있다.

전술하였듯이 우리나라도 「청소년기본법」에 의거, 청소년수련시설에 대한 설치기준 및 운영기준, 안전기준에 대하여 규정하고 있다. 그러나 수련시설 건축물에 대한 안전기준은 구체성과 전문성이 결여되고 선언적인 수준에 그치고 있는 실정이다. 반면, 미국, 유럽, 호주 등 선진국에서는 청소년들의 안전 확보를 위해서 학교, 공원, 공공시설 등 놀이기구 및 야외시설물에 적용되는 안전기준이 마련되어 관련 기준에 맞게 설치하여 관리하고 있다.

우리나라가 2005년부터 청소년수련활동인증제를 실시하고 있는 것과 관련하여 외국의 경우도 인증제를 이미 실시하고 있으며, 여기에는 미국ACA(American Camping Association)의 캠프인증제도, 미국 NAA(National After-School Association)의 방과후 프로그램 인증제도, 영국·호주 등의 에딘버러포상제도(The Duke of Edinborgh's Awards), 영국·싱가포르 등의 청소년성취포상제도(Youth Achievement Awards) 등이 포함된다.

더불어 사고위험의 관리는 사전에 위험 요소를 확인하고 예방하는 것도 중요하지만 사후대책도 역점을 두어야 하는 부분이다. 보상제도의 미흡은 배상주체의 경제적 능력에 따른 배상액의 차이가 발생하게 되는데, 이는 동일한 사고의 경우라 할지라도 피해자간의 형평성을 해치는 구조적인 문제를 야기시킴과 동시에 사고에 따른 사후 수습을 장기화하는 주요한 원인이 되기 때문에 더욱 중요하다. 우리나라의 경우 청소년수련관은 가스보험과 화재보험, 그리고 영업배상책임보험을 통해 사후수습을 하고 있지만 연간 보험료가 200만 원 이하의 소규모로서 1사고당 2억 미만, 2인당 1억 정도를 한도로 하고 있어 실제 배상에는 매우 부족한 실정이다. 그러나 호주의 경우는 청소년 관련 시설 등의 화재위험도를 PC를 통해서도 쉽게 판단할 수 있도록 하는 프로그램으로 FREM(Fire Risk Evaluation Model)을 사용하고 있다.

3 프로그램 운영의 안전 강화 및 온라인(비대면) 프로그램 운영 방안

1) 재정적 지원 강화와 안전관리 실무교육의 활성화

생활형 청소년 수련시설로서 청소년수련관은 청소년 수련활동에 필요한 여러 가지 시설, 설비, 프로그램 등을 갖추고, 청소년지도자의 지도하에 체계적이고 조직적인 수련활동을 실시하는 시설을 말한다. 더불어 수련관은 단순히 외향적인 요소인 시설, 설비 또는 공간만을 지칭하는 것이 아니며, 그 시설에서 운영되는 수련거리와 이를 기획, 운영하며 청소년을 지도하는 청소년지도자의 3가지 요소를 포함한 개념으로 보아야 할 것이다. 그러나 앞서 분석한 청소년 수련관의 안전사고의 실태 분석에서 가장 문제시되는 점은 청소년수련관의 이용대상이 주목적 사업대상인 청소년 이외의 계층을 포괄해야 한다는 것에서 기인한 것이라고 보여진다. 이것은 「청소년기본법 시행령」 제36조 수련시설의 이용 조항에 근거한 것이며, 수련시설이용자에 대한 예외규정으로 연간 이용 인원 대비 40% 이내를 인정하기 때문이다. 청소년의 이용률은 전체의 50%를 밑도는 수준이며 따라서 취학 전 아동이나 초등학생, 기타 성인들이 이를 복합문화공간으로 활용하는 경우가 더 빈번한 실정이다.

더불어 청소년수련관 안전의 문제는 안전 관련 시설 및 설비의 문제, 자체 프로그램 운영 및 관리의 문제 혹은 여기에 포함되는 안전사고 예방프로그램의 실시 문제, 안전사고 발생 이후 사후처리의 문제 등이 광범위하게 포함된다. 그러나 이러한 예산의 문제는 청소년수련관의 설립이라는 양적 증가에만 너무 치중하여 진행되고 있는 실정이다. 일례로, '청소년육성 5개년 계획'에는 청소년수련관, 청소년문화의 집, 청소년야영장, 도심권 내 유스호스텔 등을 비롯한 공공청소년시설의 확충에만 예산이 치중되어 있을 뿐 안전지침의 준수를 위해 실제 시설을 개보수하고 설비를 재정비하는 일, 안전점검을 위한 사업비의 책정 등은 미흡한 실정이다. 결국 재정지원의 문제는 청소년수련관의 관리감독의 문제로까지 연관되며, 즉 재정적 지원이 없으니 관리감독에 대한 힘이 제대로 미치지 않아 수련관의 운영이 운영주체의 자의적인 관점에 맡겨져 있는 형편인 것은 앞으로 수련관의 사업의 통일적인 관점에 있어서나 설치목적에 대한 효과성의 측면에서 부정적인 예측이 가능해진다.

결과적으로 이를 위해 제안할 수 있는 재정적 지원의 방안을 요약해 보면 다음과 같다.

- 정부나 지방자치단체의 직접적 보조금 지원 확대
- 공공요금 등 공중이용시설로서의 확대를 통한 간접적 재정지원
- 개별 시설에 필요한 안전관리 및 감리 비용의 지원
- 전기안전 등 유관기관과의 연계를 통한 정기적 시설점검 의무화
- 청소년의 전용성 확보를 위한 방안 공고 및 우수 운영 사례 공개
- 대관 등을 통한 수익 사업 확대를 위한 홍보 및 지원 강화

포괄적으로 보면, 관리운영이란 어떤 기관의 목적이나 목표의 효과적 달성을 위한 필요성에 출발한다. 따라서 기관의 목적을 달성하기 위하여 사람, 돈, 공간, 시간 등을 효율적으로 계획하고, 조직하고, 실행하고, 평가하는 일련의 과정

이 곧 관리운영이다. 안전교육의 실시와 안전사고의 예방 분야, 사고발생 시 긴급조치의 분야가 포함될 수 있으며, 각 시설은 시설의 개별 상황에 맞도록 이를 제구성하여 자체 계획한 안전 관련 실무교육을 실시할 필요가 있다고 본다.

2) 평가인증, 종합정보시스템 구축, 운영방식 재검토, 안전관리 강화

(1) 평가인증을 통한 안전지원사업 확대

청소년수련관 및 이에 따르는 수련활동을 인증하고 등급을 매기는 것은 시행 초기 과정에서 다소 혼란이 따를 수 있지만, 미국ACA(American Camping Association) 인증의 성공적 정착의 예를 통해서도 알 수 있듯이 양질의 청소년 대상 프로그램을 개발하고 안전을 정착화하는 데 도움이 되는 측면에 더 크다고 본다. 이 중에서도 청소년 관련 프로그램의 질적 관리는 곧 안전의 관리이며, 안전 및 위생, 영양을 포함한 공통관리에서부터 개별 안전교육 프로그램까지를 다양하게 인증할 수 있기 때문에 시설의 측면에서도 많은 도움이 될 것이다. 청소년 활동이 안전과 프로그램의 질적 측면에서 공공성 및 신뢰성, 적합성을 확보하는 것은 청소년의 권리와도 직결되며, 국가적 차원의 지원의 확대될 수 있는 가능성과도 연관되기 때문에 더욱 중요하다.

(2) 안전관리 정보화를 통한 종합정보시스템 구축

무엇보다 청소년수련관 안전평가 인증제를 통해 청소년 분야의 경쟁력 제고를 촉진할 수 있는 방향이 제시될 수 있다는 점에서 매우 고무적이다. 이것은 학교 단위의 CA활동이 청소년수련관에서 이루어질 수 있도록 하는 원동력이 되어 청소년수련관의 주목적 사업을 확대하는 계기가 되며, 궁극적으로는 청소년의 학교활동과 병행한 프로그램을 운영할 수 있기 때문에 유휴시간의 효율적 운영, 주 이용계층의 단일화를 통한 안전사고의 범위 축소 및 예방의 효율화에도 기여하는 바가 지대할 것을 기대된다.

청소년수련기관의 안전관리 정보화를 위해서는 궁극적으로 이를 위한 종합정보 시스템이 구축될 필요가 있다. 이것은 청소년시설 및 청소년단체 등 주요 청소년 프로그램제공자 간의 유기적인 연계 협력모형을 개발, 제시함으로써 유형별 시설에 대한 종합적이며 통합적인 지원체제 기반 구축에도 기여할 수 있다는 장점을 가지며, 동시에 청소년육성 인프라 재편에 필요한 기준을 제시함으로써 청소년활동 등 수요와 공급을 합리적으로 연계할 수 있는 운영구조 및 제반 운영전략을 구안·제시하여 실질적인 청소년활동 활성화 방안의 제시도 유도할 수 있을 것이다.

(3) 청소년수련기관의 운영방식의 재검토 및 안전관리 강화

한편 청소년수련기관 중 청소년수련관은 민간위탁방식으로 운영됨으로써 국가보조금에 절대 의존하고 있고, 사업수입 또한 생활체육사업 등의 유료 프로그램을 운영하여 발생하는 비율에 의존함으로써 근본적인 한계점을 안고 있다. 이러한 운영관리상의 문제점은 청소년수련관에서 실시되는 프로그램이 주목적 사업대상인 청소년 이외에도 다른 연령 계층을 포괄해야 한다는 어려움을 가진다. 이에 대한 실례로 청소년수련관의 이용자에 대한 실제 조사결과에서도 청소년이용자는 56.0%에 불과하며, 아동이나 일반인이 수영 등의 생활체육시설로서 이용하는 경우가 많은 것으로 나타난 바, 결국 이것은 내부적으로 청소년수련관의 안전문제를 야기하는 주요한 원인이 된다. 즉, 청소년수련관의 설치가 법적·제도적 시설기준에 적합하게 이루어졌다 하더라도 운영 프로그램의 이용대상이 청소년의 범주를 벗어나 확대됨으로써 발생하는 것이다.

청소년수련관의 이용대상자 측면에서도 안전의 중요성이 배가된다. 여러 선행연구에서 보고하고 있듯이, 청소년수련관의 이용자는 비단 청소년만이 아닌 어린 유아에서부터 노인까지 연령층이 매우 다양하기 때문이다. 이것은 「청소년기본법」 제30조 제2항 관련, '청소년수련시설의 전용성에 관한 규정'에 의거, 청소년수련시설을 이용하는 자에 대한 예외 규정으로 연간 이용 인원 대비 40% 내에서 청소년 이외의 자에 대한 이용을 허가하고 있기 때문이기도 하다.

결과적으로 청소년수련관의 안전은 주이용 계층인 청소년뿐만 아니라 이를 지역사회복합문화·체육공간으로 활용하고 있는 아동과 성인 모두의 안전을 위해 매우 중요하게 다루어질 필요가 있다. 물론 더욱 세부적으로 전산 시스템 규모 및 형태(중앙집중형, 지방분산형)를 고려하여 최적의 대안을 제시하고 구현해 나가야 한다는 부담감이 있기는 하지만 이를 위해서는 우선적으로 지역간 청소년수련기관 간의 정보 교류 및 협업을 통한 안전한 프로그램운영을 위해서는 서로 협력하여야 할 것이다. 따라서 프로그램 운영, 안전관리, 직원 연수 등 여러 영역이 포함될 수 있으며, 최종적으로 청소년수련기관의 운영 전반에 걸친 프로그램 운영과 사고예방을 위한 구체적 내용이 데이터베이스화하여 사고예방을 미연에 방지하는 제도적 장치가 마련되어야 할 것이다.

3) 온라인(비대면) 청소년 프로그램 운영 활성화방안 모색

(1) 코로나19에 따른 청소년 프로그램 운영의 변화

코로나19 감염병은 전 세계적으로 모든 분야에 대변혁을 통한 인간의 능력을 한계에 직면하게 한 무서운 질병으로 인해 새로운 혁신과 변화를 요구하고 있다. 특히 교육 분야에서의 대면수업이 불가능할 정도의 어려움에 직면하게 되었다. 그 가운데 가장 핵심적인 것이 바로 대면교육 및 활동을 비대면으로 교육 및 활동으로 일대 변혁이 되었다. 처음엔 비대면, 즉 온라인을 활용한 활동은 많은 사람들로 하여금 환영받았다. 장소와 시간의 한계를 무너뜨렸고, 대체제로서 활동의 중단을 막아주었기 때문이다. 하지만 많은 청소년과 모두가 느끼는 바와 같이, 비대면은 대면활동이 줄 수 있는 생기와 동질감 그리고 교육적 효과 및 성과 등 그 이상의 설명할 수 없는 청소년들의 체험적이고 잠재력 개발에 부정적 요인도 많이 발생하게 되었다. 이로 인해 코로나 블루, 코로나 레드라는 말이 나올 정도였으며, 특히 활동이 많아야 하는 청소년기의 특성상 온라인(비대면)으로 진행되고 있는 청소년 활동도 핵심이 빠진 듯한 느낌을 지울 수 없다. 그러기에 온라인(비대면) 청소년활동에 대한 고민을 통한 프로그램의 개발이 시급하다. 따라서 청소년활동은 청소년지도자가 프로그램을 개발하여야 하므로 청소년지도사의 역량은 매우 중요하다. 이에 코로나19로 새로운 청소년활동의 변화와 그 대안으로 활용되는 온라인(비대면) 청소년활동 조사를 통한 청소년지도자의 핵심 역할의 중요성을 인식하고 새로운 환경 변화 속에서 청소년(학습자)의 입장에서 프로그램의 운영과 청소년지도자의 역량이 무엇보다 중요하다고 본다.

(2) 온라인(비대면) 청소년 프로그램 운영 조사

온라인(비대면) 청소년활동 프로그램 운영을 위한 프로그램 개발과 다양한 기관의 운영사례들을 조사분석해 보는 것이 필요할 것이다.

먼저, 청소년의 신체, 정신건강 프로젝트로 고양시청소년재단의 청소년 고민자판기 프로그램을 들 수 있다. 이는 온라인 활동 확대에 따른 인터넷 게임중독 예방과 청소년 미디어 리터러시 교육의 기반을 마련하기 위한 것으로 여기서 미디어 리터러시 교육이란 미디어를 활용하되, 그 과정에서 미디어의 속성과 특성, 그리고 그것을 대하는 자신의 태도, 그로 인한 영향, 상호작용, 문화적 가치 생산 등 다각적인 측면의 인식과 성찰이 포함된 미디어에 관한 교육을 말한다. 다음 부산지역에서 실시하고 있는 신규 학교밖청소년 발굴을 위한 꿈드림-키트 개발 프로그램을 들 수 있다. 이는 간식, 문화예술체험 티켓 등을 활용한 래포 형성, 꿈드림 센터로의 유입을 위한 것이다. 이 밖에 청소년의 게임중독을 예방하기 위해서 인터넷을 통한 청소년여가활동 프로그램을 구성하면 다음 〈표 12-1〉과 같다.

〈표 12-1〉 **인터넷을 통한 청소년 여가활동 프로그램 구성 운영**

개인차원 요인	처치 방법	활동 전략
자기통제력의 부재	목표 설정 사회적 영향력 확대 대체 행동	• 부모, 교사, 친구와 합의하는 인터넷 정보이용계획표 수립 • 부모와 함께 생활시간 계획표 수립 • 인터넷 사용 관련 자기행동 규제목표 설정
일상생활에서 무기력, 우울감	관점 전환 대체 행동 강화	• 학교 내 온라인-오프라인 장기, 바둑, 체스 리그 조직화 운영 • 문화예술 관람활동 • 가족여행 • 누구나 쉽게 할 수 있는 스포츠 활동
자아존중감 부족	책임감 증진 긍정적 피드백	• 월단위, 주단위로 가족단위 여 가프로그램 기획(기획자로서 책임감을 부여하고 자존감을 강화시킴)
부정적 스트레스	관점전환 대체행동	• 가족 및 또래집단 스포츠활동을 통한 부모 및 친구와 개방적 소통 강화 • 일상적 활동으로 줄넘기, 탁구(실내), 가족신문, 가족 홈페이지, 가족 블로그 등 제작 • 일회적 활동으로 낚시, 가족여행 등
낮은 대인관계 능력	대인사회기술 증진	• 가족 및 또래집단 스포츠활동을 통한 부모 및 친구와 개방적 소통강화 • 일상적 활동으로 줄넘기, 배드민턴, 탁구, 가족신문, 가족 홈페이지, 가족 블로그 등 제작 • 일회적 활동으로 낚시 등
폭력에 대한 호의적 태도	폭력 결과에 대한 위험지각 높임	• 전문상담을 통한 폭력에 대한 태도변화 유도

(3) 온라인(비대면) 프로그램을 위한 청소년지도자의 역할 강화

청소년지도자는 온·오프라인 지도(교육)를 위해서는 부단한 노력과 연구를 통한 역량을 발휘할 수 있도록 다음과 같이 역할 수행이 필요하다.

첫째, 홍보역량을 갖추어야 한다. 위에서 프로그램은 대부분 온라인 프로그램이다 보니 홍보를 적극적으로 하지 않을 경우 대부분이 모르고 지나갈 수 있다. 어떻게 하면 청소년들이 프로그램에 더 많이 관심을 가질 것인가, 어떻게 하면 청소년들이 프로그램에 참여할 것인가를 끊임없이 연구하고 프로그램을 개발하여야 한다.

둘째, 계획수립 및 실행 역량이다. 일반 대면 프로그램의 경우 정해진 수련기관에서 청소년을 대상으로 대면하여 프로그램을 진행하는 과정을 거치는 것이지만 온라인의 경우 계획을 수립하는 것과 실행하는 과정이 완전히 다르다. 왜냐하면 프로그램이라는 것이 청소년(참여자)의 특성을 반영함으로써 얼마든지 유동적으로 변화를 도모할 수 있지만 비대면 청소년활동은 전혀 상황이 다르기 때문에 교육적 효과도 대면활동보다 떨어질 수밖에 없다. 따라서 계획수립 및 실행 역량이 중요한 것이다.

셋째, 정보수집 및 관리 역량이다. 이는 업무에 필요한 모든 정보를 검색, 정리, 가공, 축적하여 기록, 보관, 활용하는 것으로 코로나 관련 정보와 또 타도시의 비대면 프로그램을 벤치마킹하기 위한 정보수집 능력이 매우 중요하다.

이와 같이 코로나19로 새로운 청소년 활동의 변화와 그 대안으로 활용되는 온라인(비대면) 청소년활동에 대해 조사하고 새로운 환경 변화 속에서 사실상 온라인(비대면)으로 할 수 있는 청소년활동은 제한적이며, 정신건강 측면 외에 다양한 프로그램을 개발하고 적용하는 역량 발휘와 온라인(비대면) 프로그램의 사례 등 벤치마킹할 수 있는 프로그램을 검색 적용할 수 있는 역량을 갖추어야 할 것이다.

▶▶▶ 토의 및 연구 문제

1. 청소년의 역량증진을 위한 창의적 발상전략의 개념과 내용을 통해 자기주장을 설명하시오.
2. 프로그램 평가결과 성과중심 평가적용방법을 설명하고 자신의 관점을 설명하시오.
3. 청소년 프로그램 운영활성화를 위한 미래지향적 과제가 무엇인지 자신의 관점을 설명하시오.

참고문헌

강지영(2013). 창의적 체험활동이 청소년의 사회성에 미치는 영향. 중앙대학교 대학원 석사학위논문.

고민영(2007). 초등학생 수련활동참여와 학교생활적응에 관한 연구. 동아대학교 교육대학원 석사학위논문.

국가청소년위원회(2007). 청소년시설 종합평가 결과 보고서.

권양이(2013). **청소년 프로그램 개발과 평가**. 박영사.

권일남 외(2010). **청소년활동론**. 공동체.

권일남 외(2016). **청소년 프로그램 개발과 평가**. 학지사.

권일남 외(2016). **청소년활동론**. 공동체.

김공부(2021). 질문지법의 장점과 단점에 대해서.

김규태 외(2013). **학교폭력 예방의 이론과 실제**. 양서원.

김선동(2015). [시론] 사망원인 2위, 청소년 안전사고를 줄이려면. 중앙일보.

김성이 외(2010). **청소년복지학**. 양서원.

김소희(2008). 수련활동 체험이 청소년의 생활효과성에 미치는 영향. 명지대학교 대학원 박사학위논문.

김영란(2007). 청소년의 주말 활동 프로그램 요구분석, **미래청소년학회지, 4**(1).

김용현 외(2012). **평생교육프로그램 개발론**. 양서원

김용현(2015). **평생교육론**. 양서원.

김정욱 외(2016). **2016 다보스리포트(인공지능발 4차 산업혁명)**. 매일경제신문사.

김진호(2014). **청소년 프로그램 개발 및 평가 강의록**. 한국방송통신대학교.

김진화 외(2012). **평생교육 프로그램 운영과 자료 개발(평생교육기관을 위한 매뉴얼)**. 서현사.

김창현(2004). 한국과 호주의 청소년수련프로그램제도 비교연구. **한국교육포럼, 3권**(1).

김창현(2005). 2005학년도 야영 수련 교육계획서. 경기도교육청 학생포천야영장.

김창현(2005). 한국의 청소년수련교육의 실태와 발전방향. UNENCO. 중국절강대학교.

김창현(2007). 청소년 수련활동의 만족도와 성취도에 관한 연구. 대진대학교 대학원 박사학위논문.

김창현(2016). **청소년활동론**. 서울: 동문사.

김창현(2018). **청소년지도방법론**. 경기: 정민사.

김현철 외(2016). 청소년육성 전담공무원의 현황과 전망. 한국청소년정책연구원.

남기범(2009). **현대 정책학개론**. 조명문화사.

네이버 지식백과(2021). **기획과정**[企劃過程, process of planning] (이해하기 쉽게 쓴 행정학 용어사전, 2010. 3. 25., 하동석, 유종해).

네이버(2021). 국어사전. 서베이 [survey].

네이버(2021). 국어사전. 질문지법 [質問紙法]

네이버(2021). 이해하기 쉽게 쓴 행정학용어사전 이미지.

뚜이(2021). 사회복지조사론 공부, 서베이 방법 의의 및 조사.

문신용(1997). 전자정부 구현을 위한 행정정보 서비스 발전방안. 한국행정연구원.

박경준(2008). 델파이 기법: 익명성이 보장된 전문가 예측. **국토연구**.

배규환 외(2014). **청소년학개론**.

배한수(2014). 청소년수련활동인증정보시스템. **얍스토아. 제[4398]호**. '모두 1인' 해운대청소년수련관.

백현정(2012). 청소년지도자의 직무만족도 실태조사. 한남대학교.

서울YMCA 청소년성교육상담실(2001). 서울YMCA 성교육지침서 금기와 허용, 그 벽을 어서.

신은경(2016). 청소년수련활동 인증제매뉴얼. 한국청소년활동진흥원.

양미경(2018). 4차 산업혁명시대 진로교육의 방향 모색.

양용칠 외(2013). **교육의 종합적 이해**. 교육과학사.

여성가족부(2016). 청소년백서.

여성가족부(2020). 청소년백서.

오윤영(2017). 청소년의 세대공동체교육에 대한 인식 및 요구분석. 조선대학교 대학원 석사학위논문.

오치선(1999). **청소년지도학**. 서울: 학지사.

오치선 외(2001). **청소년지도방법론**. 서울: 학지사.

오치선 외(2002). **청소년 리더십론**. 서울: 솔과학.

위더스평생교육원(2020). **직업진로설계**. 2020년 2학기 자료.

유진이 외(2016). **청소년 프로그램 개발과 평가**. 양서원.

윤옥한(2014). **평생교육 프로그램 개발론**. 양서원.

윤옥한(2017). **평생교육 프로그램 개발 이론과 실제**. 양서원.

윤찬영(2017). **사회복지의 이해**. 정민사.

이건모 외(2013). **사회복지개론**. 신정.

이미리 외(2019). **청소년 심리 및 상담**. 학지사.

이병록(2007). **지역사회복지와 사회복지시설**. 청목출판사.

이세형(2017). **사회복지 행정실무**. 양성원.

이영분 외(2010). **사회복지실천론**. 동인.

이용순(2017). **4차 산업혁명과 직업교육의 미래**.

이종성 외(2014). **간호관리학**. 수문사.

이채석(2017). **사회복지 사례관리**. 어가.

임형택 외(2015). **청소년교육론**. 교육과학사.

장휘숙(2010). 청년기 발달과업 성취가 청소년의 5요인 성격특성과 자아존중감 및 행복에 미치는 영향. 한국발달심리학회.

전명기(2006). **청소년지도방법론의 이해**. 한국청소년단체협의회.

전해황 외(2014). **평생교육방법론**. 정민사.

정보영(2003). 청소년수련관 운영실태와 활성화방안. 청주대학교 행정대학원 석사학위논문.

정신복(1978). 국가기획의 본질 및 접근방법의 변화 분석. **행정논총, 제16권**.

정윤경(2018). 4차 산업혁명에 따른 초·중등 진로 직업교육 방향.

정정길(1997). **정책학원론(개정판)**. 대명출판사.

진한엠엔비(2015). **사회복지서비스**. 한국산업인력공단.

최성균 외(2017). **한국사회복지실천과 복지경영**. 파란마음.

최신융 외(2005). **행정기획론**(제3판). 박영사.

최은수(2016). **평생교육 프로그램 개발론**. 공동체.

최청락 외(2020). 코로나19 경험을 통한 여성가족 분야 대응전략. 부산여성가족개발원.

한국과학창의재단(2013). 고등학교 수학과 체육 통합 교수·학습 자료 개발.

한국청소년개발원(1997). **청소년지도론**. 서울: 도서출판 서원.

한국청소년개발원(1999). 외국의 청소년 활동 프로그램.

한국청소년개발원(2008). **청소년 프로그램 개발 및 평가론**. 경기: 교육과학사.

한국청소년개발원(2011). **청소년 프로그램 개발 및 평가**. 경기: 교육과학사.

한국청소년개발원(2014). 청소년 프로그램 개발 및 평가론.

한상철(1998). **청소년지도론**. 서울: 학지사.

한상철(2001). **청소년지도론**. 서울: 학지사.

한상철(2004). **청소년지도론**. 서울: 학지사.

한상철(2007). **청소년지도론**. 서울: 학지사.

한상철 외(2003). **청소년지도론**. 서울: 학지사.
한승희 외(1995). 학교수련활동 현장운영 모델개발. 한국청소년개발원.
현외성(2014). **현대 복지국가의 사회복지교육**. 경기: 공동체.
호구아재(2021). 서베이조사의 장점 단점.

Bass, B. M. & Avolio, B. J. (1990). *Transformational Leadership, Development: Manual for The Multi factor Leadership Questionnaire*. Palo Alto: Consulting Psychologists Press.

Blanchard, K. (1998). Servant leadership revisited. In spears, L. C.(Eds.), *Insight on leadership: service, stewardship, spirit, and servant-leadership*. New York: John Wiley & Sons, Inc.

Boyer, G. B. (1999). *Turning points in the development of male servant-leaders*. Unpublished doctoral dissertation. The Fielding Institute.

Burns, B. M. (1978). *Leadership*. New York: Harper & Row.

Chemers, M. M. (1997). *An Integrative Theory of Leadership*. Mahwah, New Jersey: Erlbaum.

Conger, J. A. (1992). *Learning to lead*. San Franciscc: Jossey-Bass.

Gilley, J. W., Eggland, S. A., & Gilley, A. M. (2002). *Principles of Human Resource Development*. Cambridge, Mass: Perseus Books.

Goleman, D., McKee, A., & Boyatzis, R. E. (2002). *Primal Leadership*: Realizing the Power of Emotional Intelligence. Harvard Business School Press.

Greenleaf, R. K. (1970). *Servant as Leader*. republished in 1991 by The Robert K., greenleaf Center in Indianapolis, Indiana USA.

Hater, J. J., & Bass, B. M. (1988). Superior's Evaluations and Subordinates' Perceptions of Transformational Leadership. *Journal of Applied Psychology*, Vo1. 73.

Hersey, P., & Blanchard, K. H. (1973). *Leader effectiveness and adaptableility description-self*. Escindido. CA: Center for Leadership Studies.

Hollander, E. P. (1979). Leadership and Social Exchange Processes. In K. Gergen, M. S. Greenberg & R. H. Willis (Eds.), *Social Exchange: Advances in Theory and Research*. New York: Wiley.

House, R. J. (1971). A Path-Goal Theory of Leadership Effectiveness. *Administrative Science Quarterly*, 16, 321-338.

Hoy, W. K., & Miskel, C. G. (2001). *Education Administration-Theory, Research, and Practice* (6th Ed.). McGraw-Hill Higher Education.

Hughes, R. L., Ginnet, R. C., & Curphy, G. J. (1993). *Leadership: Enhancing the Lessons of Experience*. Richard, D. Irwin, INC.

Jago, A. G. (1992). Leadership: Perspective in Theory and Research. *Management Science, 28*(3).

James C. Hunter (2004). *The Servant Leadership*. The Grown Publishing roup.

Jeffs, T. & Smith, M. (1990). *Young People, Inequality, and Youth Work*, London: Macmillan Education Ltd.

Putnam, R. D. (1993). *Making Democracy Work: Civic Traditions in Modern Italy*. Princeton, NJ: Princeton University Press.

Rummler, G. A. & Brache, A. P. (1995). *Improving Performance: How to Manage the White Spaces on the Organizational Chart*. San Francisco: Jossey-Bass.

Senge, P. M. (1995). *Robert Greenleaf's Legacy: A new foundation for twenty-first century institutions, reflection on leadership: How Rovert K. Greenleaf's theory of servant-leadership influenced today's top management thinkers*. New York: John Wiely & Sons, Inc.

Sims, B. J. (1997). *Servanthood: Leadership for the group effectiveness*. The Wharton School, University of Pennsylvania.

Spears, L. C. (1995). *Insight on Leadership: service, stewardship, and servant-leadership*. New York: John Wiley & Sons, Inc.

Stogdill, R. M. (1974). *Handbook of Leadership: A survey of theory and research*. New York: Free Press.

■ 인터넷 사이트

[네이버 국어사전] 서베이 [survey]

강원도교육청 https://www.gwe.go.kr

교육인적자원부(2012). http://www.moe.go.kr

국제연합아동기금(2010). http://www.unicef.org

국제청소년포상제(2016). http://koraward.youth.go.kr

문화관광부(2010). http://www.mct.go.kr

법제처(2012). http://www.moleg.go.kr

아하! 청소년성문화센터(2011). http://www.aha.ymca.or.kr

청소년보호위원회 http://www.youth.go.kr
청소년자기도전포상제(2016). http://koraward.youth.go.kr
통계청(2012). http://www.nso.go.kr
한국복지교육원(2013). http://www.okwelfare.net
한국청소년개발원(2009). http://www.kiyd.re.kr
한국청소년상담원(2010). http://www.kyci.or.kr
한국청소년센터 가족캠프 http://carnival-youth.com
crs.chungbuk.ac.kr/phpbbs/class/down.php?bn=b_mathedu2&pt=1055678809
http://blog.naver.com/pwe21/220914220516
http://cafe.daum.net/e8853
http://www.reportworld.co.kr
https://blog.naver.com/molab_suda/220166665731
https://namu.wiki/w/%EC%9D%B8%EC%84%B1%EA%B5%90%EC%9C%A1
https://news.joins.com/article/17908454
https://www.happycampus.com

찾아보기

ㅊ

●●● ㅋ

●●● ㅌ

●●● ㅍ

ㅎ

기타

저/자/소/개

♣ 김창현

- 대진대학교 대학원 교육학박사
- 현) 중원대학교 군사학과 학과장
- 현) 평생학습대학원 평생교육학과(청소년지도상담, 다문화교육 전공) 주임교수
- 현) 대학원 국가안보융합학과(리더십안보정책, 방위산업 전공) 주임교수

♣ 이 남

- 한서대학교 대학원 노년학박사
- 현) 혜전대학교 사회복지과 교수

♣ 이영희

- 청주대학교 대학원 사회복지학박사
- 현) 대전과학기술대학교 보건복지상담과 교수

♣ 고경자

- 대구가톨릭대학교 대학원 다문화학과박사
- 현) 성운대학교 청소년복지전공 교수

현장체험 중심의

청소년 프로그램 개발과 평가

1판 1쇄 인쇄 2024년 2월 21일
1판 1쇄 발행 2024년 2월 28일

저 자 김창현 이 남 이영희 고경자
발 행 인 회장 박철용 · 대표 박세원
발 행 처 정민사
출 판 등 록 1979년 1월 22일 No. 406-2004-000130호
주 소 경기도 파주시 직지길 522 파주출판도시
전 화 031-955-8030
팩 스 031-955-8025
홈 페 이 지 http://www.jmpub.co.kr
이 메 일 yswgroup@naver.com

I S B N 978-89-5809-732-7
정 가 21,000원